A FUGITIVA

LORENZO MAMMÌ

A fugitiva

Ensaios sobre música

COMPANHIA DAS LETRAS

Copyright © 2017 by Lorenzo Mammì

Grafia atualizada segundo o Acordo Ortográfico da Língua Portuguesa de 1990, que entrou em vigor no Brasil em 2009.

Capa
Flávia Castanheira

Preparação
Silvia Massimini Felix

Índice onomástico
Luciano Marchiori

Revisão
Jane Pessoa
Angela das Neves

Dados Internacionais de Catalogação na Publicação (CIP)
(Câmara Brasileira do Livro, SP, Brasil)

Mammì, Lorenzo
A fugitiva : ensaios sobre música / Lorenzo Mammì. — 1ª ed. — São Paulo : Companhia das Letras, 2017.

ISBN 978-85-359-2943-0

1. Ensaios brasileiros 2. Música 3. Música — História e crítica 4. Música popular brasileira I. Título.

17-05170   CDD-780.9

Índice para catálogo sistemático:
1. Música : História e crítica 780.9

[2017]
Todos os direitos desta edição reservados à
EDITORA SCHWARCZ S.A.
Rua Bandeira Paulista, 702, cj. 32
04532-002 — São Paulo — SP
Telefone: (11) 3707-3500
www.companhiadasletras.com.br
www.blogdacompanhia.com.br
facebook.com/companhiadasletras
instagram.com/companhiadasletras
twitter.com/cialetras

Sumário

Introdução 7

PRIMEIRA PARTE

Dorival Caymmi 15
João Gilberto e o projeto utópico da bossa nova 17
No mesmo lugar, muito à frente
(João Gilberto e Miles Davis) 29
Prefácio ao *Cancioneiro Jobim* 38
"Canção do exílio" 48
Prefácio ao *Cancioneiro Chico Buarque* 63
Os sonhos dos outros: sobre "Sonhei", de Luiz Tatit 84
A era do disco 104

SEGUNDA PARTE

Uma gramática do caos: notas sobre Villa-Lobos 127
Cenários de música radical 142

O demônio da analogia: algumas melodias
juvenis de Debussy................................... 150

Um novo Wagner.................................... 175

Introdução a Glenn Gould 186

Mozart, último horizonte 188

Deus cantor... 192

Prefácio a *Vida de Rossini* 216

Verbetes.. 230

O declínio de dom Juan.............................. 255

A pequena frase de Vinteuil.......................... 274

A notação gregoriana: gênese e significado 284

Canticum Novum. Música sem palavras e palavras
sem som no pensamento de Santo Agostinho............. 322

Melodias automáticas 342

Sobre os textos 351

Índice onomástico................................... 353

Introdução

Comecei a me interessar por música muito antes de estudar arte ou filosofia. Na minha família havia um tio que, na linguagem não politicamente correta da época, era tido como "tonto". Ainda que sua personalidade permanecesse num nível infantil, ele desenvolvera certas habilidades, como desenhar de cabeça mapas geográficos bastante detalhados e precisos. Mas, sobretudo, tio Sergio tocava piano. Almoçava todo dia na nossa casa, e minha avó comprou um piano de armário para que, depois das refeições, ele executasse clássicos de salão, como "Fascination". Em casa também havia uma daquelas rádios-vitrolas antigas, uma Telefunken do tamanho de um móvel. Tínhamos um disco da *Abertura 1812* de Tchaikóvski, e na hora dos tiros de canhão todas as louças da cristaleira, que ficava bem em frente ao aparelho de som, começavam a tremer. Tio Sergio tocando "Fascination" e as louças vibrando são as primeiras emoções musicais de que tenho memória.

Aprendi a tocar no piano do tio Sergio. Mas a música, para mim, sempre foi uma paixão não correspondida. Sou desafinado e, embora continue a praticar com regularidade, ainda toco mal. É possível que tio Sergio também tocasse mal; mas, pelo menos na minha memória, ele o fazia com uma naturalidade que eu não consigo alcançar. O jeito que encontrei para me aproximar da música foi, então, falar ou escrever sobre ela. Sempre, porém, com a sensação de que, por mais que chegasse perto dela, não conseguiria atingi-la.

Acredito que não se trate apenas de problemas pessoais: há dificuldades objetivas, às vezes insuperáveis, sempre que se aborda a música com as armas do pensamento. Ela não se deixa encarar: é um assunto que, em sua essência, escapa. Talvez minhas dificuldades tenham me proporcionado uma consciência mais nítida dessa estranheza radical. Seria a única vantagem.

Vou tentar apresentar a questão de maneira menos biográfica. Em primeiro lugar, a música não é um objeto, algo que se possa segurar entre as mãos, manter diante dos olhos; tampouco é um conceito que se possa revirar no pensamento. Tem algo do enunciado, mas com regras específicas, estranhas às da linguagem verbal. Música e linguagem verbal não se bicam — invejam-se, quando muito. É mais fácil que uma assuma o papel da outra (a música aspirando à condição da poesia, e vice-versa), ou que ambas brotem de uma mesma fonte, que permanece encoberta (como na canção), do que fazê-las sentar à mesa e conversar com polidez.

A música nunca se põe no mesmo plano da linguagem verbal: está sempre acima ou abaixo dela. Acima, por ser portadora de uma racionalidade autossuficiente, tanto mais pura enquanto não perturbada pela tarefa de remeter a algo específico; abaixo, por ser anterior à distinção entre significado e significante, portanto visceral, inarticulada, próxima ao grito animal. Sob o primeiro aspecto, é como se já tivesse se depurado de todo significado, deixando a estrutura significante tão nua que seria contraditório e inútil preenchê-la com conteúdos. Sob o segundo, é saudade ou relíquia de uma confusão primitiva em que expressão e denotação, sentimento e coisa nem chegavam a se distinguir. De ambos os pontos de vista, o discurso trai a música, torna-a circunstancial e anedótica, enquanto ela resiste a toda especificação.

Segundo problema: embora baseada em relações exatas, a música não é propriamente uma forma. Forma, em nossa herança grega, é o contorno de algo, e não há contornos na sucessão e superposição de sons. Forma é esquema, permanência de proporções duradouras no fluxo das sensações, e a música, ao contrário, é até mais contingente do que as sensações, como se corresse mais rápido do que elas. Foge à apreensão, e o que a linguagem verbal pode descrever é apenas o rastro dessa fuga. É verdade que temos meios para mapeá-la: a partitura e o registro gravado. Mas no papel a música se transforma em diagrama, redução a parâmetros de alturas, durações e, de maneira menos determinada, dinâmicas e timbres. No registro, o som é separado da performance, torna-se objeto, artefato.

Isso leva ao terceiro problema: no ato de ouvir e tocar, o que é propriamente música e o que é estranho a ela? O arranhar das cordas, o chiado da vitrola, os movimentos do regente — e ainda o brilho do lustre, o escurinho da sala, o raio laser ou as mesas apertadas num porão que parecem inseparáveis do bom jazz, tudo isso faz parte ou não da experiência musical? Não há limites preestabelecidos: o encarte de *Sgt. Pepper's*, o vinco da calça de João Gilberto, a viagem a Bayreuth, o rito da missa são acontecimentos sem os quais a música não seria o que é. Dentre os pensamentos que surgem da escuta de uma sinfonia, quais são produtos de uma sensibilidade musical apurada e quais decorrem de falta de concentração? O ouvinte perfeito seria aquele que conseguisse acompanhar, na escuta, todos os desenvolvimentos formais, ou aquele que deixasse os pensamentos correrem soltos e permitisse que a música exercesse sua função subliminar?

A ligação que a música inevitavelmente estabelece com nossa vida pessoal (uma viagem, um namoro) já altera para sempre a percepção que temos dela, de maneira muito mais radical e imediata do que relações análogas afetam, digamos, a avaliação de um quadro de família ou de um romance que lemos na juventude. Com o quadro e o romance retomamos um diálogo, mas a música que nos marcou e que voltamos a ouvir parece sair de dentro, como se estivesse lá, mesmo quando não pensávamos nela.

Escritos no arco de quase trinta anos, com finalidades variadas, estes textos são naturalmente díspares. Como a música foi minha primeira área de atuação ao chegar ao Brasil, alguns deles são bastante antigos: ressentem-se de minha formação acadêmica italiana, e o português ainda é duro. Eu me arrependo de alguns julgamentos — de uma frase depreciativa sobre as *Bachianas n. 5*, por exemplo, no ensaio sobre Villa-Lobos. Ainda me faltava a vivência de um universo musical que se tornaria o meu; eu julgava por outros parâmetros. Um entrosamento real com a música brasileira talvez só tenha acontecido cinco anos depois, com o primeiro ensaio sobre João Gilberto. No entanto, não quis excluir o texto sobre Villa-Lobos e outros mais antigos porque neles reconheço o esboço de uma estratégia que, na releitura, me pareceu recorrente, ainda que não premeditada.

Quase sempre tento, por assim dizer, surpreender a música com a guarda baixa, a descoberto. Quando ela passa do som para a notação; quando escoa em comportamentos; refletida no pensamento de um escritor (Stendhal, Baudelaire, Proust) ou na postura de um ouvinte. Ou então em todas as ocasiões em que, buscando caminhos inusitados, ela renuncia ao domínio completo de seus recursos.

As construções analógicas, por exemplo, pelas quais os elementos se associam sem que um derive diretamente do outro, têm para mim uma importância especial. Debussy, mestre nesse tipo de procedimento, foi tema de minha tese na Itália, e ainda sou marcado por sua música, justamente por ela ser um fluxo sem direção, sempre à beira da falta de sentido. Talvez Debussy tenha me preparado para ouvir João Gilberto. Por outro lado, o jazz das décadas de 1960 e 1970 me ajudou a entender a vanguarda pós-weberniana, a reconhecer naquelas construções tão minuciosas um cenário montado para o surgimento de reações espontâneas, quase neurológicas.

A música popular aponta questões específicas: com certeza ela é mais simples do que a erudita quanto às estruturas internas, mas se articula de maneira complexa com tudo o que está fora dela. Cada canção é, potencialmente, um modelo de comportamento. O terno preto do instrumentista erudito é neutro, mas o modo como o músico popular se apresenta no palco, por mais discreto que seja, carrega um significado com o qual podemos ou não simpatizar. A questão então é mapear as passagens pelas quais todas essas relações se tornam forma musical ou, mais especificamente, se tornam a sintaxe, o léxico, o "modo de dizer" de cada compositor e intérprete. A tarefa do comentador de música erudita e popular — da maneira como encaro esse ofício — é, assim, oposta e complementar: no primeiro caso, trata-se de abrir a caixa-preta de um sistema formalmente rigoroso e autorreferente, para mostrar os fios que o ligam à experiência cotidiana do mundo; no segundo, acompanhar como a experiência do mundo se torna forma significativa autônoma.

Por isso, e não por uma questão de gênero, o livro se divide em duas partes: a primeira diz respeito a um período relativamente curto da música popular brasileira e internacional, desde Caymmi, figura exemplar da era do rádio e dos primeiros LPs, até o atual desaparecimento do disco. É uma seção que segue a cronologia dos assuntos, porque de certo modo eles narram uma história unitária e coerente. Os textos sobre música erudita, ao contrário, foram organizados pela data de publicação, porque nesse caso conta mais o desenvolvimento progressivo das questões do que a ordem cronológica dos assuntos, espalhados num enorme arco de tempo, sem nenhuma pretensão de completude.

Nunca soube o que se passava na cabeça do tio Sergio, cheia de mapas e arpejos. Até hoje não sei muito bem o que se passa na música. Sei que não pode ser cercada: nela, cerebral e visceral, abstrato e concreto, subjetivo e objetivo deixam de ser termos contraditórios, não porque se encontre uma mediação, mas porque a diferença desaparece. O cérebro se torna nervo exposto. Mediação é todo o resto.

PRIMEIRA PARTE

Dorival Caymmi

A baiana o chama para dançar, mas ele não vai. Se Anália não quiser ir, vai só. Se por acaso chover, aí não vai mesmo. As letras de Caymmi falam da liberdade de ir e vir. Quem canta é o homem perfeitamente livre. Suas músicas inventam o folclore, mas não lhe pertencem, porque o folclore pressupõe uma comunidade rígida da qual não se pode escapar. Caymmi já se desgarrou dela, mas pode voltar quando quiser. Da modernidade, aproveita o que quer, sem compromisso. Desde cedo, utiliza harmonias que, na época, só existiam na música erudita e no jazz mais avançado, e que prefiguram a bossa nova. Em Tom Jobim, os mesmos acordes sustentam melodias longas e cambiantes. As frases de Caymmi, no entanto, são curtas e estáveis. As notas alteradas não tornam as melodias mais complexas, mas conferem a cada acorde uma consistência e uma aspereza concretas. A função perde importância em relação ao valor de afeição. Acontece que o acorde está lá, acontece que a gente gosta.

Essa liberdade não tem nada de arbitrário: produz coisas essenciais, polidas por infinitas idas e vindas. Geradas não por uma escolha momentânea, mas pela progressiva acumulação de criatividade e memória. Por isso Caymmi compõe tão devagar, e por isso suas canções parecem não ter dono. O gênero da canção praieira inexistia antes dele. Seus "sambas sacudidos" criaram a tradição do samba baiano, como todas as obras-primas cunham seus precursores. Por fim, os sambas urbanos. No Rio, Caymmi introduziu o gosto da paisagem e do mar, e um tipo de *flâneur* diferente do malandro tradicional. Baianizou a cidade, e com isso gerou muito do que hoje julgamos ser tipicamente carioca. Sem ele, não haveria barquinho, cantinho e violão. Se essa parte de sua produção parece menos pessoal, é porque o Rio a incorporou por completo.

Caymmi ocupa um lugar intermediário entre história e pré-história, natureza e cultura, onde as seduções do moderno e do arcaico convivem em paz. Desse lugar brota a carga utópica de grande parte da música brasileira, mas ninguém mora ali tão bem como Caymmi. Ele é o pai.

João Gilberto e o projeto utópico da bossa nova

Surge a bossa nova e morre o botequim como lugar de criação da música popular. Aquela indistinção aparente, complementar à falta efetiva de mobilidade social, que aproximava Mário Reis e Sinhô, se esvanece. A nova música deve muito pouco ao samba do morro, muito mais, talvez, às lojas de discos importados que distribuíam Stan Kenton e Frank Sinatra. Sua postura em relação às influências internacionais é mais livre e solta, porque suas raízes sociais são mais claras e sua posição, mais definida. Bossa nova é classe média carioca. Ela sugere a ideia de uma vida sofisticada sem ser aristocrática, de um conforto que não se identifica com o poder. Nisso residem sua novidade e força.

Mas aí está também seu ponto fraco. Nos Estados Unidos, um processo similar se verificou muito antes, em meados da década de 1920, com a passagem do *dixieland* para a era do swing. Naquele caso, porém, a perda da indefinição social, que caracterizara a prática musical em New Orleans, coincide com uma profissionalização radical dos músicos, fundamento de uma futura burguesia negra culturalmente consciente. A organização interna da big band, na década de 1930, repete a da fábrica, mas como que em negativo. A atividade do músico é altamente especializada, como a do operário na divisão taylorista do trabalho. O produto final, porém, não é o resultado da mera divisão de tarefas, e sim da adição de atos criadores. Duke Ellington e Count Basie, os melhores compositores de swing, sempre reescreviam os arranjos a partir da forma com que cada integrante da orquestra modificava espontaneamente sua parte. A descoberta desse ponto de encontro entre criação e trabalho acabou constituindo o fundamento de uma autoconsciência.

No Brasil, o que acontece é o contrário: uma classe média tradicionalmente improdutiva reclama uma condição culturalmente mais rica, mais adequada a suas capacidades e ao refinamento de seu gosto. Isso a leva, quase à força, a se profissionalizar. Mas ela nunca se adapta por completo ao estatuto que o nível técnico alcançado exigiria, e a própria cultura que o produzira, como ensaio ou projeto mais do que como conquista realizada, recua depois de 1964. De fato, o abandono do amadorismo não foi, para a geração de "Chega de saudade", um processo necessário apoiado sobre uma estrutura produtiva sólida. Foi uma escolha de campo. A intimidade tão exibida dos shows de bossa nova, o excesso de apelidos carinhosos (Tonzinho, Joãozinho, Poetinha), tão contrastantes com a boêmia cruel de Noel Rosa, essa necessidade contínua de confirmações afetivas — tudo isso talvez sinalize um mal-estar de quem ficou suspenso entre uma antiga sociabilidade, que se perdeu, e uma definição nova, mais racional e transparente, que não conseguiu se realizar. Ou talvez seja a forma com que a geração criadora do novo estilo resiste em se reconhecer produtiva, apresentando seu mais rigoroso trabalho como um lazer, como o resultado ocasional de uma conversa de fim de noite.

Se ficasse por aí, seria pouco. Mas a bossa nova não foi apenas o produto de um momento feliz da história brasileira. Ela é aquele momento feliz, sua eternização, e com isso a possibilidade perpétua de retomar os fios interrompidos. Como linguagem artística, mesmo que esteja ligada a um processo histórico que fracassou, seu êxito independe daquele fracasso. Nela, a hipótese não realizada se torna fundamento, ponto de partida de qualquer hipótese futura. O que diferencia a bossa nova da música norte-americana não é um defeito, uma falha na realização de um ideal (nesse caso, seus produtos não teriam um nível qualitativo comparável ao do jazz, como de fato têm). Há algo nela que as outras tradições musicais não possuem e que exerce um fascínio sobre elas.

O centro da bossa nova continua sendo, como para o samba, o canto. Sua intuição é lírica e, mesmo nos produtos mais sofisticados, exige que se acredite numa espécie de espontaneidade. Já o jazz, cuja intuição fundamental é de natureza técnica, privilegia o acorde. A harmonia de Tom Jobim é próxima à do jazz na morfologia, mas não na função. Para um jazzista, compor significa encontrar uma estrutura harmônica capaz de infinitas variações melódicas. Para Jobim, trata-se de encontrar uma melodia que não pode ser variada, já que ela é o centro estrutural da composição, mas pode ser colorida por infinitas nuances harmônicas. É por isso que as improvisações jazzísticas sobre temas de bossa nova produzem, em geral, uma incômoda sensação de inutilidade. Se a forma com que o cool jazz desenvolve os temas lembra a polifonia de Bach, e ainda mais os quartetos de Mozart, a música de Jobim pode ser aproximada à de Chopin, que apresenta a mesma autossuficiência do canto. As linhas melódicas do jazz são compactas, claramente secionadas e organizadas em volta de centros tonais definidos. Na maioria dos casos, podem ser lidas como ornamentações da progressão harmônica. As melodias da bossa nova são compridas, complexas e livres. Não podem ser esquematizadas sem perder o caráter. Um exemplo bastante claro está em "Samba de uma nota só": o começo, como já foi observado muitas vezes, é um decalque de "Night and Day", de Cole Porter. Mas, enquanto o compositor americano continua variando o mesmo esquema harmônico, mediante frases curtas apoiadas sobre poucas notas--chave, Jobim faz desembocar a progressão numa sinuosa linha melódica descendente ("Quanta gente existe por aí que fala tanto e não diz nada etc."). Nenhum jazzista escreveria semelhante melodia, onde as notas características não são as harmônicas — uma melodia que não pode ser simplificada e sobre a qual, portanto, é impossível improvisar.

Tom Jobim, profissional desde sempre, parece aceitar o pendor amadorístico da bossa nova como uma convenção do gênero, um elemento do estilo que não pode ser totalmente eliminado. O caráter oscilante, vago de suas orquestrações, o uso de instrumentos com ataque pouco definido, como as cordas e a flauta, não muito usados no jazz, a renúncia a explorar as possibilidades virtuosísticas dos corais, tudo isso é funcional para o predomínio absoluto da linha melódica, porque nega aos outros parâmetros a possibilidade de desenvolvimento autônomo. Já que a melodia diz todo o essencial, harmonizá-la, arranjá-la comporta sempre uma parcela de redundância. Todavia, essa redundância se tornará de certa forma funcional, porque a capacidade do canto de autossustentar-se se reconhece justamente no contraste entre uma linha melódica muito evoluída e o caráter quase atrofiado dos outros elementos da composição. Nisso, Jobim se revela o melhor discípulo de Villa-Lobos, que fez da redundância um estilo. Mas é aqui que se infiltra, como aliás no autor das *Bachianas*, o veneno do amadorismo, a que o artista é condenado pela necessidade de não desvirtuar seu material. Porque a renúncia a desenvolver a obra em todos os seus aspectos é justamente o que caracteriza o amador. Sobre esse impasse Jobim se mantém em equilíbrio, com indiscutível genialidade, há mais de trinta anos, resistindo às tentações complementares de um tecnicismo jazzístico e de uma vulgarização populista. Sem ele, a bossa nova seria uma expressão vaga, mais costume do que estilo.

O ponto de partida continua sendo a autossuficiência do canto. Mas, enquanto Jobim a cria mediante uma encenação, apresentando uma estrutura complexa só para fazê-la recuar, quase desaparecer, frente à linha melódica, João Gilberto tenta reproduzir na melodia todos os parâmetros do som, sem que por isso a voz se torne instrumento — ao contrário, aproximando sempre mais o canto à fala. É uma aspiração recorrente na música ocidental colher a articulação com que a melodia se destaca da palavra, mas ainda manter uma ligação necessária com ela, encontrar o momento exato em que o canto adquire forma própria, sem que esta seja outra coisa além da forma do falar, sublimada. Em João Gilberto tudo isso parece alcançar uma realização. Em sua maneira de interpretar, o que caracteriza uma melodia não é a estrutura harmônica, que funciona apenas como um pano de fundo, nem o pulso, em contínuo rubato, nem mesmo a linha melódica, que é constantemente submetida a pequenas variações. A essência está em algo mais recuado, numa determinada inflexão da voz, no jeito de pronunciar uma sílaba que é comum à palavra e ao canto. Não por acaso, os únicos dois textos musicados de sua autoria se baseiam em assonâncias sem sentido: "Bim bom" e "Hô-ba-lá-lá".

A tendência a transformar o ritmo 2/4 na pulsação mais macia de 6/8, que caracteriza a batida da bossa nova, é algo recorrente na música brasileira. Mário de Andrade a observou na forma popular de cantar o hino nacional, e recentemente foi detectada até no barroco mineiro. A raiz não está numa escolha estilística, mas na prosódia natural da língua, em que as vogais mais amplas e os ditongos assumem uma parte da função articuladora das consoantes, enquanto estas, sobretudo as nasais e as líquidas, tendem a fundir-se com a vogal que as precede. É uma língua, para usar um termo da música antiga, cheia de "liquescências", isto é, sonoridades fluidas, cujos início e fim não podem ser definidos com clareza. Uma língua, portanto, que resiste às marcações rígidas, tentando arredondá-las. Esse aspecto, unido à tendência contrária e complementar de reforçar os acentos (sobretudo onde há uma sequência de monossílabos), cria já na prosódia cotidiana um movimento sincopado.

O problema, portanto, é como utilizar numa estrutura musical uma prosódia tão caracterizada ritmicamente. Mário Reis resolvia a questão marcando cada acento, quase cada sílaba, com pequenas articulações, como golpes de palheta de um clarinete. Isso conferia às suas interpretações uma elegância peculiar, como se um riso leve corresse abaixo da melodia. Mas é um efeito secundário. A função principal é realçar com clareza a estrutura da melodia e do verso, sem mudar de dinâmica, como faziam os outros cantores da época, e sem utilizar o vibrato. Mário Reis segmentava as frases em células mínimas, cada uma marcada por um ataque. Nas últimas gravações, quando o envelhecimento da voz tornou difícil pronunciar todas essas articulações numa única emissão, ele canta quase sempre em staccato, sílaba por sílaba, entremeadas com pausas.

Se João Gilberto aprendeu algo de Mário Reis, foi a precisão milimétrica. No restante, seu estilo é o oposto: procura a continuidade, não a segmentação. Alguns elementos dessa maneira de cantar se encontram em Sylvia Telles, sem que se possa dizer quem tenha influenciado quem (as primeiras gravações da cantora são anteriores àquelas de Gilberto). Sylvia Telles utiliza o mesmo ritardando contínuo, com o que o canto se solta parcialmente da base rítmica, que é característico do estilo de João. A interpretação da cantora nas canções "Fotografia" (de Jobim) e "Primavera" (de Carlos Lyra) é exemplo claro disso. A diferença está em que, para Sylvia Telles, como para os românticos, o ritardando é ainda um elemento expressivo, serve para dramatizar a melodia.

A intuição fundamental de João Gilberto, ao contrário, é que esse rubato pode ser empregado de forma não dramática, estrutural. Distribuindo os dois caracteres básicos e complementares da prosódia brasileira, acentuação marcada e articulação frouxa, em dois planos distintos, o da batida sincopada do violão e o da emissão vocal ininterrupta, João Gilberto cria uma dialética suficiente para transformar a melodia num organismo que se autossustenta, que não precisa de apoios externos para se desenvolver. Não podemos dizer, de fato, que o canto de João Gilberto se apoie sobre os acordes do acompanhamento. Muitas vezes, o que se ouve é o contrário, acordes pendurados no canto como roupas no fio de um varal. Na música erudita, a composição mais próxima a esse estilo é o *Prélude à l'après-midi d'un faune*, de Debussy, sobretudo a primeira parte, onde a melodia é harmonizada repetidas vezes com acordes diferentes, que mudam sua cor sem mudar seu sentido.

Essa defasagem rítmica contínua mantém uma ligação forte com as inflexões da língua falada, porque, como esta, não pode ser calculada com exatidão nem se deixa geometrizar por completo. Porém, entre o retardo da voz e a antecipação do violão, cria-se um tempo médio que nunca é pronunciado, mas é o que garante ao verso a essência musical e ao canto o ser poesia. Em outras palavras, a canção se constrói em volta de um tempo ideal ao qual pode aludir, mas que não pode desvelar. A mesma coisa acontece na relação entre a nota da melodia e o acorde que a acompanha: relação que é sempre de dissonância, mas que alude a uma consonância tão perfeita que nenhuma consonância concreta poderia expressá-la (de novo, vem à mente a música de Debussy, em que as dissonâncias são mais eufônicas e estáveis do que os acordes perfeitos).

Quanto ao timbre: ao que dizem, João começou imitando Orlando Silva. É uma influência difícil de ser detectada por quem, como eu, não ouviu as raríssimas gravações anteriores a "Chega de saudade". Um vibrato leve e belíssimo, que possui a preciosidade das coisas prestes a desaparecer, ainda se encontra nos primeiros LPs, por exemplo na terceira sílaba dos primeiros dois versos de "Hô-ba-lá-lá", no LP *Chega de saudade*, ou na sílaba final do verso "até você voltar", na faixa "Outra vez" de *O amor, o sorriso e a flor* (para João Gilberto devemos citar as sílabas, como na música erudita se citam os compassos). Em seguida, esse recurso não é mais utilizado. A função principal do vibrato é dar mais corpo a uma nota rítmica ou melodicamente importante. João Gilberto, porém, tenciona retirar da melodia qualquer corporeidade. Isso não significa que seu canto seja pobre em termos de timbre. É que, em geral, a escolha do timbre tem nele uma função melódica, sugerindo, por exemplo, uma mudança de registro, da mesma forma que, em pintura, certa mudança de cor, sem nenhuma indicação de perspectiva, sugere profundidade. "Retrato em branco e preto", de Chico Buarque e Tom Jobim, é construída por frases compostas de intervalos pequenos, cuja sequência se repete em registros sempre mais agudos. No LP *Amoroso*, João Gilberto utiliza três timbres diferentes para as notas agudas, as do registro central e as graves, mantendo porém em cada timbre a maior uniformidade possível. Consegue assim acentuar os caracteres contrastantes que constituem o charme da canção: o tom desolado, quase de litania, das frases, e o claro-escuro dramático de seus saltos para o agudo e para o grave. Essa tendência se acentua nas gravações mais recentes: os intervalos melódicos tendem a ser substituídos gradativamente por mudanças de timbre. No último disco, *João*, a melodia de "You Do Something to Me" de Cole Porter é comprimida numa textura menor do que a original, mas a variação das inflexões da voz cria a ilusão de um registro melódico completo. No mesmo disco, aliás, o cantor utiliza de forma virtuosística esse princípio quando, no final da canção "Eu sambo mesmo", reproduz o efeito de fade-out (que de regra é criado reduzindo aos poucos o volume da gravação) na repetição do último verso, mudando mais o timbre do que a dinâmica: as consoantes se tornam mais secas, os "esses" transformam-se em "zês" — João Gilberto executa tudo isso com a voz, produzindo a sensação não de um distanciamento real no espaço, mas da forma com que esse distanciamento é recriado em estúdio.

O horizonte ideal do processo é um ponto em que seja suficiente falar com perfeição para que a linha melódica brote espontaneamente da palavra, uma vez encontradas a inflexão e a cor exata de cada sílaba.

Sem dúvida, a música norte-americana não conhece nada de parecido. Ali uma voz é tanto mais perfeita quanto mais se aproxima do instrumento, ainda que o intérprete recuse o virtuosismo em favor da pureza melódica: Chet Baker cantor imita o Chet Baker trompetista. Um movimento contrário, segundo o qual o canto se torna tanto mais perfeito quanto mais roça a indefinição da fala, introduziria uma vertigem do infinitesimal que é absolutamente estranha à cultura jazzística. A dissonância no jazz é metáfora, isto é, nota que substitui a nota originária, reforçando de alguma forma seu significado; a dissonância para João Gilberto é lítotes, negação da negação de uma consonância. A síncope do jazz confirma o tempo forte; a de João Gilberto relativiza-o, cria uma suspensão temporal. O timbre do jazz é luxo (realça a linha melódica), o de João Gilberto é economia (a substitui).

O pulso da bossa nova, como aliás o do samba, não pôde ser incorporado às linguagens derivadas do jazz com a mesma facilidade de outros ritmos sul-americanos. O reggae, por exemplo, que hoje é utilizado extensivamente nos arranjos de rock, não representa uma novidade substancial: ele apenas acentua todos os tempos fracos, da mesma forma como o rock acentuava todos os tempos fortes. No pulso da bossa nova, ao contrário, a própria oposição forte/fraco é relativizada, torna-se fluida, como se o tempo ainda não fosse solidificado num movimento mecânico e deixasse espaço a variantes individuais. O pulso da bossa nova, e sobretudo o de João Gilberto, é uma pulsação doméstica, o correr indefinido das horas em que ficamos em casa.

Grandes metrópoles não produtivas comportam, em geral, uma fratura nítida entre interior e exterior, sociabilidade tribal na rua e isolamento familiar no lugar de moradia — como diafragma, uma porta que é suficiente fechar. Às duas realidades correspondem dois comportamentos musicais distintos, um exuberante, o outro intimista. Em Nápoles, ao lado da *tammurriata* e da tarantela, destinadas à socialização, existe o estilo delicado, interior, de cantores como Roberto Murolo. Algo parecido se encontra nos países árabes, na oposição entre uma música orgiástica, ligada às percussões e aos sopros, e a elegância sofisticada dos virtuoses de alaúde, escondidos no paraíso de seus pátios. O Rio de Janeiro cultiva, ao lado das marchas de Carnaval, o samba sussurrado e melancólico que se canta entre amigos num quintal e que tem em Paulinho da Viola seu poeta mais recente.

Desse ponto de vista, a música brasileira fala de uma experiência diferente da dos Estados Unidos, onde a vida particular é sempre uma forma de treino para a vida pública. A peça que os músicos improvisam depois do concerto é experimento para a próxima apresentação, e até uma canção executada numa festa de aniversário tende a ser apresentada como num show profissional. Um concerto de João Gilberto, ao contrário, mesmo num estádio, mantém algo de uma reunião de apartamento, em que se pede ao convidado uma canção (com o risco, inclusive, de que não cante). Em 1940, John Cage compôs uma peça chamada *Living Room Music*, em que era utilizado como percussão tudo o que poderia se encontrar numa sala de estar: livros, jornais, móveis, janelas, portas. Dessa forma, tudo o que fora simplesmente ambiente se tornava meio de comunicação, a casa virava sala de concerto, o gesto e os objetos mais íntimos entravam no fluxo de uma sociedade global. A utopia de João Gilberto é oposta. Quando, segundo anedotas muitas vezes narradas, experimenta por dias seguidos a reverberação dos azulejos do banheiro da casa de uma tia em Diamantina; quando obriga os amigos a se postarem em pontos estratégicos de um corredor, para avaliar até que ponto ele pode cantar baixo; quando leva ao estúdio de gravação um tapete persa, porque soa melhor do que o carpete; em todos esses casos, o que João defende é a qualidade do som, não mensurável nem funcional, aquela que faz com que cantemos de preferência no banheiro, sem saber que é por causa da reverberação dos azulejos, ou que nos faz saborear a vibração que um som produz na garganta antes mesmo de ser emitido. São caracteres residuais, incontroláveis; mas, para reproduzi-los num equivalente técnico, o som gravado, é preciso um autocontrole extraordinário.

Física e musicalmente, João Gilberto não sai de casa. É uma atitude que em geral seria rotulada como regressiva. Contudo, sua música se projeta no futuro, possui uma carga utópica. Até um comercial de televisão, cantado por ele, comunica uma sensação de temporalidade suspensa que não é ócio, mas uma atividade que se produz de forma natural, sem sofrimento ou esforço, como por emanação. Nela, a dimensão afetiva das palavras supera a funcional em exatidão e em capacidade propositiva. O caráter in-definido, impressionístico, com que pensávamos uma melodia sem cantá-la, de repente o reencontramos nítido, objetivo, mas ainda indefinível e íntimo, numa gravação de João Gilberto. Se o jazz é vontade de potência, a bossa nova é promessa de felicidade. No final das contas, Proust também nunca saía do quarto.

No mesmo lugar, muito à frente (João Gilberto e Miles Davis)

A celebração dos oitenta anos de João Gilberto proporciona certo desconforto. Não que ele não mereça. Mas a própria ideia de comemoração, com seu alarde festivo, não parece condizente com uma personalidade tão esquiva. Atrás de todas as páginas publicadas, memórias, artigos, testemunhos, fica a impressão de que ninguém sabe ao certo quem ele é. E que a expressão evasiva, quase abobalhada, com que pronuncia poucas frases em público é uma máscara com a qual ele consegue nos ludibriar há décadas. Ou não? E se sua figura, seu papel de referência para tudo o que foi produzido na música brasileira dos últimos cinquenta anos, tiver crescido a tal ponto que já não admite um indivíduo atrás dela? João Gilberto virou uma espécie de entidade, mais do que um simples intérprete de canções, e entidades não fazem aniversário. Seu aniversário é o aniversário de um país, mais do que de uma pessoa. E aí, mais de quem ele realmente é, seria o caso de investigar como isso se deu.

De resto, se há alguém para o qual o tempo não passa, é ele. Há artistas que ficam presos a um momento glorioso e depois se repetem. Mas com certeza esse não é o caso de João Gilberto: ao contrário, a repetição, a imobilidade, nele parecem essenciais. Em sua forma geral, a bossa nova é um loop, um movimento circular que volta sempre ao começo. Não tem propriamente exórdios e finais, evita cadências muito conclusivas. As introduções das canções parecem colhidas no meio de uma conversa já em andamento, e os finais sugerem quase sempre que a melhor coisa a fazer seria recomeçar tudo de novo — e de fato João Gilberto costuma repetir três ou quatro vezes a canção inteira. Assim como não há começo nem fim, tampouco há acontecimentos dentro da canção que possam sugerir um movimento progressivo. O recurso fundamental é o da elisão, ou seja, a arte de mostrar escondendo: esconder o contraste entre tempos fortes e fracos, não apenas arredondando o 2/4 do samba em 6/8, mas, sobretudo, na mítica batida de João, pela geração contínua de síncopes e síncopes de síncopes, de maneira que o pulso fundamental seja marcado pelas pausas, e não pelos acentos; elisão das transições harmônicas, pela multiplicação de acordes intermediários (no violão de João) ou por um uso sofisticadíssimo das vozes internas (no piano de Tom Jobim); elisão na melodia, que sugere uma curva que não chega a se realizar plenamente; e na emissão da voz, que parece buscar, mais do que o som, o silêncio.

Muito se falou, e de vez em quando ainda se fala, de uma influência de Chet Baker sobre João Gilberto. De fato, foi Chet Baker quem introduziu no jazz o gosto da emissão vocal puríssima, quase sem timbre e sem dinâmica, *sottovoce*. Mas as semelhanças são superficiais: atrás da voz do jazzista americano transparece a vontade de seduzir pela ternura e pelo aparente desprendimento — uma sedução antitética àquela afirmativa e atrevida de um Frank Sinatra, por exemplo, mas ainda uma sedução. Quando João Gilberto canta, em nenhum momento sentimos que está buscando um contato conosco. O sujeito já desapareceu, só ficou a canção — aí está a elisão suprema, aquela que justifica todas as outras. (Como intérprete, quem reintroduziu a busca de uma comunicação interpessoal na maneira de cantar de João Gilberto, fazendo a ponte com Chet Baker, foi Caetano Veloso; mas acho que o que se revela no canto de Caetano, mais do que a voz do sedutor, é a voz do amigo: aquele que pode abordar qualquer assunto, mesmo o mais dolorido ou espinhoso, sem perder a dimensão do afeto.)

A suspensão voluntária, pela qual o sujeito se mostra ao se esvanecer, se oferece à vista (ou ao ouvido) enquanto se retira do mundo, talvez seja o significado essencial da bossa nova. Seu lugar de eleição é à beira-mar, dando as costas à cidade, mas sem entrar na água. Seu tempo é a tardinha, tarde demais para fazer alguma coisa, cedo demais para sair. De resto, essa afirmação pela negação se reflete na personalidade dos protagonistas: Vinicius, poeta prestigiado e diplomata, que vai perdendo louros e gravata e que, mesmo depois de se tornar o maior letrista da música popular brasileira, parece tentado a se esconder atrás de parceiros cada vez menos conhecidos (de Jobim para Baden Powell, de Baden Powell para Toquinho); a timidez lendária de Jobim, sua melancolia congênita, sua vontade de se embrenhar no mato ("Águas de março" é uma canção eufórica, mas não alegre, como bem mostrou Arthur Nestrovski);[1] e João Gilberto, bem, este quase conseguiu a façanha de não existir.

O mistério, no entanto, está no fato de essa poética da subtração, do quase não dito e não feito, ter sido um acontecimento cultural tão determinante, capaz de marcar com tamanha contundência a identidade brasileira moderna. Como pôde se tornar

---

1. "O samba mais bonito do mundo". In: MAMMì, Lorenzo; TATIT, Luiz; NESTROVSKI, Arthur. *Três canções de Jobim*. São Paulo: Cosac Naify, 2004. pp. 34-50.

o maior ícone cultural de um país (porque de fato é isso que João Gilberto é) um homem que só teima em desaparecer?

O vício da linearidade histórica nos leva a inserir a bossa nova num esquema desenvolvimentista: há o samba clássico, em seguida a influência do jazz, que gera a bossa nova, que abre o caminho à MPB, cada momento servindo de escada para o sucessivo. É um modelo fácil de decorar, mas que pouco explica. Há, de fato, um processo de progressiva profissionalização da música popular brasileira, já a partir da era do rádio, na década de 1930 — arranjos mais complexos, cantores mais aparelhados em termos técnicos, um sistema de produção muito bem azeitado. Na década de 1950, esse sistema já incorporara o jazz mais moderno, com Johnny Alf e Dick Farney, por exemplo. Mas a aparição de João Gilberto não foi apenas um passo à frente num caminho já traçado. Nos primeiros álbuns, tirando as composições dos parceiros mais próximos (Jobim, Menescal, Lyra) e duas dele próprio (uma, vale ressaltar, que se autodefine um baião), poucas outras canções são incluídas, com um critério que, se não for fruto de uma estratégia consciente, é pelo menos índice de um gosto muito revelador. Os autores mais frequentados são Ary Barroso e Dorival Caymmi, aos quais se acrescenta, a partir de 1961, Geraldo Pereira. Este, que morrera em 1955, talvez fosse o herdeiro mais consistente do humor cirúrgico de Noel Rosa, não apenas nas letras, como também em seu fraseado peculiar, com um uso muito inventivo da síncope. Caymmi pusera um estilo de composição muito arrojado a serviço de uma fala popular, aparentemente folclórica. E Ary Barroso era a expressão mais plena da autoconsciência técnica e poética da música popular brasileira, no auge da era do rádio.

Nenhum desses autores coincidia inteiramente com o ideal de modernidade da era Juscelino, apesar da popularidade de que ainda gozavam. É como se João Gilberto, em plena febre desenvolvimentista, fosse procurar uma modernidade um pouco mais recuada, que já estava lá, e que por sua vez era baseada na releitura de uma tradição ainda mais antiga. O momento-chave, a meu ver, é a inclusão de "Aos pés da cruz", de Marino Pinto e Zé Gonçalves, em seu primeiro álbum, *Chega de saudade*. Se o público-alvo da bossa nova fosse apenas a classe média esclarecida da Zona Sul, como reza uma sociologia apressada, essa canção de versos católicos, carolas de tão recatados (apesar da citação de Pascal na segunda estrofe), ficaria deslocada. Por outro lado, talvez em nenhuma outra faixa do disco se torne mais evidente a capacidade do violão de João Gilberto de desmontar, analisar e remontar na hora, no próprio ato de executá-la, a estrutura harmônica de uma canção — justamente porque talvez essa fosse a melodia que menos se dispunha a isso. A bossa nova (em especial Tom Jobim) gosta de formas musicais um pouco envelhecidas (modinha, valsa), e o estilo despojado e delicado de seus intérpretes talvez deva mais à maneira de os compositores de samba apresentarem suas canções em volta de uma mesa de bar ou num terreiro do que ao jazz de Chet Baker. Mas João Gilberto parece ir mais fundo, alojando-se por completo numa dimensão da memória e extraindo dela as características de seu estilo inovador. Os acordes de seu violão não são novos por parecerem experimentação, mas por emergirem de um passado dissecado, levado à essência, revalorizado. As melodias já existem, trata-se de descobrir as harmonias delas. Não deixa de ser revelador que só haja uma canção americana entre as gravações dos primeiros anos, "I'm Looking Over a Four Leaf Clover" ("Trevo de quatro folhas"), e é uma composição antiga, de 1927, que se popularizara na década de 1930 pelos cartoons das *Merrie Melodies* — enfim, quase uma melodia infantil.

O paradigma de *Chega de saudade* insere, na projeção do

país do futuro, uma modernidade que vem de trás. No fundo, é nesse momento, a partir do corte e da recuperação que a bossa nova opera, que se define o conceito de samba clássico e a música popular brasileira começa a ter propriamente uma história. Mas, curiosamente, no caso de João Gilberto a descoberta da história comporta uma suspensão da história, a criação de um espaço mágico em que tudo é moderno ou pode sê-lo, e não há hierarquia. Sem "Aos pés da cruz" em *Chega de saudade*, talvez não houvesse "Coração materno" em *Tropicália*. Mas "Coração materno" desempenha em *Tropicália* um papel muito específico, nas antípodas, por exemplo, de "Bat macumba". "Aos pés da cruz" tem, em *Chega de saudade*, exatamente o mesmo estatuto que "Desafinado". As canções estão à mão, como objetos num quarto, num dia de feriado. Podem ser pegas a qualquer momento, manipuladas por um tempo indefinido, deixadas de lado de repente. Não são trabalho, muito menos espetáculo.

A década de 1950, e sobretudo os últimos anos, marca a transição da estética industrial da primeira metade do século xx a outra, baseada no consumo. Como todos os momentos de transição, este também abre espaços inesperados de liberdade ou, melhor dizendo, de felicidade. Já se viraram as costas às fábricas, mas ainda não se entrou no circo. E ainda não se sabe que o circo implica, ele também, exploração, regras rígidas, assentos numerados. A nova modernidade parece fluir sem esforço, e por isso mesmo se parece com uma situação pré-moderna, não sistêmica, comunitária. Talvez o novo sempre tenha algo de primitivo. Mas o que se instaura nessa fase não é o primitivo selvagem das vanguardas históricas, que sugeria ruptura e revolução. É um primitivo doce, quase infantil, que sobrevive nos pontos mortos e nas horas vagas. É uma utopia recorrente na época: quando as máquinas assumirem todas as tarefas, as hierarquias de valores vão se inverter. Tudo aquilo que é irrelevante passará a ser fundamental, porque é a outra face da vida, que o trabalho não contempla. Isso vale para o nonsense, o tempo perdido, uma inflexão de voz que não pode ser quantificada e repetida, um sentimento que não visa à extroversão. Vale para tudo aquilo que é para nada. Por alguma razão, o ideal brasileiro de modernidade se identificou com essa utopia de maneira mais profunda e persistente do que em outros países. E João Gilberto é sua mais perfeita expressão, inclusive pela teimosia em ficar nesse lugar indefinido — fora da fábrica, mas não dentro do circo.

Contraprova. Se não tivesse morrido em 1991, Miles Davis faria 85 anos quinze dias antes do aniversário de João Gilberto. Em 1959, o mesmo ano de *Chega de saudade*, lançava *Kind of Blue*, que muitos consideram o mais importante disco de jazz já gravado. Miles Davis já fora responsável por outras revoluções: com seu mítico quinteto (ele no trompete, John Coltrane no saxofone, Red Garland no piano, Paul Chambers no baixo, Philly Joe Jones na bateria), praticamente inventou o cool jazz. Com Gil Evans, revolucionou o estilo das big bands. No campo da música popular, a transição que tentei descrever tem nele seu maior protagonista. Nesse processo, contudo, *Kind of Blue* representa um ponto de volta, sobretudo pela adoção sistemática da harmonia modal, que já experimentara ocasionalmente nos anos anteriores. Na harmonia tonal, a sequência de acordes é construída para "resolver" em determinadas notas que são os pontos de apoio e de repouso da composição. Na harmonia modal não há pontos de apoio privilegiados, as sequências não são direcionadas. Os acordes formam estruturas que permanecem, por assim dizer, em suspensão. A primeira faixa do disco, "So What", baseada em apenas dois acordes, é o manifesto de quase todo o jazz e de muita música popular que estava por vir. Mas o modalismo não é apenas pós, é também pré-tonal: permite aproveitar todo o material de tradições étnicas ou populares não atingidas pela técnica tonal ocidental. Por um lado, a postura e as inovações de Miles Davis faziam com que o jazz ultrapassasse o virtuosismo "operário" que ainda marcava a geração anterior (até nos maiores: Charlie Parker e Dizzy Gillespie) e adquirisse a concentração e a precisão técnica de uma experiência de laboratório; por outro, a partir de *Kind of Blue*, os ritmos hipnóticos, as melodias circulares, os acordes não funcionais faziam emergir uma raiz africana que já não se confundia espontaneamente com o ritmo da produção industrial, como no jazz clássico.

Sempre mais, nos anos seguintes, Miles Davis tentou conjugar a alta tecnologia e o transe, o laboratório e a tribo, reivindicando para si, ao mesmo tempo, o papel do cientista e do xamã. Mas a conciliação, nesse caso, não era tão fácil — aliás, talvez fosse irrealizável. Não havendo síntese possível no presente, era necessário apontar para o futuro, colocar-se sempre um pouco mais além. Miles Davis é condenado a abrir caminhos, a estar sempre quilômetros à frente, *Miles Ahead*, como reza o título de um álbum de 1957: como em *Bitches Brew* (1969), que inaugura o jazz fusion, ou em *Tutu* (1986), onde Miles contracena com apenas um músico (Marcus Miller) e uma floresta de sintetizadores. Mas todas essas gravações geniais, no fundo, apenas comentam e desdobram a intuição fundamental de 1959, a interrupção do fluxo do tempo pela síntese de dois acordes em que futuro e pré-história parecem coincidir por um instante. E, por um instante, não parece haver problema — *so what?*

Com certeza, João Gilberto nunca teve a ambição de Miles Davis. Nunca se sentiu dilacerado entre um futuro inalcançável e uma raiz perdida. Para ele, um violão acústico é moderno o bastante, e as raízes estão bem aí, na Bahia, nos sambas um pouco envelhecidos, nas *Merrie Melodies*. Porém, fechando-se nesse microcosmo, conseguiu encontrar um ponto de equilíbrio igualmente perfeito, e dedicou a vida a preservá-lo. Na história do século XX, o fim da década de 1950 foi um dos períodos mais criativos, e não apenas no campo da música (*Acossado* de Godard, por exemplo, essa outra ode ao tempo parado, também é de 1959). Quase todos os movimentos artísticos posteriores nascem naquela época, naquele momento de suspensão que talvez ainda não tenhamos entendido plenamente — como se então a solução estivesse à mão, e a tivéssemos deixado escapar. Miles Davis tentou reencontrá-la pelo resto da vida, sempre mais à frente. João Gilberto permanece perto dela e se recusa a sair dali. Mas o tempo passa, em todo caso, e as memórias se tornam sempre mais longínquas, as celebrações sempre mais engessadas e automáticas. Talvez a melhor maneira de comemorar — se é que se pode comemorar uma vaga sensação de perda — seria dar plena vazão às perguntas que há certo tempo rondam por aí: o que foi do jazz? O que será da canção?

Prefácio ao *Cancioneiro Jobim*

A segunda parte de "A felicidade", uma das primeiras parcerias de Tom Jobim com Vinicius de Moraes, consta de uma única frase longuíssima, que se inicia no registro grave ("A felicidade do pobre parece..."), sobe gradualmente até a região mediana ("Por um momento de sonho") e recai de forma ainda mais lenta para o grave ("Pra tudo se acabar na quarta-feira"). Quase não há repetições nesse percurso, e o ápice do arco melódico corresponde ao momento de maior tensão harmônica: um acorde de Fá# menor que ilumina por um instante a oscilação um tanto obsessiva em volta do centro tonal de Dó maior. O movimento da música corresponde sutil mas perfeitamente ao texto — a preparação de uma felicidade momentânea, o brilho rápido e ilusório, a volta à melancolia cotidiana. Esse tipo de frase musical — que pressupõe uma longa preparação e um esvaziamento igualmente longo, tendo no centro um acorde ou uma nota inesperada, quase uma revelação — é uma constante no estilo do autor. De fato, as melodias de Jobim são profundamente originais. Tortuosas e assimétricas, alternam momentos de serenidade e de angústia, imobilidade hipnótica e desvios surpreendentes, concluindo muitas vezes de maneira inesperada, com um acorde estranho à tonalidade. Como num conto, grande parte do fascínio delas deriva do aparecimento de peripécias que não podemos prever e que no entanto, uma vez ouvidas, parecem perfeitamente lógicas. Mais do que estruturas tonais, elas sugerem esquemas narrativos.

Todas as músicas de Jobim parecem fadadas a carregar letras, mesmo quando foram escritas como peças instrumentais. O fato de ter se cercado de letristas de sensibilidade musical excepcional, e de ter sido ele próprio um excelente letrista, não é apenas um ponto de força, mas uma necessidade de sua obra. Suas canções contêm frases que são pinturas sonoras, verdadeiros madrigalismos: a pluma que oscila ao vento, em "A felicidade"; o "soft evasive mist" de "Bonita"; "Chovendo na roseira", do começo ao fim. Mas não é esta, a meu ver, a questão principal. O que aproxima essas linhas melódicas da fala são, muito mais, seus perfis irregulares, soltos, que evitam enfatizar os centros harmônicos, acentuando quase sempre notas estranhas ao acorde. São evitados saltos grandes, que afastariam o canto da prosa. A melodia procede por longos trechos passo a passo.

Nesse contexto, toda alteração cromática, todo intervalo mais amplo se tingem de um sentido expressivo. Sendo portadoras de um sentimento, as alterações da escala são por sua natureza únicas e fugidias. As repetições literais são raras, embora as canções de Jobim respeitem quase sempre a tradicional estrutura A-B-A. O retorno à primeira parte, porém, costuma ser modificado — não tanto na melodia, mas na harmonização — até se tornar irreconhecível à primeira escuta. Quem ouve "Chega de saudade" custa a perceber que o esfuziante final ("apertado assim, colado assim, calado assim") é inteiramente derivado do tristonho "não sai de mim, não sai de mim, não sai" da primeira parte.

No livro *Chega de saudade*, Ruy Castro cita uma entrevista para *O Cruzeiro*, em que Alayde Costa, solicitada a definir a bossa nova, respondeu: "Eu acho que bossa nova é toda música em que entram bemóis e sustenidos". Por mais desajeitada que possa parecer, a frase tem um fundo de razão: as alterações das composições de Jobim, todas aquelas quintas diminutas e nonas menores de que suas harmonias estão recheadas, parecem responder mais aos movimentos da linha melódica, muito elaborada, do que às exigências do baixo, que em geral é reduzido a um esqueleto. A forma da composição se estrutura a partir do canto, e não do baixo. É por isso que suas melodias, embora muito contidas em aparência, possuem um forte impacto emocional: cada pequena transformação, cada modificação de semitom, comporta uma mudança no sentido geral da composição. O acidente, em Tom Jobim, é o fundamental. "Desafinado" é quase o manifesto disso: uma canção inteiramente composta sobre as notas "erradas". Mas há outros exemplos marcantes: o Si natural sobre a palavra "paz", no fim da introdução de "Se todos fossem iguais a você", falsa relação colocada onde se esperaria uma cadência; em "Insensatez", a frase "Coração mais sem cuidado", em que as notas mais em evidência são todas estranhas aos acordes; por outro lado, a linha melódica inteira de "Sabiá", relativamente simples, mas submetida a harmonizações sempre diferentes, quase todas muito ousadas.

Quem se atreveria a mudar esses detalhes? É muito menos comprometedor alterar as notas fundamentais do baixo do que qualquer um desses "bemóis e sustenidos" aparentemente acidentais, que Alayde Costa sentiu, com uma intuição no fundo correta, como uma característica marcante da bossa nova. Quando João Gilberto acompanhou no violão Elizeth Cardoso, na primeira gravação de "Chega de saudade", a harmonia de Jobim encontrou por fim uma colocação rítmica adequada, entre um baixo reduzido ao essencial e uma linha melódica extremamente livre, flutuante. As durações oscilantes da batida de João são a tradução rítmica perfeita das alterações harmônicas de Tom. Antecipando os acordes na região central, em relação ao pulso marcado pelo baixo, é possível fazer com que as notas graves não carreguem a harmonia, mas, ao contrário, sejam antecipadas e conduzidas por ela. Livre dessa função de apoio, a linha do baixo, embora muito simples, torna-se melódica, quase um contracanto. Em muitas gravações, de fato, ouvimos Jobim cantarolá-la enquanto toca.

A principal diferença entre a escrita de Jobim e a dos compositores norte-americanos de jazz está justamente nessa primazia do canto e, através do canto, da fala. A vocação fundamental do jazz é a improvisação instrumental. Uma peça jazzística satisfatória é aquela que pode se tornar um "standard", ou seja, servir de base para um número infinito de variações. Por isso, o cerne da composição é o equilíbrio da progressão harmônica, que deve ser maleável, mas solidamente estruturada, para que seja repetida sob outras linhas melódicas sem perder seus traços característicos. As frases musicais devem ser construídas de tal modo que possam ser segmentadas com facilidade, e cada segmento ser substituído por outro de livre escolha, sem que o equilíbrio geral seja prejudicado. Um jazzista nunca escreveria uma frase longa e assimétrica como a da seção central de "A felicidade" porque é quase impossível improvisar sobre ela. Além de ser muito comprida, sua estrutura harmônica é pouco diferenciada e muito matizada para as exigências da improvisação. Em outras palavras, há poucas mudanças de centro tonal e, em compensação, muitas alterações cromáticas dos acordes. Embora essas alterações não sejam estruturais do ponto de vista da harmonia clássica, são insubstituíveis: não há como modificá-las sem tornar irreconhecível o desenho melódico. Por isso, as improvisações sobre temas de bossa nova são muito tímidas, ou apenas ornamentais: os detalhes não podem ser alterados de modo significativo porque o essencial está no detalhe.

Certamente, a técnica harmônica de Jobim deve muito ao jazz. No entanto, sua maneira de construir melodias e harmonizá-las remete à sua formação erudita. O precedente mais imediato parece ser Villa-Lobos, sobretudo o Villa-Lobos dos movimentos lentos das *Bachianas*, que criava melodias intermináveis transportando para cima e para baixo poucos intervalos fundamentais. Com efeito, se ouvirmos em sequência a ária das *Bachianas n. 5* e "Chega de saudade", torna-se evidente que as duas obras pertencem à mesma família melódica. Contudo, podemos remontar mais atrás, à harmonia do impressionismo francês, que está na base também do jazz, mas que Jobim conhecia diretamente, como revela, por exemplo, a valsa juvenil "Imagina". Chopin é outra presença constante na música de Jobim: será suficiente comparar "Retrato em branco e preto" com o *Estudo*, op. 10, n. 6, ou "Insensatez" com o *Prelúdio em Mi menor*.

Mais do que semelhanças pontuais, é a concepção geral que é parecida. A tradição musical erudita utilizava duas maneiras fundamentais para garantir a unidade de uma peça: a variação e o desenvolvimento. Na variação, a estrutura harmônica e métrica do tema se mantém estável, enquanto o revestimento melódico e rítmico muda. No desenvolvimento, ao contrário, é o motivo melódico e rítmico que se desdobra, criando estruturas harmônicas e métricas sempre diferentes. No primeiro caso, a forma geral determina o particular. No segundo, é o elemento individual, o pormenor, que gera as formas. Os compositores de jazz variam. Tom Jobim, caso raro, senão único, na música popular, desenvolve. Ou seja, ele não repete por certo número de vezes um giro harmônico, modificando-o nos detalhes, mas parte de um detalhe, uma pequena célula melódica, para criar longas sequências que nunca voltam exatamente sobre elas mesmas.

Em "Se todos fossem iguais a você", por exemplo, uma das primeiras parcerias com Vinicius, a frase principal, que se segue imediatamente à introdução, é composta a partir de uma pequena célula de três notas, repetida em progressão descendente. Apenas num ponto esse movimento para baixo se inverte, nas últimas três sílabas do verso "Que maravilha viver". O Lá bemol, a nota mais aguda da frase, é introduzido por um salto ascendente — modesto, mas marcante, por ser o único na contramão no movimento geral da frase e por ser antecipado pelo Lá bemol do acorde diminuto, meio compasso antes. Quando cantamos esse trecho, temos a impressão de que essa conclusão é o elemento mais característico da melodia. No entanto, ela nunca mais reaparece na canção. O que encontramos, daí para a frente, é um desdobrar-se contínuo daquele pequeno motivo de três notas, criando melodias de comprimento e perfil sempre diferentes, que lembram a frase inicial, mas nunca a citam por completo. Em outras palavras, a canção não possui uma estrutura fixa, determinada por uma repetição de segmentos estanque, mas flui livremente a partir das mutações de uma unidade melódica mínima.

Salientar as diferenças entre a música de Jobim e a dos compositores norte-americanos responde indiretamente a uma velha questão, que seria oportuno abordar agora de outro ponto de vista: se a bossa nova é samba ou jazz, se é evolução natural da cultura musical brasileira ou adaptação de um modelo importado. É uma pergunta ociosa: o próprio samba, afinal, finca parte de suas raízes em gêneros estrangeiros como a polca e a habanera; o tango brasileiro de Ernesto Nazareth deve às mazurcas de Chopin tanto quanto ao choro e ao maxixe. O que faz a grandeza da música popular brasileira não é a existência de uma linguagem nacional "pura" nem de gêneros estritamente populares, mas a capacidade de fundir e adaptar técnicas e estilos das proveniências as mais variadas. Numa sociedade pouco diferenciada como a nossa, nunca houve uma separação nítida entre práticas musicais "altas" e "baixas". No século xix, o lundu era cantado nos teatros, a polca e a valsa se dançavam na rua (e daí surgiram o maxixe e a brasileiríssima valsinha). Coros de escravos eram recrutados para cantar óperas, e um músico de banda podia acompanhar a procissão do Divino num dia e, no dia seguinte, participar da encenação de um drama de Verdi. Até na música popular do período "clássico", entre as décadas de 1920 e 1940, há uma influência evidente da música de salão do início do século, tanto nos versos parnasianos como na elegância melancólica das melodias.

No entanto, o caso da bossa nova é diferente: desde logo foi identificado com a classe média carioca, a dos apartamentos à beira-mar, e por isso considerada por parte da crítica como um mero produto de exportação. Não que a identificação com uma classe social determinada fosse totalmente descabida: aquela música era expressão de uma sociedade mais articulada, e essa sociedade representava a elite — não a elite do poder, mas a da cultura, a mesma que se reconhecia na arquitetura de Niemeyer, nos jardins de Burle Marx, nos *Relevos espaciais* de Hélio Oiticica, na prosa de Guimarães Rosa e Clarice Lispector. Pela primeira vez o Brasil oferecia ao mundo uma imagem que não era apenas sedutora pelo exotismo, mas relevante pelo projeto modernizador que propunha.

Na bossa nova, a originalidade tinha raízes múltiplas. Antonio Carlos Jobim vinha de uma família culta: o pai era diplomata e poeta. Ele conhecia, como já vimos, a harmonia impressionista da escola francesa, adorava Villa-Lobos, formara-se profissionalmente com arranjadores semieruditos como Leo Peracchi e Radamés Gnattali. O jazz com que entrou em contato na década de 1950 era o de uma época de ouro, provavelmente o mais sofisticado e criativo de toda a história gloriosa desse estilo. Do jazz de sua época, Jobim absorveu alguns procedimentos harmônicos. Sobretudo aprendeu a leveza, a busca do essencial, o enxugamento dos meios. Mas virou o jazz pelo avesso.

A bossa nova é transmitida com tanta frequência em elevadores e em aviões não apenas porque é agradável, mas porque expressa perfeitamente uma ascensão sem esforço. No entanto, essa facilidade de movimento é impregnada de melancolia porque quem corre assim, sem que ninguém o empurre, é o tempo. O jazz rejuvenesce a cada volta do giro harmônico porque ele *faz* o tempo — é um triunfo sobre o tempo. Na bossa nova, a volta à primeira parte da canção é regresso a um lugar que não é mais o mesmo, porque o tempo passou à nossa revelia. O que se acumulou na viagem não é energia, mas experiência. O tempo triunfa sobre nós, nessas músicas, mas abandonar-se a ele é prazerosamente sábio, ainda que um pouco triste. Até do ponto de vista técnico, a batida da bossa nova não é bem uma síncope, um contratempo, mas um atrás do tempo ou um antes do tempo. As versões "muzak" das composições de Jobim geralmente apagam esse aspecto, transformando suas melodias sem repetições numa pulsação cíclica e vazia. Permanece, no entanto, a sensação de voo, de absoluta ausência de peso, que sentimos quando nos deixamos arrastar.

Por lutar contra o tempo, o jazz torna-se imitação do trabalho. A produção de um infindável número de variações a partir de um modelo preestabelecido remete a um sistema de produção industrial, embora desse sistema represente a face feliz, liberada — o prazer da produção em si, como uma energia sempre renovada. A bossa nova é imitação do tempo da conversa: uma sequência de momentos insubstituíveis porque cada um se carrega de um significado afetivo que não pode se repetir.

É típico da sociedade brasileira, e em particular da carioca, que as relações interpessoais sejam mais importantes do que as relações de trabalho. O viajante que se maravilha ao ver tanta gente passeando à beira-mar no Rio de Janeiro não se surpreenderia ao ver o mesmo número de pessoas, igualmente ociosas, numa avenida da Europa ou da América do Norte. O que o espanta é que os cariocas ao longo da praia não se pareçam com gente que trabalha — que não tenham sido educados a carregar as marcas de suas profissões como elementos de identificação social. Essa postura pode ter origens antigas e escusas: é eco de uma sociedade escravista, em que o trabalho era considerado diminuição de estatuto social. Na década de 1950, no entanto, quando o Brasil passou por um processo rápido de modernização, seu sentido mudou de forma radical. Tornou-se o sinal de um humanismo doce, discreto, que absorve as novas tecnologias e os novos padrões de consumo sem se deixar moldar totalmente por eles. O país entrava na era dos consumos sem ter passado pela fase heroica e sombria da industrialização. Por um breve momento encarnou a esperança de uma modernidade leve — lúdica e eficiente como um drible de Pelé, natural e culta como um jardim de Burle Marx, exata e solta como uma melodia de bossa nova. Tom Jobim foi a expressão mais popular, e talvez a mais adequada, dessa ambição. A partir de 1964, a utopia foi aparentemente enterrada por uma industrialização brutal e totalitária, mas continuou e continua ressurgindo teimosa, nas músicas, nos livros, nos projetos arquitetônicos, nas obras de arte, nos campos de futebol.

É um sinal de passageira sabedoria da classe política brasileira que Jobim tenha sido encarregado de compor a música para a inauguração de Brasília, junto com Vinicius de Moraes. Com efeito, tanto a arquitetura de Niemeyer como a música de Tom Jobim são expressões plenas da delícia do instante singular em face da volúpia da repetição; da preservação do halo afetivo da palavra e do espaço em face da busca da expressão precisa, cortante. Bossa nova em face do jazz — não negação, mas complemento necessário. Caetano Veloso já disse que o Brasil ainda há de merecer a bossa nova. A música de Tom Jobim, então, é uma promessa que o Brasil fez ao mundo e ainda não cumpriu.

"Canção do exílio"

Entre 1962, ano do famoso concerto no Carnegie Hall, e 1968, quando compõe "Sabiá", Tom Jobim passou boa parte do tempo nos Estados Unidos. É a época de maior sucesso internacional da bossa nova. A permanência do compositor na América do Norte rende gravações antológicas, como as que compõem o álbum *Francis Albert Sinatra & Antonio Carlos Jobim*. No entanto, é evidente que Jobim não foi para a meca do mercado musical com a mesma garra com que o precederam, vinte anos antes, Ary Barroso e Carmen Miranda. Resistiu até o último momento a participar da noite do Carnegie Hall. Nas cartas, como nas entrevistas concedidas mais tarde, se queixa dos tradutores, do frio, da vida na América do Norte. Parece suspeitar que sua música expresse uma forma de vida delicada demais para se adaptar ao rigor do sistema de produção norte-americano: "Os americanos jamais entenderiam essa nossa 'civilização de praia'", declararia mais tarde.[1]

---

1. Essa citação, como as seguintes, foi extraída do *Cancioneiro Jobim* (Rio de Janeiro: Jobim Music/Casa da Palavra, 2000. v. 1, cap. 4).

Na maior parte do tempo, ele fica esperando. A sessão com o grande arranjador Nelson Riddle é marcada em fins de 1964 e realizada apenas em agosto de 1965. Para gravar com Sinatra, Jobim fica hospedado num hotel de Los Angeles, sem nada para fazer, de agosto de 1966 até 30 de janeiro de 1967, dia em que finalmente entra em estúdio. Em fevereiro de 1967, logo depois da gravação com Sinatra, escreve para Vinicius de Moraes: "Era bom participar da vida, mas, por ora, estou morando no quarto de Sartre, de onde só se sai quando a comida acaba, para ir ao mercado". Define-se como

> um homem que saiu da "terra quente" e foi para a "terra fria" combater os bárbaros, sem maiores conhecimentos da língua e dos costumes e da guerra propriamente dita. Morro depois, em solo pátrio, em consequência de ferimentos recebidos em combate. A estátua será roubada da praça numa noite úmida (o Rio é muito úmido... minha avó dizia).

Pouco adiante, acrescenta: "Aqui em L. A. não tem a umidade indispensável à vida dos ninfos".

O tempo vazio é a própria essência da bossa nova. Mas há de ser um vazio vivido como plenitude, em frente a uma paisagem intensamente inútil. O vazio que transparece das cartas de Jobim dos Estados Unidos é, ao contrário, um espaço sem vida, literalmente uma perda de tempo, no meio do burburinho de uma cadeia produtiva. Um intervalo entre dois contratos, duas gravações, dois shows. Nada ilustra tão bem a transformação do tempo indeterminado e afetivo da bossa nova no tempo industrial da música norte-americana como a versão inglesa de "Garota de Ipanema", realizada por Norman Gimbel. A tradução é ruim, sem dúvida; mas também serve a um gosto e a uma sensibilidade diferentes. "Olha que coisa mais linda, mais cheia de graça, é ela menina" vira: *"Tall and tan and young and lovely, the girl from Ipanema"*. Os versos em inglês têm várias sílabas a menos e recortes diferentes entre as frases, que obrigam a um rearranjo da melodia com menos notas, frases mais regulares e síncopes mais marcadas. Com suas oposições simétricas de adjetivos, feitas para serem acompanhadas por um estalar de dedos, "The Girl from Ipanema" transforma o requebro da moça em tempo de metrônomo. *"Tall and tan"*, tique e taque. É a apresentação objetiva de um produto, iniciada por uma lista de qualidades e concluída pelo nome do objeto em questão — *"the girl"*. A letra original, ao contrário, nunca usa a palavra "garota" ("menina" não é um nome, é um atributo) e é muito mais a manifestação de uma hipnose melancólica, premonição da meia-idade, do que a apreciação dos dotes físicos de uma adolescente. Nos versos originais, mesmo sem música, o tempo escoa, não bate.

É mais ou menos em 1968, o ano de "Sabiá", que Tom Jobim começa a voltar para casa. Mas já não era o mesmo lugar. Além das tensões sociais e políticas, algo mudara no sistema de produção e divulgação musical. A década de 1960 é a época dos festivais e, sobretudo, da televisão. A televisão transforma os músicos em heróis, portadores não apenas de um novo gosto musical, mas também de novos comportamentos com que o público, sobretudo o jovem, busca uma identificação. Os festivais são os campos de batalha em que diferentes modelos sociais se enfrentam: a jovem guarda, os tropicalistas, os engajados. A Jobim cabe uma posição mais recuada, de pai fundador da música brasileira moderna, reverenciado, mas não exatamente up-to-date. Sua produção se torna mais elaborada, mais próxima da canção erudita. Desde o início, Jobim manifestou um pendor para a música de concerto: "Sinfonia do Rio de Janeiro", "Sinfonia da Alvorada", trechos de *Orfeu da*

Conceição. Mas esse lado de sua arte ficara em segundo plano, diante da excelência e do sucesso das canções bossa nova. Agora volta à tona, sustentada por uma visão do Brasil que se torna mais nativista e naturalista: a aspiração a composições de grande fôlego desembocaria, poucos anos depois, na fase "mateira" de *Matita Perê* e *Urubu*, álbuns que o próprio Jobim financiou e produziu.

A bossa nova fora a expressão mais perfeita da burguesia urbana brasileira da década de 1950, que por sua vez tinha sido uma das formas de civilização mais sofisticadas, se não a mais sofisticada, que o país criara. O recuar do maior compositor da bossa nova para uma ideia atemporal de natureza, numa época de deterioração dos relacionamentos sociais, não é casual. Na década de 1960, o Brasil se polariza: é modernização tumultuosa ou arcaísmo, guitarra elétrica ou zabumba, calças boca de sino ou chapéu de couro, móveis de plástico ou de madeira maciça, pop ou tachismo. Com certeza, o que há de melhor nessa época é justamente o que soube escapar de uma oposição tão simplória. Mas os tempos se inclinavam para o ecletismo. A síntese, ainda que frágil, da década anterior se desfizera junto com a classe social de que era expressão. Quando não cede à sedução de uma industrialização acelerada e autoritária, o Brasil volta a ser a terra da natureza, de uma potência pujante, mas amorfa, que ainda não chegou a se realizar.

Em termos musicais, a maior expressão dessa natureza caudalosa e tosca era Villa-Lobos. Jobim, no final dos anos 1960, retoma o contato com a obra do maior compositor erudito brasileiro. A ligação existira desde o começo — em "Chega de saudade" e "A felicidade", por exemplo, com suas longas melodias baseadas em pequenos motivos constantemente transpostos — e nunca tinha sido interrompida. Mas era questão, ali, de uma maneira de construir, mais do que de uma ideologia. Agora, ao contrário, o

Villa-Lobos das *Bachianas*, com sua vitalidade poderosa e estancada, se torna citação explícita.

Se não fosse por sua densidade e força dramática incomum, que faz dela um caso à parte, "Sabiá" poderia ser vista como o ponto inicial dessa nova fase do compositor. Foi projetada de início como canção de câmara para a voz de Maria Lúcia Godoy. Chamava-se "Gávea", como o bairro do Rio, mas também como a plataforma no alto dos mastros dos navios, da qual os marujos avistam a terra. O canto é modal, bem no estilo de Villa-Lobos: uma linha melódica contínua, longa e sinuosa, para toda a primeira estrofe, construída em cima de uma célula de três notas repetidas que volta cinco vezes, com inserção de pausas e dilatações rítmicas, sobre as notas do acorde de Si menor-Ré ("Vou voltar", nas letras compostas mais tarde por Chico Buarque); Si (o segundo "Vou voltar"); Fá sustenido, com valores rítmicos maiores ("Sei que é lá, e é ainda lá"); de novo Ré ("Ouvir cantar"); de novo Si ("Uma sabiá"). Um arco simétrico, bloqueado na harmonia de um acorde. Tom Jobim, porém, é mais complexo harmonicamente do que seu mestre Villa-Lobos. A harmonia deste é simples, quase sempre baseada em sequências tradicionais de acordes: as notas acrescentadas, quando estranhas à tonalidade, têm em geral valor timbrístico ou expressivo, raramente levam a verdadeiras modulações. Jobim introduz na estrutura melódica modal de seu mestre a instabilidade do jazz e de uma sensibilidade harmônica mais apurada.

Logo depois da introdução, a melodia se inicia sobre um acorde de passagem (Fá diminuto) que imediatamente descamba para Mi menor, tonalidade que, apesar das ambiguidades harmônicas, permanece o centro tonal da primeira estrofe. A segunda parte é extremamente modulante para uma canção popular, e a repetição da primeira parte é interrompida por uma oscilação entre os acordes de Ré e Sol menores, a certa distância do centro tonal originário. A canção se interrompe aí, numa cadência plagal (portanto aberta, indefinida) em Ré menor, sem voltar à tônica, como se se perdesse no meio do caminho. A introdução e a coda instrumental, ambas em Si menor, funcionam como uma moldura, não chegando a proporcionar um ponto de referência harmônico. Ou seja: "Sabiá" é uma canção sem tonalidade definida, que acaba num lugar diferente daquele em que começa.

Com a melodia já pronta, Tom Jobim recebeu o convite para participar como jurado do III Festival Internacional da Canção. Ao recusar, sentiu-se obrigado a enviar uma canção para o concurso. Escolheu então "Gávea", o oposto, em princípio, de um sucesso de auditório — ainda mais tendo como letra a sofisticada paráfrase de Chico Buarque sobre a "Canção do exílio", de Gonçalves Dias. Algo destinado a um sucesso de estima, uma classificação intermediária — adequada, inclusive, a intérpretes competentes, mas certamente não arrasa quarteirões, como Cynara e Cybele. Aconteceu o que todo mundo sabe: "Sabiá" ganhou o festival nacional e ganhou de um ícone da canção de protesto como "Para não dizer que não falei das flores", de Geraldo Vandré. Foi vaiada na premiação. Tom Jobim, assustado, enviou um célebre telegrama para Chico Buarque, então em turnê na Itália, para que o acompanhasse na segunda apresentação (a da competição internacional), encerrando a mensagem com um dramático "não me deixe só" que Chico interpretou como piada, embora com certeza expressasse um pânico sincero. Chico atendeu ao chamado e a imagem dos dois no palco, um tanto bêbados e bastante constrangidos, passou a fazer parte do anedotário essencial da música popular brasileira.

Junto com "Pois é" e "Retrato em branco e preto", todas de 1968, "Sabiá" inaugura a parceria entre Tom Jobim e Chico Buarque. Como sucesso comercial, Chico Buarque é um produto da era dos festivais, ainda que bastante recalcitrante. Grudou nele a observação de Caetano Veloso de que, ao contrário dos tropicalistas, Chico "queria fazer só o que era bonito". No entanto, sua produção da época não me parece tão apolínea como essa definição deixaria supor. Para nos limitarmos às parcerias com Tom Jobim: embora Chico fosse visto, desde o começo, como sucessor ideal de Vinicius de Moraes, seu estilo não é em nada subserviente ao de seu predecessor. Nas letras de Vinicius, todos os sentimentos, mesmo os tristes, são cercados de uma aura de afetividade que os torna gratificantes. Na prosódia, o letrista de "Chega de saudade" preferia as frases longas e fluentes, centradas em polissílabos. Os monossílabos são reunidos em grupos ou são modulações passageiras, preparadas e seguidas por palavras mais longas; o sentido se constrói pouco a pouco, em geral demanda pelo menos dois versos para se perfazer:

Ah, insensatez que você fez
Coração mais sem cuidado[2]

Vai, minha tristeza
E diz a ela que sem ela não pode ser

Quando a estrofe começa com um monossílabo de exclamação, costuma ser apenas um ataque, uma introdução seguida de

---

2. Aqui sigo a lição do *Livro de letras* de Vinicius de Moraes (São Paulo: Companhia das Letras, 1991). Em muitas partituras e encartes de disco, incluindo o *Cancioneiro Jobim*, o "A" é artigo ("A insensatez que você fez...").

imediato por um período cuidadosamente torneado, e não um caráter rítmico constante. Outros exemplos:

Não!

Não pode mais meu coração
Viver assim dilacerado

Sim
Eu poderia fugir, meu amor

Chico Buarque introduz no cancioneiro de Tom Jobim o gosto pela frase cortante, pela palavra dita entre os dentes. A adjetivação de Vinicius é generosa; Chico quase não usa adjetivo. Aos sentimentos frequentados pela bossa nova, acrescenta algo que a bossa nova não expressara até então: o ressentimento, a raiva, a angústia. Veja-se o texto de "Pois é", um verdadeiro anti--"Soneto da separação":

Pois é,
Fica o dito e o redito por não dito
E é difícil dizer que foi bonito
É inútil cantar o que perdi.

Taí
Nosso mais-que-perfeito está desfeito
E o que me parecia tão direito
Caiu desse jeito sem perdão [...]

Os abandonados da bossa nova não costumavam ficar inconformados desse jeito. Para eles, cantar sempre espantava os males, sempre havia perdão. O mau humor de "Pois é", ao contrário, dita as frases entrecortadas. A exclamação, longe de ser apenas uma introdução, determina a escansão rítmica da canção inteira. "Pois é" é a primeira de uma série de locuções oxítonas que abrem e fecham cada estrofe: pois é, perdi, taí, perdão, então, para mim, enfim, pois é, e então... Se, dessa maneira, Chico Buarque encadeia a letra às síncopes da melodia, o restante do texto cumpre a função de manter o eco da síncope ao longo da estrofe. Para esse fim concorrem as assonâncias frequentes, as rimas internas que recortam o verso em segmentos mínimos. A acentuação marcada não obedece ao tempo do relógio, mas molda um tempo que é só dela, cheio de acidentes e surpresas. "Pois é" não é "*tall and tan*".

O estilo de Chico parece exigir esse tipo de encontro entre a musicalidade de uma expressão coloquial, colhida da linguagem comum, e a expressividade transparente e concisa de um elemento melódico, que possa ser isolado e trabalhado como célula geradora. Suas letras destrincham e reorganizam a estrutura musical, mais do que simplesmente a preenchem. Caso exemplar é "Wave", para a qual escreveu apenas a frase inicial, "Vou te contar". O resto da letra, do próprio Jobim, segue o estilo fluente e macio de Vinicius, mas o contratempo rítmico da primeira frase é tão marcante que a canção ficou irremediavelmente identificada com ele.

Com "Sabiá" acontece o mesmo. A referência ao pássaro foi sugestão de Tom Jobim, mas a associação com a "Canção do exílio" acredito que seja ideia de Chico Buarque. E o ponto de partida, o motivo seminal, está na coincidência perfeita entre as três notas repetidas da melodia e o verso inicial, "Vou voltar". Com efeito, a primeira estrofe de Chico inverte a estrutura conceitual da penúltima estrofe do poema de Gonçalves Dias.

Minha terra tem palmeiras
Onde canta o sabiá
Não permita Deus que eu morra
Sem que eu volte para lá

Torna-se, na letra de Chico:

Vou voltar,
Sei que ainda vou voltar
Para o meu lugar
Foi lá e é ainda lá
Que hei de ouvir cantar
Uma sabiá

O que determina a inversão na ordem da estrofe é a concentração ao extremo do significado do texto na primeira frase, ditada pelo próprio caráter da melodia. Não apenas a repetição das duas primeiras sílabas (vou/vol) prepara a acentuação da última, conferindo às três notas repetidas de Jobim uma articulação interna ainda mais expressiva e uma inexorabilidade ainda mais inescapável: o que mais importa é que essa afirmação tão peremptória é constantemente confirmada pela circularidade da melodia e constantemente contradita pelas modulações harmônicas, que não deixam que o canto repouse sobre um centro tonal, impedindo assim que as repetições sejam verdadeiras voltas. A angústia que se desprende da canção, uma das mais tristes da música popular brasileira, se deve em grande parte a esse jogo entre música e letra. O segundo verso, "Sei que ainda vou voltar", que sugeria uma reiteração, é na realidade um esvaziamento: devido à marcha harmônica, o segundo "voltar" está mais distante do que o primeiro, e "o meu lugar" fica ainda além, num "lá e ainda lá" em Fá sustenido, inalcançável como um horizonte, de onde vem não a voz, mas a promessa da voz de um sabiá.

"Vou voltar, sei que ainda vou voltar", aliás, é a frase que abre todas as estrofes, como uma obsessão. A repetição restitui à estrutura tão flexível do texto e da música algo da cantilena da "Canção do exílio", mas num plano em que já não é possível nenhuma ilusão de singeleza. A segunda estrofe coincide com a segunda parte, que é, como já disse, o trecho mais cromático e tenso da melodia:

Vou voltar
Sei que ainda vou voltar
Vou deitar à sombra de uma palmeira
Que já não há
Colher a flor que já não dá
E algum amor talvez possa espantar
As noites que eu não queria
E anunciar o dia[3]

A impossibilidade do regresso já não é apenas subentendida pela música, mas explicitada no texto: já não há palmeira, a flor já não dá. O ponto de maior tensão no canto é o verso "E algum amor talvez possa espantar", que sobe até a nota mais aguda da melodia (Si bemol) e leva para a tonalidade mais afastada (Si bemol menor), seguida por uma escala cromática descendente no baixo que, com um relaxamento progressivo da tensão, conduz à volta ilusória da primeira parte. É aqui que se instala a alusão, leve no texto, mas terrivelmente acentuada pela música, ao esta-

---

3. Na disposição desta estrofe, resolvi seguir a prosódia musical, sacrificando a regularidade dos versos. Aliás, essa é uma das letras de Chico Buarque em que a versificação é mais irregular.

do atual de separação e de desterro, "as noites que eu não queria" (Gonçalves Dias: "Em cismar, sozinho, à noite"). E, se o anúncio do dia introduz a repetição parcial da primeira parte, a terceira estrofe é quase inteiramente ocupada pelo trabalho mental obsessivo que, imaginamos, preencheu o cismar das noites não queridas: os planos de se enganar, os enganos de se encontrar, as estradas de se perder. Isso corresponde ao encalhamento da música numa alternância de acordes de Sol menor e Ré menor que, vale repetir, não tem saída: a melodia acaba ali mesmo, numa cadência plagal sobre o acorde de Ré menor.

Não há volta. Não há nas melhores versões, pelo menos, como a incluída em *Stone Flower*, de 1970, com Ron Carter no baixo, Eumir Deodato no violão, o próprio Jobim tocando piano e cantando. Em gravações posteriores, Tom Jobim acrescenta uma repetição dos primeiros quatro versos da primeira estrofe, que conduz a um desfecho mais tradicional — e menos aflitivo — em Si menor (é com essa coda que a letra é transcrita na coletânea das letras de Chico Buarque editada pela Companhia das Letras). Pior é a estrofe adicional que Jobim escreveu, sem o assentimento de seu parceiro, e que foi gravada por Nara Leão e Roberto Menescal em 1971, numa interpretação que, se não fosse por isso, seria exemplar:

Vou voltar
Sei que ainda vou voltar
E é pra ficar.
Sei que o amor existe e não sou mais triste
E que a nova vida já vai chegar
E que a solidão vai se acabar.

Tom Jobim costuma ser um excelente letrista. Justamente por isso, a infelicidade de seu acréscimo se torna significativa:

mostra como era impossível trazer "Sabiá" de volta ao clima da bossa nova do período clássico e, ao mesmo tempo, como essa impossibilidade o incomodava. Nas gravações mais tardias, Jobim restabeleceu a versão inicial, que também é a adotada pelo *Cancioneiro Jobim*.

Aprendi numa aula de Francisco Achcar que o sabiá das palmeiras não canta. Aprendi também na mesma ocasião que o fragmento da canção de Mignon do *Wilhelm Meister*, de Goethe, epígrafe da "Canção do exílio", de Gonçalves Dias, fala de um país que não existe — a Itália imaginada por uma criança que nunca a visitou. Mignon canta sua canção porque Wilhelm Meister ameaça abandoná-la. O refúgio ideal é criado para compensar o perigo de uma perda iminente, que a deixaria completamente desamparada. Muito se falou de "Sabiá" como premonição do exílio mais ou menos voluntário a que serão induzidos, dali a pouco, muitos dos intelectuais brasileiros, incluindo o próprio Chico Buarque. Em geral, essa leitura é uma resposta às vaias com que a plateia favorável a Geraldo Vandré reagiu ao anúncio da vitória de "Sabiá" no festival. Argumenta-se que a canção de Jobim e Chico seria tão política quanto sua adversária "Pra não dizer que não falei das flores", e de maneira mais profunda. A oposição entre engajados e alienados, utilizada para estigmatizar a bossa nova vs. a canção de protesto, seria portanto destituída de sentido.

É verdade, mas não por uma razão tão imediata: "Sabiá" não fala de exílio em sentido estrito. Fala, justamente, de alienação. A ilusão de uma modernização doce, pela qual uma industrialização acelerada poderia conviver com o clima edênico da beira-mar carioca, se desfaz definitivamente nessa canção. Talvez seja possível dizer, aliás, que as três primeiras parcerias de Tom e Chico representam a liquidação definitiva da bossa nova e sua época. Não premeditada, por certo, mas determinada pela inserção, no veio principal daquela estética, de uma personalidade extremamente forte e filha de novos tempos, portanto mais desconfiada, mais invocada e insegura. E pelo encontro dessa personalidade com um conjunto de composições de Jobim que, de maneira talvez obscura para o próprio autor, já tornavam necessário esse desfecho. "Pois é" é canção do amor em tempos difíceis, amor que admite o ressentimento; "Retrato em branco e preto", do cansaço da repetição; "Sabiá", do estranhamento. Tudo isso já estava na música de Jobim, na recuperação de um romantismo chopiniano e no afundar numa ideia sempre mais introspectiva de natureza. Mas é provável que nunca teria sido explicitado sem Chico Buarque.

"Retrato em branco e preto" é exemplar, nesse sentido: a melodia, como se sabe, foi composta nos Estados Unidos, durante os anos de peregrinação de Jobim, e deveria representar, na intenção do autor, um músico pobre que empenha o violino e fica sentado numa praça, sem nada para fazer; foi Chico quem transformou essa amputação metafórica na descrição minuciosa de um esvaziamento existencial.

"Sabiá" é uma canção ainda mais incômoda porque a impossibilidade do retorno é pior do que a compulsão ao retorno. Visto por outro lado: a circularidade da melodia em volta de poucos intervalos é um aspecto do estilo de Tom Jobim que "Retrato em branco e preto" transforma em movimento obsessivo; mas a impossibilidade da repetição — a renúncia, portanto, ao domínio do tempo — é outra descoberta fundamental de Jobim e João Gilberto e é algo muito mais pungente, quando se transforma de abandono suave ao fluxo da vida, como era nos anos dourados, numa sensação de perda. Não é à toa que "Sabiá", reconhecidamente uma obra-prima, permanece pouco popular, executada raras vezes. Chico Buarque a gravou num compacto, sem grande êxito, pouco antes de seu exílio voluntário na Europa. Nunca inseriu essa gravação num LP, nem tentou outra. Tom Jobim a gravou, comparativamente, poucas vezes. Sérgio Augusto, no *Cancioneiro Jobim*, assinala uma versão de Frank Sinatra, "The Song of the Sabiá", que, sabe-se lá por quê, só foi distribuída na Itália. Além disso, há as gravações de Cynara e Cybele e a de Nara Leão, já citada. Quem mais?

"Sabiá" é uma obra percorrida, em todos os seus aspectos, por uma aspiração ao fracasso. Nisso reside não apenas a explicação de seu destino, mas também, paradoxalmente, a razão de seu extraordinário êxito artístico. Porque o fracasso, e a salvação que nele estava escondida, é o que de mais verdadeiro Tom Jobim e Chico Buarque poderiam expressar naquele momento. Sem a crise de que "Sabiá" é a expressão mais dramática, a bossa nova poderia se tornar, como se tornou por mãos menos sensíveis, música de elevador — assim como sem "Águas de março", escrita quatro anos depois de "Sabiá" e seu oposto complementar, Jobim poderia se tornar um compositor nacionalista. Em "Águas de março", Jobim finalmente volta para casa. E volta, entre outras coisas, ao incorporar e virar do avesso o estilo nervoso de Chico Buarque, primeiro historiador e maior intérprete de seus anos sombrios. É pau, é pedra. Pois é.

Prefácio ao *Cancioneiro Chico Buarque*

1

Numa entrevista concedida à *Folha de S.Paulo* em dezembro de 2004, Chico Buarque levantou a hipótese de que a canção seria um gênero musical em vias de esgotamento, e que no futuro poderia ser vista como um fenômeno típico do século xx, da mesma forma como a ópera fora um fenômeno típico dos séculos xviii e xix. A ideia foi muito discutida desde então, ainda mais por partir de quem partia. De resto, estava no ar: no mesmo ano, Luiz Tatit publicara uma pesquisa sobre a música popular brasileira do século xx, escolhendo o título *O século da canção* — ainda que com conclusões mais otimistas quanto ao futuro do gênero. Qualquer que seja o julgamento sobre o destino da forma canção, a sensação geral é de que se vive uma fase de transformação, o encerramento de um ciclo.

Em meados da década de 1960, o estatuto da canção mudou de forma radical, no Brasil e no mundo. Ela assumiu uma importância que nunca tivera antes. A geração que cresceu naquela época rodou os discos dos Beatles ao contrário para descobrir mensagens ocultas. Elaborou teorias conspiratórias sobre a ausência de Bob Dylan dos palcos. Norteou seus comportamentos sociais e políticos pelas composições de Jim Morrison, John Lennon, Chico Buarque ou Caetano Veloso. Os mestres da canção moderna, como Porter e Gershwin — ou até, no limiar da nova fase, Tom Jobim —, apesar da excelência que lhes é reconhecida, não gozaram, em sua época, de tamanha atenção: a música deles ainda era entretenimento, embora de um nível superlativo. Agora, ao contrário, o entendimento de uma canção demandava a mesma atenção que antes (e nem sempre) se dedicara à poesia. No entanto, os discos não deixavam de ser produto de consumo, fundo sonoro de festas, férias e namoros — aliás, foi justamente numa época de explosão do consumo (os festivais, a televisão, a indústria fonográfica) que a música popular, inclusive a do passado, deixou de ser descartável. Não há contradição nisso: algo dos significados profundos reconhecidos nas canções se transmitia às relações sociais mais corriqueiras, e as intensificava. No momento em que as formas tradicionais de convivência se desfaziam, suprimidas ou automatizadas pela industrialização, as canções passaram a ser o lugar privilegiado de relações e trocas afetivas possíveis. Pelas canções, as vidas faziam sentido.

No Brasil, esse fenômeno teve características peculiares: não houve, como nos Estados Unidos, uma mudança radical, do jazz para o rock e o pop, e sim uma transição muito mais matizada, mediada pela bossa nova, dos gêneros tradicionais (samba, em primeiro lugar) para a MPB. Sem dúvida, a bossa nova era música moderna, com forte influência do jazz, mas sua modernidade se baseava nos aspectos mais tradicionais, e até arcaicos, do cancioneiro brasileiro: modalismos, linhas melódicas aparentemente singelas, tom coloquial, ritmo que elide o compasso. Tom Jobim tinha um pendor especial para formas antiquadas e familiares, como a modinha e a valsa. Eram aspectos que haviam perdido força a partir da década de 1930, com a profissionalização do ambiente musical brasileiro na era do rádio. Ao resgatar esses elementos, a bossa nova construía uma linguagem moderna a partir da tradição vernácula, um pouco como Lúcio Costa fazia na arquitetura. A inclusão de composições de Geraldo Pereira e Caymmi nos primeiros álbuns de João Gilberto inaugura uma série de releituras que, nos anos seguintes, mudariam o cânone da música popular brasileira.

Semelhante ao jazz da West Coast, e talvez com uma leveza ainda maior, a bossa nova foi expressão de uma modernização que se esperava já tivesse ultrapassado os momentos mais dramáticos da Revolução Industrial e passasse a representar um modelo de convivência, mais do que um sistema de produção. No entanto, para que essa postura de conciliação fosse possível, era necessário evitar tudo o que pudesse gerar descontinuidades ou traumas: intervalos melódicos amplos, modulações harmônicas repentinas, mudanças bruscas de ritmos, saltos de humor e de registro linguístico eram incompatíveis com o estilo da bossa nova. Todos esses recursos constituiriam rupturas num fluxo musical que, ao contrário, devia correr naturalmente, sem entraves, mas também sem acelerações. O registro expressivo permanecia nos tons intermediários: melancolia, ironia gentil, alegria contida. Como os objetos futuristas da ficção científica da época, a bossa nova não tinha ângulos nem arestas, era lisa e arredondada.

O golpe militar e a industrialização selvagem que se seguiu desacreditaram essa utopia, e a nova canção brasileira nasceu justamente dentro da crise. A geração que criou a MPB foi uma geração traída: um novo modelo de vida lhe foi subtraído, logo depois de mostrar seu valor. Sentiu-se, então, impelida a reafirmar aquela promessa, mas já sem poder silenciar as contradições e as fragilidades que ela embutia. A canção mordeu mais a realidade, adquiriu mais espessura, ampliou seu leque de opções. Mas manteve a necessidade de apuro formal, o gosto delicado da geração anterior como valor a ser defendido, mesmo que agora devesse ser exibido como herança problemática e ameaçada de dissolução.

Chico Buarque de Holanda não é apenas um protagonista dessa fase. Pode-se dizer que ela, no Brasil, se inaugura com seus primeiros sucessos e que em sua obra se prolonga até hoje, demonstrando a atualidade de uma canção autoral, mesmo numa época em que ela já não tem a repercussão de outrora. Sua posição, na história da canção brasileira dos últimos quarenta anos, é central e, no entanto, difícil de definir. Não se pode dizer que seja um defensor da tradição, que sua obra sublimaria até um grau extremo de refinamento — esse papel, se for o caso, caberia a Paulinho da Viola. Nem que tenha sido Chico a abrir a música popular brasileira ao pop, à vanguarda artística, às influências regionais — os tropicalistas é que o fizeram. Mas ele é o compositor que melhor conseguiu remodelar o material herdado (samba urbano e bossa nova, principalmente), de maneira que fosse capaz de espelhar novas realidades e, ao mesmo tempo, refletir sobre si mesmo. Em Chico Buarque, a canção brasileira alcança sua plenitude quanto à flexibilidade e variedade de recursos, mas é uma plenitude que já olha com certa nostalgia para o passado e se interroga a cada passo sobre a profundidade e a vigência da tradição que carrega. Tudo o que Chico Buarque utiliza, letras e música, já existia de alguma forma, é patrimônio comum; mas a manipulação a que esse material é submetido o abre a um universo de significados tão complexo e denso que toda canção, até o mais simples sambinha ou a valsa mais inocente, se torna uma questão, um problema.

Em geral, não é fácil estabelecer quem está falando numa canção de Chico Buarque. Mesmo quando o eu lírico não é uma personagem construída pela própria canção, o que acontece com frequência ("Quem te viu quem te vê", "Partido alto", "Bye bye Brasil", "Biscate", para citar só as primeiras que vêm à mente), para uma compreensão plena é quase sempre necessário imaginar uma narrativa ou uma situação que a canção não explicita, senão por referências indiretas. Quem canta "Vida", por exemplo, e o que é a "casa dos homens"? Quem é "Maninha" e quem é o "ele" que a leva embora? Atrás da decantada capacidade de Chico Buarque de falar no feminino, há o hábito muito mais abrangente de interpor uma persona — homem ou mulher, não importa — entre o compositor e a voz que canta. Inclusive por isso, as canções de Chico Buarque não têm um sentido unívoco, a primeira impressão engana. Não por acaso, o compositor ama os jogos de palavras, as ambiguidades sintáticas, os duplos sentidos, as rimas internas e as aliterações. Não por acaso, é dado a releituras e paródias. As palavras sempre querem dizer mais do que parece, seu significado não se esgota, porque cada uma traz uma rede de alusões. O mesmo vale para as formas musicais: já vêm carregadas de sentidos e permanecem como valor justamente porque envelheceram um pouco, e as relações sociais que sugeriam já não vigoram, a não ser como escolha moral. A habilidade, tanto do compositor como do letrista, está justamente em aproveitar as fissuras que surgem entre o que é dito e a maneira de dizê-lo, no momento em que uma tradição já madura alcança sua máxima potência, mas já começa a se descolar das práticas coletivas que a geraram. Entre a luminosidade dos sentimentos e a opacidade das rotinas, a preciosidade das palavras e a banalidade das coisas, a beleza do samba e a feiura do real, criou-se um intervalo, e é aí que as canções de Chico Buarque se instalam.

Um esboço dessa complexidade, plenamente desenvolvida no estilo maduro, já se encontra em seus ensaios iniciais: "Pedro pedreiro" (1965) é seu primeiro compacto gravado. É um samba, mas com influência reconhecível da bossa nova, nos contornos melódicos, na elocução delicada e no ritmo leve e deslizante. Aqui, porém, esse ritmo adquire um significado específico: é a marcha do trem, ou melhor, a espera do trem no pensamento do operário — não um operário, aliás, mas um pedreiro, portador de um saber arcaico (com direito a um neologismo — "penseiro" — confessadamente inspirado em Guimarães Rosa), que a industrialização explora, mas não valoriza. Poderia ser um dos candangos que construíram Brasília. É mais provável que seja um dos imigrados nordestinos que construíam a São Paulo onde o compositor morava. No entanto, "Pedro pedreiro" é diferente das canções engajadas da época ("Arrastão" de Edu Lobo e "Opinião" de Zé Keti são do mesmo ano): em vez de exaltar a vida do povo ou dar voz a uma postura rebelde, descreve um momento de indecisão entre dois mundos, e é nesse momento de espera que a suspensão típica da bossa nova pode ser reutilizada como cifra do desencantamento. O tempo leve e a melancolia, o pulso arredondado que conciliara o progresso com a circularidade pré-industrial se tornam expressão do distanciamento de quem vê a industrialização chegando e já sabe que as perdas serão maiores do que os ganhos. Não se trata apenas de imitar o ritmo do trem pelo ritmo do samba: samba e trem são os dois lados (o doce e o amargo) da repetição infinita a que se reduz a vida de Pedro.

Na verdade, há dois momentos no canto em que a voz parece furar os limites contidos da melodia bossa-nova: na primeira parte, quando ameaça cair no falado sobre as palavras "o tempo passa"; na segunda ("maior que o mar"), quando o tecido melódico, homogêneo até então, é atravessado por um salto ascendente Fá#-Dó, não tão amplo, mas expressivo por ser dissonante e isolado dentro da composição. No primeiro caso, a mudança, levíssima e efêmera, gera uma sombra de tensão, que corresponde ao ponto em que a letra passa da terceira pessoa ao discurso direto ("o tempo passa/ E a gente vai ficando pra trás"). No segundo, o salto coincide com o ponto culminante da espera de Pedro por "alguma coisa mais linda que o mundo/ maior que o mar", seguido imediatamente por uma recaída ("Mas pra que sonhar/ Se dá o desespero de esperar demais"). O recurso não é novo: Tom Jobim utilizara uma solução parecida na segunda parte de "A felicidade", quando a ascensão gradual da linha melódica leva a uma modulação improvisada de Dó menor a Fá# menor, justamente no verso "Por um momento de sonho", para depois descer, também de forma gradual, até "Tudo se acabar na quarta-feira". Em Jobim, o arco melódico era muito mais matizado e elaborado; aqui, o recurso é simplificado, mas por isso mesmo adquire o caráter de um arrebatamento repentino, na medida em que uma pessoa humilde como Pedro possa se conceder um arrebatamento.

O tempo que Pedro passa esperando é certamente um tempo perdido. Mas a maneira como o ritmo do trem se arredonda num samba, no pensamento do pedreiro e no ouvido de quem escuta, não é mera alienação nem passividade impotente: é a forma pela qual o antigo resiste ao moderno e o traduz em seus termos, assim como Pedro, imaginamos, vai traduzir os projetos dos arquitetos modernos em seu antigo saber de pedreiro. Formas semelhantes de repetição, quase sempre ligadas a temas sociais, serão uma constante na obra de Chico Buarque e se tornarão sempre mais aceleradas e tensas: "Cotidiano", "Construção", "Pivete", "Pelas tabelas", até "Ode aos ratos", onde o rap se confunde com a embolada.

"Olê, olá" também é de 1965 e já apresenta, em embrião, outro aspecto fundamental da arte do compositor. Um lugar privilegiado para entender o significado profundo da bossa nova é observar a maneira como as canções desse estilo acabam. O fim da canção é um ponto bastante delicado, porque ali necessariamente se percebe que a fluência livre que a música instaurou não é uma utopia realizada, mas um encantamento efêmero. A bossa nova, em geral, evita acabar: a felicidade, que tem fim, é encarada do ponto de vista da tristeza, que não tem (e que, afinal de contas, não é tão desagradável); a expressão "chega de saudade" não invoca um fim, mas a retomada de algo que não acabou, apenas se interrompeu. Nada de definitivo acontece na bossa nova, e a isso corresponde certa gama de soluções formais: perto da conclusão, a melodia entra em loop, isto é, repete a última frase, potencialmente ao infinito ("A felicidade" e "Chega de saudade", entre outras); ou se suspende num acorde indeterminado ("Fotografia"). E, quando a melodia aponta claramente para uma conclusão ("Eu sei que vou te amar"), a própria letra se encarrega de assegurar uma continuidade indefinida ("à espera de viver ao lado teu/ por toda a minha vida").

"Olê, olá" se inicia pelo verso "Não chore ainda não" e se conclui com "Agora pode chorar". O tema da canção é, justamente, que toda canção acaba, que não é um movimento que corre livre, a perder de vista, mas um espaço precário escavado no fluxo do tempo. E o tempo continua passando, hostil, nas entrelinhas, tanto que o esforço do cantor, afinal, se resolve em fracasso. Por não imitar a fluência de um tempo natural, e por ser declaradamente intervalo aberto por um esforço de vontade, "Olê, olá" pode se permitir uma curva melódica mais ampla, mais enfática. Uma oitava ascendente acentua a sílaba tônica dos primeiros versos ("Não chore ainda não", "Felicidade aqui") e quase abre à força o espaço da canção (o intervalo se repete, sobre as mesmas notas, no centro da segunda parte, no "Olá" que representa o ápice da tentativa do cantor de distrair a moça). Mas o traço mais chamativo da canção talvez seja o final da primeira parte, três notas ascendentes: Dó, Ré#, Mi. A cadência, em si, é bastante usual na tonalidade menor, mas chama a atenção o fato de as três notas serem prolongadas, cada uma, por um compasso inteiro, e a última sílaba do verso cair na primeira, que é justamente a nota alterada. O efeito é de dilatação, uma espécie de mudança de marcha que corresponde, na primeira estrofe, ao momento em que a felicidade, "Se ela for de samba,/ Há de querer ficar"; e, na terceira, a "O próprio tempo/ Vai parar pra ouvir" (nos finais da segunda parte, que acabam todos na palavra "chorar", a cadência volta ao normal, tanto no tempo como nas alturas: Dó#, Ré#, Mi, três colcheias). Reencontraremos esse tipo de prolongamento muito mais tarde — e muito mais desenvolvido — em "Morro Dois Irmãos".

O ritmo de "Pedro pedreiro", já disse, é tempo perdido, mas recuperado pela sabedoria tradicional do samba urbano, que é patrimônio comum; "Olê, olá" é tempo roubado, arrancado pela emoção à monotonia do cotidiano, e é essencialmente um ato de liberdade individual. Toda a obra de Chico Buarque parece se estruturar entre esses dois tempos, um circular e obsessivo, outro cumulativo, que gera tensão crescente até um ápice que é ponto de volta ou de repouso. A repetição de palavras ou células melódicas, por exemplo, pode funcionar em sentidos opostos, como esvaziamento ("Cotidiano") e como intensificação ("Vida"). De resto, se alguém fizesse uma estatística das palavras recorrentes nas letras de Chico Buarque, com certeza "tempo" estaria entre as mais frequentes. Quase todas as suas canções, de um modo ou de outro, falam do tempo — e a música, quando fala do tempo, está falando de si mesma, de sua maneira de manipular o tempo. De fato, o tempo que se revela nas canções de Chico Buarque é sempre fora da ordem, vai contra o tempo cotidiano ou traz à tona seu automatismo; é um movimento que resiste a, ou corre à frente de, ou se afasta do tempo e o observa à distância.

Resta ver como essas alterações do tempo se dão, caso por caso. Como a questão central das canções de Chico Buarque é sempre a construção de um sentido, é mais fácil abordá-las a partir das letras do que a partir da música. Mas a música quase sempre vem antes, e a composição não seria bem-sucedida se não desdobrasse um significado que, de uma forma ou de outra, a melodia já embute. As canções de Chico Buarque contêm momentos em que o significado se condensa — em geral figuras melódicas, associadas a expressões verbais que marcam a canção inteira, conferindo-lhe seu caráter. As figuras melódicas não precisam ser especialmente interessantes em si; as expressões muitas vezes são coloquiais, banais até. Mas o encontro das duas produz um sentido novo que se alastra, gerando novas articulações, tanto poéticas como musicais. Em "Pedro pedreiro" é a associação da célula rítmica recorrente com as palavras "esperando o trem" que se desdobra nas variações melódicas e nas aliterações do texto ("Pedro pedreiro penseiro", "o desespero de esperar demais" etc.). Igualmente, em "Olê, olá", é o salto de oitava do primeiro compasso, sobre a palavra "ainda", que permite estruturar a canção como uma série de dilatações e dilações, até o desfecho em funil do último verso, comprimido numa quarta diminuta.

Em "Desalento", do álbum *Construção* (1971), a condensação do significado se dá num gesto decidido e irreversível. A canção é assinada em parceria com Vinicius de Moraes, que fez parte das letras. Mas o último verso ("Eu entrego os pontos") é de

Chico e, segundo ele mesmo diz, nasceu com a música. A melodia é bastante elaborada, cromática, mas sobre essas palavras finais desce linearmente para a tônica, numa cadência muito simples. Depois das tortuosidades e dos sobressaltos das linhas precedentes, o deslizamento linear, sem tensões internas, produz o efeito de uma queda livre. Sobre a penúltima nota do canto, é retomada a estrofe inicial, sem letra, de maneira que a nota conclusiva, Fá, não caia sobre o acorde de tônica, mas sobre o segundo acorde da primeira estrofe, um Sol bemol: o cantor não conclui a música, abandona-a; a aflição continua, e a rendição declarada no último verso não resolve nada. Não sabemos por que aquele que agora implora a volta da amada se separou dela. Mas a expressão "entregar os pontos" indica claramente que pedir uma reconciliação significa engolir o orgulho. Chico Buarque é um admirador de Jacques Brel, e talvez derive do compositor belga o tópico da auto-humilhação masculina — que no fundo é mais uma forma de sedução. Mas é típico dele o movimento pelo qual a melodia tensa e a prosa elaborada caem de imediato numa frase e numa cadência coloquiais, sem rodeios, sem escape, como se cai num buraco. E não pode ser um acaso, ainda mais numa parceria com Vinicius, a semelhança dos últimos dois versos ("Corre e diz a ela/ Que eu entrego os pontos") com o "Vai e diz a ela/ Que sem ela não pode ser" de "Chega de saudade": onde a bossa nova praticava o exercício da dupla negação, da possibilidade sempre deixada em aberto, Chico Buarque deliberada e decididamente se precipita.

"Construção" parece baseada num jogo combinatório, mas, se a questão fosse apenas a permutação das palavras proparoxítonas, seria uma brincadeira de criança. O fato é que o escorregão fatal que mata o pedreiro está presente desde a primeira frase, nas terminações atravessadas que deslocam o acento e determinam a estrutura esdrúxula do verso. A força da canção está nesse movimento impiedoso e inevitável do ritmo, contra o qual a troca de palavras de nada adianta. A síncope rítmica de "Construção" é um caso exemplar, porque relativamente simples, de significado musical anterior às próprias letras ou, para aproveitar a expressão do autor ("Uma palavra", 1995), de "palavra prima, anterior ao entendimento".

"Soneto", composta para o filme de Cacá Diegues *Quando o Carnaval chegar*, é um caso mais complexo. Poeticamente, como diz o título, é um soneto; quanto à música, é uma valsinha. O núcleo temático, aqui, é o salto de segunda menor ascendente que conclui cada estrofe, menos a terceira, e que corresponde aos três hemistíquios: "morta de sono", "morta de medo" e "morta de frio". Por introduzir uma sensível que não pertence à tonalidade principal, essa cadência gera ambiguidade harmônica. Todas as outras frases, sem exceção, concluem-se com uma segunda maior ascendente, cadência mais estável, mas ainda assim interrogativa; de fato, todos os versos do soneto são interrogações. As três terminações alteradas introduzem nesse esquema uma tensão a mais, que também é o ponto de maior fragilidade — os momentos em que a amante, ao despertar de suas mortes, se encontra mais exposta. Mas a condensação do sentido da canção nesses três momentos é reforçada pela defasagem entre as estruturas do soneto e da valsinha. A divisão estrófica do soneto, como é de esperar, é de 4, 4, 3 e 3 versos; mas a música divide o texto em 4, 4 e 4+2, ou seja, uma série de quadras baseadas no mesmo desenho melódico, a última ampliada por uma coda. O primeiro verso do último terceto do poema cai, assim, no fim da terceira quadra musical, numa tonalidade distante, que a modulação do penúltimo verso se encarrega de reconduzir à tônica. E os dois últimos versos, separados do resto, percorridos por uma modulação que parece buscar tateando a tônica que perderam na quadra anterior, esbarrando de novo na cadência alterada das primeiras duas estrofes, adquirem um senso de desnorteamento, doce estupefação, que não possuem no soneto, lidos sem música. A valsa empresta ao soneto sua circularidade, lhe subtrai o senso da direção.

Às vezes, o núcleo temático não é uma frase singular, mas a assunção de certo hábito linguístico, de uma maneira de falar. É natural que as canções que Chico Buarque escreveu para o cinema e o teatro apresentem com maior frequência essa característica. "Flor da idade" foi escrita para a peça *Gota d'água* (1975), onde é cantada por um grupo de homens que comentam de maneira bastante vulgar, num boteco, os atrativos de uma adolescente. Não se refere a uma personagem específica, mas concorre à caracterização do ambiente degradado de classe média baixa que é o cenário do drama. A própria harmonia elementar que sustenta a melodia (Dó, Fá, Sol, Dó) seria adequada a um "sucesso de rádio de pilha", um daqueles que a moça gosta de dançar seminua na frente da janela. E, no entanto, a canção é muito mais do que uma paródia: a imitação minuciosa da fala dos homens e, por meio dela, a descrição da sedução ingênua e despudorada da adolescente não seriam possíveis sem uma solidariedade que descubra, atrás desses comportamentos agressivos, um erotismo, afinal, positivo. "Flor da idade" é uma garota de Ipanema de subúrbio, ela também passa e balança, e a canção também, no refrão, se abandona a uma nostalgia em tom menor. A harmonia banal não é apenas um recurso descartável, remete a uma alegria verdadeira, a emoção que transmite é real — tanto que a canção pôde ser reutilizada, num contexto bem mais otimista, no filme *Vai trabalhar, vagabundo*, de Hugo Carvana. É justamente essa ambiguidade que autoriza o compositor a inserir na coda uma longa citação da "Quadrilha", de Drummond, poema dos amores juvenis e interioranos — modificado, porém, para que todas as relações se tornem mais transgressivas e promíscuas: "Lia que amava Lea que amava Paulo que amava Juca"; "Dora que amava Pedro que amava tanto que amava a filha"; "Carlos que amava Dora que amava toda a quadrilha". "Flor da idade" junta alta poesia e conversa cafajeste, Drummond e Nelson Rodrigues, brutalidade e inocência, e o faz numa composição tão simples que qualquer um poderia cantarolá-la de um jeito despretensioso, sem atinar com a complexidade de suas referências.

2

A partir da década de 1980, o estilo de Chico Buarque sofre mudanças importantes, que já aparecem nos álbuns *Vida* (1980) e *Almanaque* (1981), mas se tornam pouco a pouco mais significativas, sobretudo a partir de *Francisco* (1987). Melodia e harmonia vão ficando mais complexas, mais próximas ao estilo maduro de seu mestre reconhecido, Tom Jobim; as letras também são mais elaboradas e, por assim dizer, mais abstratas, menos ligadas a situações específicas. Chico parece falar mais de si mesmo, sua poética e seus instrumentos de trabalho, explorando quase sistematicamente os limites do gênero canção, suas tipologias, seus tópicos e sua história.

Nesse sentido, "Pelas tabelas" me parece marcar um ponto de volta: foi gravada em 1984, ano em que o compositor se engajou pessoalmente na campanha pela eleição direta do presidente da República. A canção se refere às famosas passeatas em que centenas de milhares de pessoas desceram às ruas vestindo a camisa amarela, símbolo do movimento. Chico Buarque estava no palanque, mas a canção está do lado oposto — a do resíduo, daquilo que não se encaixa. Em sua forma, é muito simples: uma única linha melódica de quatro frases, correspondente a estrofes de quatro versos; mas a última frase e o último verso são truncados e se completam ao se emendarem com as primeiras notas e as primeiras sílabas da estrofe seguinte. O raciocínio, porém, nunca se completa porque as sílabas de solda têm outro sentido no novo contexto. Tudo o que era exterior se torna interior, há uma oscilação esquizofrênica entre mundo e sujeito: de "todo mundo na rua de blusa amarela" a "oito horas e danço de blusa amarela"; de "a cidade de noite batendo as panelas" a "minha cabeça de noite batendo panelas"; a galera que aplaude as tabelas no Maracanã aplaude o rolar de minha cabeça. No meio disso, uma figura feminina indeterminada e inquietante, nunca vista, mas sempre imaginada como explicação do que acontece: é ela puxando o cordão; é ela voltando para mim; é ela trazendo minha cabeça numa baixela. O protagonista de "Pelas tabelas" é semelhante ao protagonista de *Estorvo*, primeiro romance de Chico: vai na contramão dos outros e os enxerga como algo ameaçador e aflitivo. Na variada galeria dos "tempos" do compositor, o de "Pelas tabelas" é tempo acelerado, que atropela, exato oposto do tempo da espera de "Pedro pedreiro". Uma misteriosa Salomé traz a cabeça do artista numa bandeja, como a de um João Batista, justamente quando a voz mais popular da resistência está para se tornar voz oficial da democracia restaurada.

O ano de 1984 parece crucial: por um lado, a partir daí, Chico Buarque vai viver por alguns anos (campanhas pelas diretas em 1984; para a eleição de Fernando Henrique ao Senado, 1985; para Lula presidente, 1989) seu momento de maior exposição política, como testemunho dos partidos de esquerda; por outro, sua produção se torna sempre mais espaçada, densa e reflexiva, mesmo nas canções que poderíamos considerar "de conteúdo social". O próprio Chico — numa entrevista incluída no documentário *Chico ou o país da delicadeza perdida*, de Walter Salles e Nelson Motta (1990) — deu uma chave para entender essa mudança, ao dizer que, no passado, a maioria de sua obra fora encomendada, de uma maneira ou de outra — não apenas por parceiros, diretores de cinema ou de teatro, mas pela própria situação política do país —, enquanto agora se sentia mais livre para escrever apenas aquilo que lhe interessava diretamente. De fato, com o declínio do regime militar, uma poética de intervenção direta se tornaria, mais do que desnecessária, retórica. A luta política encontra seus canais institucionais e se fragmenta em negociações complexas, em que a canção dificilmente poderia intervir, a não ser com as armas de uma ironia bem mais distanciada ("Bancarrota blues", "Baticum"), ou denúncias pontuais ("Uma menina"). Por outro lado, a reabertura política acontece numa situação de degradação social tão acentuada que não apenas é impossível retomar sem mais a utopia desenvolvimentista, como até a identificação de formas de expressão populares e cotidianas capazes de apontar para uma conciliação se torna cada vez mais difícil. Para boa parte da classe média, o mulato inzoneiro de Ary Barroso se tornou um ser ameaçador.

Seria bastante proveitoso, para uma história da exclusão social brasileira, acompanhar a evolução da figura do marginal na música de Chico Buarque, desde o "Juca" do primeiro disco até "Ode aos ratos". Juca ainda é um malandro simpático, na tradição de Noel Rosa e Geraldo Pereira; em "Flor da idade", a reprodução crua da linguagem machista de boteco não excluía a possibilidade de uma identificação, ainda que sem condescendência; em "Partido alto" e "Pivete", era ainda possível assumir a persona do excluído; mas em "Ode aos ratos" já não se pode ir muito além de uma declaração de princípio (meu semelhante, meu irmão, que aliás é uma citação de *As flores do mal*), e a declaração evidencia, mais do que conserta, uma fratura inconciliável: a duplicação da melodia em embolada (quase rap), do poema em trava-língua, como se a canção voltasse a um grau zero de melodia e de sentido. Em "Flor da idade" ainda havia "A garota de Ipanema"; em "Ode aos ratos", nem sequer pode haver "Partido alto".

A dissolução do tecido social, o desaparecimento do território comum que garantia a universalidade da canção brasileira — isto é: sua compreensibilidade por várias camadas sociais —, emerge como ameaça justamente no momento em que a liberdade de expressão se reafirma. Desaparecidas as barreiras da censura, é necessário fazer as contas com outras barreiras, criadas por várias formas de apartheid social. "Estação derradeira", uma das melhores composições de Chico nesse gênero, busca, num Rio em chamas e dividido em "nações", a batucada da Mangueira, o poder unificador do samba, aquele fio de continuidade, sempre ameaçado por transformações poderosas e violentas, que o compositor fez questão de acalentar ao longo de sua carreira. Dificilmente uma canção dessas poderia se cantar numa passeata, como tampouco se presta a uma manifestação pública o samba-enredo sarcástico "Vai passar", que encerra o mesmo álbum que se inicia com "Pelas tabelas".

Muitas canções recentes parecem desdobrar e purificar elementos já presentes, de maneira ainda esboçada e confusa, em composições anteriores: "Morro Dois Irmãos" (1989) é a dilatação temporal que já encontramos no centro de "Olê, olá", mas agora sem começo nem fim, nem contexto narrativo — apenas a rotação perpétua dos acordes em volta do Mi, constantemente repetido, sobre a qual se apoiam frases cujas últimas notas (que também desenham um círculo: Dó#, Mi, Sol, Mi) não proporcionam uma sensação de cadência, visto que as penúltimas, prolongadas, já são harmonicamente conclusivas. A música não avança, quase não acontece, o tempo se torna espaço. Da mesma maneira, e no mesmo disco, "Valsa brasileira", em parceria com Edu Lobo, não descreve uma situação nem desenvolve uma narrativa, como "Valsinha" ou "Soneto", mas utiliza o contraste entre circularidade do ritmo e irregularidade métrica da melodia para construir uma fantasia sobre a inversão do tempo: a partir do verso "Em que não te vi", que contém uma sílaba a menos, começa uma série de cortes de montagens, atrasos e antecipações, até que a canção volte a apanhar o tempo "pela porta de trás", reencontre uma métrica e uma linha melódica regular, sem que no entanto o paradoxo temporal se desfaça — o movimento acaba "mil dias antes" de começar. E "Uma palavra" é quase comentário crítico, nota de rodapé da suspensão do sentido — significação antes do significado —, que já foi tema de uma das mais belas canções jamais escritas, "O que será".

O tópico da mulher olhada ("Janaína", "A noiva da cidade", "Flor da idade") permanece um dos mais frequentados na obra de Chico, mas nas canções mais recentes a figura feminina quase se dilui no fundo: torna-se uma situação, mais do que uma pessoa. Em "As vitrines" (1981), a mulher se desfaz multiplicada pelos estímulos visuais da cidade — os letreiros, as vitrines, os clarões da galeria. O discurso, que começa intimista na introdução ("dá tua mão; olha pra mim"), se torna sempre mais anônimo, e os momentos de maior tensão (o Lá-Sol, no centro da seção em tom maior, e o salto de sexta ascendente, para Si bemol, na volta à tonalidade menor) não se referem à mulher, mas às vitrines e à galeria, onde a mulher é um objeto em exposição, e o homem que a olha, um vigia. A cidade é uma armadilha ("um vão") em que o desejo erótico se torna consumo. Mas, num jogo de relações tão irremediavelmente distanciado, ainda é possível espiar um sentimento qualquer, um momento de aflição ou de riso, a despeito de ser provocado por uma sessão de cinema. A linha melódica, entre as mais delicadas e líricas do cancioneiro recente de Chico Buarque, contradiz o ambiente anódino do shopping. Na música, as trocas são sempre reais — as canções são bonitas, mesmo que os cantores sejam falsos.

A mesma oscilação entre encantamento e desencantamento, ainda mais depurada, está em "Bolero blues", onde Chico aproveita uma melodia de Jorge Helder, quase impossível de cantar sobre um texto, para costurar, no fio dessa quase impossibilidade, a derradeira aparição da "moça que passa a caminho do mar", na esquina da Vinicius de Moraes com a Barão da Torre (onde Tom Jobim morava na década de 1960), garota eternamente esperada, última imagem esvoaçando tarde demais. A melodia difícil é cifra de um excesso de experiência. E, no entanto, um contato ainda seria possível, no começo da segunda parte, se a garota se virasse e os olhares se cruzassem no único momento em que a melodia adquire certa linearidade ("acudir ao meu olhar mendigo"). Mas a garota não vira, e a canção volta, definitivamente, à angulosidade inicial.

Muitas das canções recentes de Chico Buarque têm esta característica: parecem exemplares tópicos do gênero canção (e de seu próprio cancioneiro em particular) desencarnados, explorados em seus mecanismos internos e levados até as últimas consequências, quase no limite do silêncio. Há certa jogada de charme no amor deixado em herança para que seja revivido, sem o saber, pelos "Futuros amantes" (1993), na única frase musical ascendente, a única baseada numa relação clara de dominante e tônica, numa canção toda construída por frases descendentes e harmonias oscilantes e impressionistas. Como em outros casos já analisados, a canção oferece sua chave, diz a que veio, na última frase. Mas o núcleo temático da canção, aqui, a "palavra prima", está na associação da imagem da cidade submersa com a tensão frouxa e embaçada do acorde maior com sexta, pivô harmônico de toda a composição.

Talvez a produção musical de Chico Buarque das últimas três décadas seja a de maior perfeição e plenitude, aquela que tem mais chances de se tornar "clássica", mesmo não sendo a mais popular — e não apenas porque o domínio de seus meios foi progressivamente se apurando. Se, nas primeiras gravações de Chico, se esboçava a transição do samba clássico e da bossa nova para a MPB, nos últimos cinco álbuns (de *Francisco* a *Carioca*) se desenha, com uma clareza que não me parece se encontrar em outros compositores, outra transição: a canção adquire uma nova autonomia artística, que já não depende tanto de sua inserção midiática nem de sua referência a comportamentos ou situações imediatamente atuais, mas se apoia no prestígio e na riqueza de sua própria história. E, como sempre acontece quando uma forma de expressão se cristaliza em arte, começa a refletir sobre seu próprio fim.

Os jovens compositores que se dedicam hoje ao gênero canção sabem muito bem que não são candidatos ao estatuto que vigorava há trinta ou quarenta anos, e que a canção de autor, na tradição de Jobim, Chico ou Caetano, já não é o motor principal da indústria fonográfica, mas apenas um nicho cultural. O ofício do compositor de canções cada vez mais se aproxima ao de literato ou de poeta, assim como, num outro contexto, o jazz americano de alto nível se aproxima sempre mais ao estatuto de música erudita ou experimental, quase que pelo próprio peso de sua extraordinária tradição. Hoje se espera o lançamento de um disco de Chico Buarque como se espera a publicação do livro de contos de um escritor importante. A canção já tem espessura, sutileza, história para tanto e já é abordada, por Chico e por grande parte dos compositores mais recentes, como uma "literatura". Para quem começa a compor canções hoje, Chico Buarque, e sobretu-do o Chico dos últimos anos, é o "maestro soberano", porque em ninguém como nele a tradição da canção brasileira se resume, se reduz ao essencial e testa seus limites.

Os sonhos dos outros:
sobre "Sonhei", de Luiz Tatit

1

Sonhei que estava dentro do seu sonho
E não podia me expressar
Meu sonho era tão tímido e confuso
Mal consigo recordar

Num artigo recente sobre Paulinho da Viola,[1] Nuno Ramos ressalta a importância da noção de "original" na estética do compositor e intérprete carioca. Há uma figura paterna, observa Ramos, que recorre em muitas letras e implicitamente na própria postura interpretativa de Paulinho da Viola — uma figura paterna de onde provém um patrimônio de sabedoria que é tarefa do músico reproduzir e prolongar, tornando-se dócil e transparente sua influência. No entanto, essa postura não seria nostálgica ou

---

1. "Ao redor de Paulinho da Viola". *O Estado de S. Paulo*, 15 maio 2005, p. D8. Atualmente parte do volume *Ensaio geral* (São Paulo: Globo, 2007).

meramente derivativa: a distância do modelo não é defeito, mas qualidade, na medida em que proporciona um grau de consciência que o simples pertencimento à tradição não permitiria. As melodias soam mais puras do que nunca na voz de Paulinho da Viola, porque os gêneros tradicionais são observados de longe, como um valor já consolidado. De certa forma, a canção antiga só se torna perfeita quando acrescenta às suas outras virtudes a função de modelo.

Nuno Ramos compara a cor das interpretações de Paulinho aos fundos azulados das telas de Leonardo da Vinci, imitação da umidade do ar que gera ao mesmo tempo sensações de distância e de continuidade entre nós e a natureza. Não há nada de pernóstico nessa analogia. Ela se junta a outras imagens que, em épocas e situações diferentes, apontaram para a mesma situação: o momento em que a posse plena e a autoconsciência completa de um código correspondem à sua perda como linguagem natural. A luz dourada, de fim de tarde, das telas de Giorgione e do primeiro Ticiano ou a melancolia que Hegel dizia reconhecer na serenidade das estátuas clássicas já foram interpretadas no mesmo sentido. No momento de se tornarem deuses, os deuses nos abandonam. O que nos liga ao modelo, então, é o que nos separa definitivamente dele. É assim que surgem as poéticas maneiristas, sem que esse termo seja necessariamente negativo. Maneirismo significa apenas que cada obra carrega nas costas todas as obras que foram criadas antes dela; é, querendo ou não, uma interpretação de todas elas; portanto, nunca é plenamente uma delas. Há obras-primas maneiristas, como há obras-primas clássicas. "Piano na Mangueira", de Tom Jobim, expressão melancólica de comunhão e afastamento, é uma obra-prima maneirista. A cor da voz de Paulinho da Viola pertence à mesma categoria.

Essa sensação de distância é fundamental para entender toda a música popular brasileira pós-bossa nova. Depois de Tom

Jobim e João Gilberto, o desafio era demonstrar que a música popular mais inovadora não era apenas ruptura, mas também prolongamento, ponto de chegada de algo que o repertório anterior já prometera. Mas era necessário, então, estabelecer uma ideia consensual e unitária, ainda que vaga, do que a música popular é, uma definição que abarcasse gostos e gêneros até então divergentes. Em outras palavras, a própria afirmação de continuidade que pela primeira vez se tornava necessária obrigava a reconhecer um distanciamento. Ao voltar ao morro, a segunda geração da bossa nova (Nara Leão, Carlos Lyra etc.) deixava claro que a frente da inovação da música popular já havia saído de lá, e que compositores como Cartola, Nelson Cavaquinho ou Noel Rosa já tinham assumido o estatuto de "clássicos": a música popular deixava de ser fluxo contínuo e indeterminado de entretenimento musical e se tornava uma fonte, à qual se remontava com uma certa dose de reverência e precisão filológica. O termo "MPB" surge nesse momento.

Maior proximidade à fonte não corresponde necessariamente a menor consciência do alheamento. Paulinho da Viola, que com certeza, entre os músicos de que estamos falando, é o que demonstra mais intimidade com os gêneros tradicionais, é aquele que com mais evidência lhe confere um caráter canônico. Com efeito, a autoridade e a naturalidade com que pode cercar a música do passado lhe vêm do fato de ter sido ele mesmo um dos artífices da ruptura com as formas tradicionais: "Sinal fechado", sua canção mais ousada, fala, talvez não por acaso, do afastamento já consumado de algo que não se quer perder de maneira alguma — não esqueça, por favor, não esqueça. Por outro lado, o tropicalismo, que manipulou a tradição brasileira como um repertório vasto e variado a ser continuamente virado do avesso, baseia sua liberdade numa confirmação sempre repisada de suas raízes regionais, quando não estritamente baianas.

2

Seu sonho sim causava sensação
Brilhante como poucos sonhos são
Seu sonho tinha tudo resolvido
Tudo fazia sentido
Mesmo sem interpretação

Nesse quadro, a música popular paulista dos últimos trinta anos ocupa uma posição particular — oposta, poderíamos dizer, à de Paulinho da Viola. Apesar de ter produzido canções e músicos importantes, São Paulo não possui uma tradição própria de música popular urbana. De todas as cidades brasileiras, é a que mais se parece com as outras grandes metrópoles internacionais. Não há uma cultura do morro, aqui, que se contraponha a, e dialogue com, a indústria cultural. Os aspectos mais característicos da música de São Paulo vêm do interior (música caipira) ou da imigração (Adoniran Barbosa). Isso faz com que o músico popular paulista, fora desses nichos, não receba uma identidade pronta, mas deva construí-la no próprio processo de composição. Se compararmos, por exemplo, as canções de Itamar Assumpção e de Luiz Melodia — dois músicos que têm vários traços em comum —, ficará evidente como Luiz Melodia se insere, sem muito esforço e apesar de todas as inovações, numa tradição já dada, enquanto Itamar deve desenhar a si mesmo e a seu ambiente no interior de cada canção. Um carioca sempre pode estabelecer uma continuidade hipotética, se não real, com a cultura dos morros; um paulista não tem nenhum morro atrás de si. Por isso a elaboração da personagem, nas canções de Itamar, é tão circunstanciada, construída com cuidado, tanto na música como nas letras, com farpas de cultura urbana (sons, expressões idiomáticas, fragmentos de jingles ou de notícias de jornal) que, tomadas em separado, não teriam identidade nenhuma — como um daqueles barracos à beira das marginais, feitos de restos de cartazes, nos quais não se enxerga nenhum chão de estrelas.

Por outro lado, é em São Paulo que se deu o esforço mais continuado, pelo menos desde Mário de Andrade, para inserir a música popular numa grade teórica em que ela figurasse como um elemento constitutivo da cultura brasileira. Se São Paulo não tem a casa de Dona Ciata, tem os saraus modernistas. Se não tem as escolas de samba, tem o circuito universitário. Se não a era do rádio, os festivais da Record. Em São Paulo, a partir da década de 1960 ou talvez um pouco antes, surge uma classe de ouvintes para os quais a música popular faz parte de um projeto (político e existencial, além de estético) que se quer realizar, mais do que uma memória que se queira preservar. Beatles e Noel Rosa, cinema francês e bossa nova: tudo vem junto e faz sentido junto. Em São Paulo a música popular encontra a poesia concreta, a música nova erudita, o teatro de vanguarda, os movimentos estudantis. Não que esses cruzamentos não aconteçam também em outros lugares, mas é aqui que eles se tornam característicos de um ambiente: sem eles, não dá para entender a assim chamada vanguarda paulista.

Esta é essencialmente irônica e essencialmente estudantil, mesmo ao propor comportamentos nada acadêmicos — aliás: especialmente então. Irônica em sentido humorístico, quando exibe uma deselegância proposital e lunática (Mutantes, Rumo, na esteira dos "sambas errados" do mestre *ante litteram* da ironia paulista, Adoniran); mas irônica também ao se colocar numa rede infinita de referências, que vão dos quadrinhos à dodecafonia (Barnabé), de Satie a Drummond (Wisnik), como se toda composição fosse um fragmento que remete a uma canção ideal, síntese impossível de todas as canções e linguagens — uma *arqui-*

canção, para aproveitar um conceito cunhado por Luiz Tatit.[2] Cada sentimento que a música canta, então, sabe ser variação de um sentimento cantado inúmeras vezes, antes nos poemas e nos romances do que nas canções; cada nota da melodia já esteve em Noel Rosa, mas também em John Lennon, Charlie Parker e Debussy. A autoconsciência gera um grau especial de reflexão, uma espécie de mais-valia conceitual, como se cada canção se olhasse no espelho e compartilhasse a legenda do cachimbo de Magritte: *Ceci n'est pas une chanson.*

3

Meu sonho estava ali tão deslocado
Um simples conteúdo sublimado
Se ao menos para livrar-me desse estado
Alguém tivesse me acordado

Ninguém enfrentou a ironia musical paulista com tanta transparência, bom senso e plenitude quanto Luiz Tatit. Poderíamos dizer que, no seu caso, o deslocamento em relação ao ambiente original da canção popular não é apenas uma condição: é o assunto principal, a própria razão de ser de sua música. Todas as canções de Tatit falam de afastamento, de amor apaixonado por um objeto que ao mesmo tempo está à mão e escapa. Mas não apenas falam: as próprias canções, letra e música, são esses objetos simples e ambíguos, oferecidos e escorregadios.

Há uma composição sua no primeiro disco do Rumo (1981) que já começa com um título metalinguístico: "Canção bonita".

2. Luiz Tatit, *O cancionista*. São Paulo: Edusp, 1996. p. 26.

É narrativa, como muitas outras canções de Tatit e do Rumo: alguém, chamado apenas "ele", compõe uma canção para uma amiga, mas não chega a gravá-la porque "Ele não conseguiu/ Sensibilizar o homem da gravadora". Repete então a canção para alguém, e este a outros, numa corrente, até chegar à amiga. A historinha é menos ingênua do que parece. Na prática, o rapaz, na falta de gravação, reinventa a tradição oral. Mas também não é tão simples assim. Ao repetir a canção para o primeiro amigo da corrente, ele:

Leva seu canto
E reproduz com uma fidelidade incrível
Não deixa escapar uma entoação da memória

Fidelidade a quê? Memória do quê? Da gravação que não houve, é evidente. A tradição oral não costuma exigir esse tipo de reprodução. Mas, aqui, o canto transmitido oralmente é cópia do gravado, e este deve ser reproduzido com uma precisão absoluta, com escrúpulo quase religioso. O autor não canta "leva seu canto" como se leva um disco para a casa de alguém. E a canção que a amiga ouvirá não é propriamente uma canção, mas a reprodução exata de um disco que não existe (na gravação, o trecho que citamos, cantado por Ná Ozzetti, é dobrado pela voz de Paulo Tatit, como se carregasse sua sombra). A canção que ouvimos, por sua vez, não é a "Canção bonita", mas a história de uma canção que a insensibilidade do "homem" nos impediu de ouvir. De fato, "Canção bonita" (digo: a realmente gravada, não aquela inexistente, cuja cópia fiel os amigos reproduziram e a amiga ouviu) não é bem uma canção. Como muitas composições do Rumo, sobretudo as dos primeiros discos, é mais um *recitativo accompagnato*, sofisticado em suas inflexões e apoiado em modulações harmônicas elaboradas, mas que nunca se fecha em estruturas periódicas.

Fora do jargão, quer dizer que a melodia se mantém muito próxima das inflexões da fala e se repete de forma rara e irregular. A letra também é essencialmente uma prosa, não possuindo divisão métrica regular (no trecho acima, a divisão dos versos reproduz a que está no encarte, mas qualquer outra valeria). A morfologia das primeiras canções do Rumo também era indefinida. Não havia distinção nítida entre primeira parte e refrão, ou as alternâncias de partes que se costumam indicar com letras: ABA, ABAB etc. Em geral, as músicas eram compostas de uma estrofe única que podia ser repetida, por inteiro ou parcialmente. Só isso.

Regularidades métricas ou melódicas, rimas ou assonâncias, repetições claramente articuladas, são todos recursos para conferir mais autoridade e convicção ao sentido; mas também confirmam a autonomia da música ou do poema, ajudam a separá-lo do que vem antes ou depois e igualmente de outras informações simultâneas, como gestos, imagens e luzes. As canções do Rumo abriam mão dessa coerência interna, apresentando-se como fragmentos recortados diretamente da fala cotidiana e carregando consigo toda a bagagem de gestos e expressões do falante; por isso funcionavam melhor no palco do que no disco: na gravação sempre parece faltar alguma coisa. No entanto, para que o recorte aparentemente arbitrário de um texto ou de uma linha de entoação não seja apenas fala, mas funcione como música, é necessário que cada inflexão da voz seja reproduzida com uma afinação perfeita, que na origem evidentemente não tinha. O timbre há de ser puro e neutro; a expressão levemente atônita; os gestos um tanto mecânicos, clownescos. Em outras palavras, o que é posto em cena não é a fala como ela é, e sim a cópia dela, reproduzida com "fidelidade incrível". Nessa cópia se cumpre uma sublimação, que é ao mesmo tempo um ato de cisão, um estranhamento dentro da naturalidade da fala.

Luiz Tatit, que é professor na Faculdade de Letras da USP,

desenvolveu uma teoria bastante elaborada sobre a relação entre inflexão da fala e entoação do canto, baseada em Greimas e centrada na análise da música popular brasileira, embora funcione muito bem para qualquer tipo de texto musicado. Segundo ele próprio confessa em *O cancionista*, a primeira intuição de sua teoria lhe veio em 1974, ao ouvir uma interpretação de Gilberto Gil[3] — 1974 é também o ano de fundação do grupo Rumo. Mas tudo isso não pode levar, como às vezes levou, a interpretar as canções do Rumo como demonstrações práticas da teoria do mestre. Se fosse só isso, seria muito pouco. Na verdade, nas canções do Rumo, a própria fala cotidiana — nossa fala de todo dia, com todos os seus "né", "cê", "viu?" — é tratada como um objeto distante e sagrado, merecedor dos mesmos cuidados rituais e fidelidade absoluta que o autor da "Canção bonita" dedica a seu canto. Se o intérprete não fala, mas reproduz fielmente sua própria fala, canto e fala não partem dele: estão ambos à sua frente, como objetos estranhos. É aqui que a separação do cantor da canção se torna separação do sujeito de si mesmo — e é aqui que Tatit escava seu lugar de poeta maneirista.

4

Mas tive a sensação que foram horas
Foram dias foram meses
Em que tive o privilégio
De estar sempre a seu lado
É claro que seria bem melhor
Se você tivesse reparado

3. Ibid., pp. 11-2.

Não que o alheamento seja desesperado: é melancólico, por certo, mas também prazeroso. Para um espírito contemplativo, um tímido tranquilo como Tatit assumidamente é, certa distância de si mesmo é um ótimo lugar de observação. O poeta maneirista é, por antonomásia, poeta filósofo, e o filósofo, como ensina a etimologia, é alguém que ama a sabedoria, mas não acredita possuí-la. A fala do filósofo é um esforço constante de se manter próximo a uma fonte de verdade que não apenas não lhe pertence, mas também permanece indiferente à sua presença. Cada pensamento é um movimento de aproximação, consciente, no entanto, de que o alvo nunca será plenamente alcançado. O que a obra de Tatit descortina é a riqueza infinita do *quase*; quase fala, quase canção, quase sentimento. A plenitude é chapada. O *quase* é que é interessante.

Desde que
Que cheguei aqui
Tive que
Que me decidir
Vou ficando
Vou vivendo
Ou devo partir
Fui ficando
Fui vivendo
Fui partir
Era muito tarde
Quase que parto
Mas estava inseguro
Quase que embarco
Num sonho maduro
Quase me curo
Quase, eu juro

Quase dou um grande salto
Para o futuro
Fiquei no caminho
Faltou só um pouquinho

Nunca estive tão perto de ser feliz
Olha! Só não deu certo porque eu não quis
Vi a sorte a um palmo do meu nariz

Nessa canção ("Quase", do primeiro CD solo de Tatit, *Felicidade*) há, aí sim, uma métrica regular, um sistema de rimas cerrado. Esse tipo de estrutura, baseado sobre uma célula rítmica curta que se repete constantemente, já foi estudado por Tatit sob o nome de tematização e não representa, em si, uma contradição com a forma aberta descrita acima: a iteração não tem limite fixo e pode ser prolongada, teoricamente, ao infinito; não gera, a rigor, uma forma. O recitativo abole o período; a tematização o banaliza. O resultado é quase o mesmo. Mas não há dúvida de que, aos poucos, Tatit está se aproximando das formas tradicionais da canção, como se a distância do original já não precisasse ser tão explícita. Com o tempo, ele vai reconstruindo o ofício do cancionista por dentro, camada por camada. Mas, assim como uma canção reconstituída dessa maneira nunca é exatamente uma canção "normal", as personagens, as paixões e as ações que a povoam, apesar do aspecto despretensioso e quase banal, nunca são totalmente reais. O que Tatit arma para nós é um teatro metafísico, em que cada elemento tem a casca de uma coisa, mas por dentro é um conceito. Se a voz de Paulinho da Viola lembra as paisagens distantes de Leonardo, a de Tatit poderia ressoar numa praça de De Chirico. E aí, falando em personagens e paixões, é preciso enfrentar uma questão fundamental: as mulheres de Tatit.

5

Sonhei que mesmo dentro do seu sonho
Haveria solução
Sonhei que achei um meio infalível
De chamar sua atenção
Sonhei que não havia mais ninguém
Você iria então olhar pra quem?
Sonhei que estando ali tão disponível
Sendo o único possível tudo acabaria bem

As mulheres das canções de Tatit são indiferentes quando alguém se apaixona por elas. Quando elas se apaixonam, são incompreensíveis. Quando o poeta dança, elas dormem. Quando ele declama poemas, dançam. Surdas às declarações de amor, são igualmente surdas às rejeições. Dá a impressão de que elas sejam também mudas, como estátuas ou figuras alegóricas. Ao mesmo tempo, são extremamente espontâneas, incapazes de seduções ardilosas.

"Haicai" (do CD *Felicidade*) marca o ápice de uma trajetória iniciada por "Canção bonita". Aqui como ali, uma moça é destinatária da composição do título. Se na "Canção bonita" a moça não podia ser alcançada por uma distância que supúnhamos física, em "Haicai" a distância é mental. A moça, que se chama Sofia (opa!), é entregue a uma atividade frenética, mas absolutamente autorreferente, praticamente autista — pelo menos, é assim que o autor a vê, porque dessa atividade ele é sempre excluído. Apesar disso, o autor mostra conhecer Sofia no íntimo, talvez melhor do que ela mesma se conheça. Ele nos confidencia, por exemplo, com evidente satisfação, que:

Sofia quando dorme
Sente um prazer enorme

— algo que provavelmente ela não sabe. Tudo o que esse amante quer é acrescentar poucos versos de sua autoria, uma nota à margem, um pequeno comentário, no fluxo ininterrupto de sensações prazerosas que constituem a vida de Sofia. No entanto, para o autor, esses versos seriam tudo:

Quando fiz de tudo poesia
Pra dizer o que eu sentia

Assim começa a canção, concluída com a convicção de que, reduzido um pouco mais, o poema por fim será aceito:

Ainda vou fazer novos haicais
Reduzindo um pouco mais
Todos muito especiais
Sofia vai gostar demais!

Em termos formais, "Haicai" é um exemplo especialmente acabado do estilo maduro de Tatit. Já não é um recitativo em prosa apoiado com aparente descuido sobre um tapete harmônico contínuo, como nas primeiras composições do Rumo. É uma estrutura poética tão densa de rimas e assonâncias que acaba se tornando labiríntica como a prosa das canções mais antigas. Por exemplo:

Nada, nada, nada, só pulava
Não ouvia uma palavra
Aí já alguma coisa me dizia
Que do jeito que ia indo

Ela nunca me ouviria
Essa era a verdade crua e fria
Que no peito me doía
Sofria, sofria!
E foi sofrendo
Que eu cheguei
Nessa agonia de hoje em dia
Fico aqui pensando
Onde é que estou errando
Será
Que é o conceito de poesia
Ou é defeito da Sofia?

Aqui também, como em "Canção bonita", estou seguindo o recorte dos versos que está no encarte, e aqui também outros recortes seriam igualmente possíveis, mas por uma razão diferente: em "Haicai" praticamente cada palavra se relaciona, por rima ou aliteração, com alguma outra. A harmonia é baseada sobre um giro harmônico curto e simples que se repete de modo constante, ornamentado por um pequeno motivo arpejado no violão. A melodia tem cadências claras e regulares. É como se o autor procurasse na canção a coesão absoluta do haicai que pretende escrever. E, no entanto, a insensibilidade de Sofia o obriga a desviar-se da compacidade lacônica de seu modelo, a gastar versos e música para marcar hora, chamar a atenção, propor condições e lugares para que sua declamação possa ser ouvida. O resultado é algo paradoxal, como uma espécie de haicai prolixo, ou de prolixidade aforística.

Apesar da tematização insistida, a melodia continua bastante próxima da fala e o contraste entre periodicidade e fluência permite soluções musicais especialmente interessantes. As músicas de Tatit — como é natural em vista de suas características —

sempre permitiram uma transição sem esforço da fala para o canto e vice-versa. Em geral, o canto cai na fala quando reproduz fragmentos de conversas, ou quando o cantor comenta, como num *aparte*, a situação que o canto descreve. Em "Canção bonita", por exemplo, o cantor comenta que, se enviasse a canção à amiga por carta, ficaria faltando a melodia. E depois repete para "o homem da gravadora": "Olha, fica faltando a melodia". Essa segunda frase, entre aspas, é declamada, não apenas por ser discurso indireto, mas também para expressar um esforço maior de convencimento, como se o cantor manifestasse aqui que não está mais cantando, está falando sério. Esse trecho falado tem ainda uma função estrutural: é o ponto em que a música toca seu fundo para ricochetear logo depois para o alto e atingir, daí a uma estrofe, a melodia dobrada de "Leva seu canto".

Em "Haicai", no entanto, esse recurso vai muito além: há, no meio da canção, uma longa declamação apoiada sobre dois acordes de suspensão que interrompem o fluxo regular da harmonia. A suspensão se dá no momento em que o narrador encontra Sofia numa pista de dança, porém ela, tomada pela música e pelo movimento, mais uma vez não o escuta. Em termos técnicos, seria um breque, mas um breque muito particular típico de Tatit, embora raramente tão desenvolvido como aqui. Poderíamos chamá-lo, na falta de melhor termo, de breque melancólico.

Em geral o breque, como a cadência na música erudita, tem a função de criar uma situação de espera que atrasa a volta ao tema ou à tonalidade inicial, mas ao mesmo tempo a torna mais necessária e inexorável. O intérprete finge devanear, perder o rumo, entretanto no final mostra que sabia muito bem para onde estava indo. É uma demonstração de força e de controle: quanto mais longo e complexo o breque (ou a cadência), mais virtuose o intérprete. Não há nada disso em "Haicai": o autor parece escorregar fora da música, que continua imperturbável sem ele, como empurrado para fora da pista pelos dançarinos, e fica chamando a atenção, com uma insistência sempre mais desesperada, até achar uma brecha e voltar para dentro, mas apenas para reencontrar a mesma indiferença. O breque acaba com um resignado "Etc. etc. etc.", e o canto recomeça com um "Nada, nada, nada". Loquacidade ilimitada, por um lado; nenhuma recepção, do outro. Lembramos então que o homem da gravadora também não ouviu a fala do autor de "Canção bonita". A inserção da fala, nos dois casos, não é um sinal de poder do intérprete sobre a música, como se ele fosse dono do canto e pudesse abandoná-lo e retomá-lo a seu prazer. É um sinal de exclusão, um bater à porta da música, na esperança de que um dia Sofia nos receba. Nem precisa dizer que esse chamar de fora, bater à porta, também é música, e da boa; só que no registro da ironia — e a ironia é sempre nostálgica.

6

Sonhei que você veio pro meu lado
Meu coração bateu descompassado
Sonhei que seu olhar no meu olhar
Já estava um pouco desfocado
Sonhei que nosso encontro foi etéreo
Você tinha evaporado

A sabedoria ama os filósofos porque eles a amam, mas não tentam possuí-la. As mulheres de Tatit gostam dele, embora pareçam distraídas. Mesmo que o abandonem, acabam voltando, como Odete, protagonista de outra canção antológica, "Olhando a paisagem".

Na verdade, Luiz Tatit já logrou acrescentar pelo menos um haicai ao cânone, uma canção capaz de se tornar clássica: "Capitu". Não apenas porque "Capitu" é uma de suas melhores composições (é, mas há outras do mesmo nível); sobretudo porque, entre todas elas, é a que tem mais chances de se descolar da figura do autor, de se tornar obra coletiva, como todas as canções canônicas são. É natural que essa conjuntura se dê justamente no momento em que todas as mulheres de Tatit convergem para sua raiz arquetípica, a Capitu de *Dom Casmurro*; e a ironia de Tatit também remonta a seu original, Machado de Assis.

Dom Casmurro passa a existência reproduzindo sua própria vida: escrevendo o romance, reproduzindo (com fidelidade absoluta) a casa da infância que ele próprio mandou demolir, registrando compulsivamente no papel o canto do vendedor de cocada que para Capitu foi uma sensação fugidia e quase imperceptível. Mas a casa não é a mesma, e o canto não renasce da pauta. Nesse esforço constantemente malogrado de se perpetuar em cópias, o filho, que deveria ser a confirmação definitiva de sua capacidade de reprodução, acaba sendo a cópia de outro. A canção "Capitu" repara o erro de Bentinho, capitulando pacificamente. Os olhos de ressaca já não são vórtices que sugam e afogam, mas telas de computador, nas quais se pode navegar a perder de vista. O eu do narrador desaparece, e raras vezes Tatit se entregou às convenções da canção com tanto abandono como aqui — raras vezes, por exemplo, escreveu um refrão tão tipicamente refrão. Poucas canções de Tatit se parecem menos com Tatit. Isso, porém, não é um drama, mas o resultado de uma construção lenta do anonimato. Esse anonimato, evidentemente, não é o mesmo de uma canção popular antiga, como "Pastorinhas", de Noel Rosa, ou "Chiquita Bacana", de Braguinha, que correram tanto na boca de todos que deixaram de ter autoria: é um anonimato de tipo novo, gerado por uma rede de informações homogeneizada, graças à qual já não faz muita diferença ter nascido em São Paulo, no Rio ou na Bahia.

De fato, em tempos muito recentes, o próprio termo "vanguarda paulista" me parece ter deixado de fazer sentido. Na década de 1960, o artista americano Robert Smithson disse que as redes de signos da cultura contemporânea chegariam a uma densidade tamanha que formariam uma casca lisa e uniforme, sobre a qual seria possível correr livremente em todas as direções, como num deserto incontaminado. A música popular brasileira talvez esteja chegando a uma situação similar. O cânone, que vai mais ou menos de Nazareth a Chico e Caetano, já se fechou. Pode sofrer um acréscimo aqui ou ali, mas na substância já está formado, e é um valor indiscutível e incontornável para qualquer um que não seja totalmente surdo ou insensível. Forma um núcleo sólido, uma casca dura sobre a qual se pode correr à vontade. Desse ponto de vista, já não há mais diferença substancial entre, digamos, Carlinhos Brown e Arnaldo Antunes, Zélia Duncan e Chico César, José Miguel Wisnik e Cássia Eller. Eles têm o mesmo background e o mesmo objetivo: simplesmente, o de escrever canções — e a canção brasileira já é definitivamente o que é. Não há mais distâncias porque, descontadas as diferenças de gosto e qualidade, não há mais direções.

7

Mas tenho que dizer
Sonhei o sonho que sempre sonhara sonhar
Você, sentindo a força do meu sonho
Fez de tudo pra acordar

Se as mulheres de Tatit são todas, como acredito, a arquicanção, objeto último de desejo do cancionista que é ao mesmo tempo teórico e criador, então "Sonhei" — a canção que marca em epígrafe este texto, na ordem sequencial da letra — conta exatamente a história que acabei de contar. É uma canção simples, se é que ainda há canções simples. A primeira parte rodeia a tônica, a segunda vai para a dominante; repete tudo na segunda estrofe, e pronto. A melodia também é melodia mesmo, não há ambiguidade com a fala. O arco certeiro da linha melódica indica que o autor marca sua posição sem hesitações. Aqui também se encontra a rede densa de assonâncias e rimas que caracteriza o estilo maduro de Tatit. No entanto, isso não cria ambiguidade porque os versos estão claramente organizados em duplas: o primeiro acabando com cadência suspensiva, o segundo, com cadência conclusiva. É um esquema sólido, imediatamente compreensível, como numa canção de Roberto Carlos. Nessa estabilidade absoluta há, porém, progressão. Sem que haja mudanças musicais, a canção se firma aos poucos e o papel do poeta adquire gradativamente mais força — em parte pelo texto, mas em parte também pelo fato de que, em estruturas musicais fáceis de compreender, a simples repetição já é um fator muito expressivo de confirmação.

No começo (região da tônica), o sonho do narrador é tímido e confuso, enquanto o da sonhadora principal é brilhante. Na segunda parte (passagem para a dominante — a terminologia musical é mesmo muito expressiva), a proximidade com a sonhadora se torna foco da narração, embora a sonhadora ainda não repare na presença do narrador.

É na seção seguinte (marcada pela volta à tônica) que a estratégia do narrador se desenha: ao eliminar todo o resto, a sonhadora será obrigada a olhar para ele. Contudo, ao olhar, ela embaça a vista e finalmente evapora. No final da primeira parte da primeira estrofe, o poeta deseja acordar; ao concluir a segunda parte da segunda estrofe, quem acorda é a sonhadora. É um final melancólico, mas até certo ponto: o que resta é a convicção de que esse é o sonho que o poeta "sempre sonhara sonhar". Maneiristas adoram labirintos. Qual é o estatuto real da sonhadora? Ela é dona do sonho, mas, por outro lado, só existe porque Tatit a sonha. E o que será do sonho de Tatit quando a sonhadora acordar? Será possível sonhar a sonhadora acordada, ou não haverá possibilidade de sonhar o sonho secundário, quando o sonho principal deixar de ser um sonho?

"Sonhei" é canção de maturidade, porque não há álibi. Ela reconstitui a relação tradicional música/letra, nas estruturas melódica, harmônica e métrica, sem mais estranhamentos que ponham seu estatuto de canção entre parênteses. E, no entanto, a temática que justificara o estranhamento está claramente presente, mais explícita do que nunca. O sonho é sonho de outro, e nosso sonho é sonhá-lo; nossa veneração intrusiva pode levar o sonhador a perder seu sonho. Por outro lado, o que me caracteriza como *esse* sonhador é justamente a consciência de que o sonho é de outro. Se eu o pego, ele evapora; se ele me pega, eu me perco. Saber lidar com esse risco e, ainda assim, manter o sonho em aberto, essa é a questão.

A era do disco

Há décadas fala-se do fim do livro, e as livrarias não desapareceram. Lojas de discos e CDs sumiram quase de improviso, ou se transformaram em revendedoras de eletrodomésticos e informática, e pouco se comentou sobre o assunto. Artistas de sucesso lançam suas composições diretamente nas lojas virtuais e toda música, ou quase, já está disponível na rede. A mediação do disco gravado tornou-se desnecessária, e ninguém parece se preocupar muito com isso.

À primeira vista, o descompasso é curioso: na geografia de uma casa, na construção da personalidade, livros e discos foram, por gerações, objetos gêmeos. Para muitos de minha idade, casar significou juntar livros e discos, separar-se significou dividi-los: "Levou [...] um bom disco de Noel"; "Devolva o Neruda que você me tomou, e nunca leu" — é o que nossos discos dizem. Entrando na casa de alguém, busco instintivamente as lombadas dos livros e as capas dos discos para saber se terei assunto, se poderemos ser amigos. No entanto, parece que estamos muito mais dispostos a renunciar aos discos do que aos livros.

Uma explicação pode estar na antiguidade do hábito. Mesmo deixando de lado as tabuinhas sumérias e os rolos de egípcios, gregos e romanos, o livro — feito de folhas recortadas e encadernadas, como hoje o conhecemos (o *códice*, na terminologia dos paleógrafos) — tem quase 2 mil anos: apareceu por volta do século II da era cristã. Sendo mais compacto do que o rolo, era mais fácil de transportar e armazenar, capaz de conter muito mais texto. A mudança de formato aumentou sua circulação e desempenhou papel fundamental na cristianização do Império Romano.

Originalmente, *biblia* era um nome plural, que significava "os livros". E indicava, de fato, o conjunto dos rolos que cada sinagoga ou igreja guardava em seu armário. A lista dos livros sagrados não era igual para todos: muitos textos, hoje considerados apócrifos, podiam ser incluídos; outros, hoje essenciais, nem sempre constavam. Cada templo tinha sua coleção: afora o Pentateuco, presente em todas, elas podiam incluir só um livro de Isaías, mas dez Apocalipses; ou todas as cartas de Paulo, mas não os Atos dos Apóstolos; e assim por diante. A redução dessas bibliotecas a um único volume, ou poucos, levou ao estabelecimento de um cânone: Evangelhos, só quatro; Apocalipse, um; Macabeus, livros de Tobias e Judite — entram ou não entram? Foram discussões que duraram séculos e deixaram sequelas (algumas Bíblias protestantes não consideram livros que a católica inclui).

Quando uma estante inteira é transformada em obra única, torna-se necessário instituir uma ordem: a Bíblia hebraica passa a ser organizada de maneira a marcar um progressivo afastamento — os livros de Moisés, que falava com Deus "face a face"; os dos profetas, que só o ouviam "por enigmas"; e finalmente o homem histórico (Reis, Crônicas etc.), que só entende a vontade de Deus quando é punido. Nas Bíblias cristãs, os profetas foram deslocados para o fim do Antigo Testamento, para que anunciem o Novo.

Como livros diferentes passaram a ser encadernados num só tomo, foi preciso distinguir onde acabava um e começava o outro — daí as iluminuras, no topo da página ou de página inteira, e as capitulares. Os rolos também podiam conter ilustrações, mas sua relação com o texto era mais frouxa, incidindo num trecho aleatório do papiro ou pergaminho desenrolado pelo leitor. No livro encadernado, ao contrário, a leitura passa a ser ritmada pelo ato, tão simbolicamente denso até hoje, de virar a página, e cada página tem sua configuração. Além disso, o livro tem capa, e a capa é a cara dele. Os rolos eram todos iguais, era preciso estendê-los para reconhecer seu conteúdo.

Mudou também a postura: em geral o rolo é lido de pé, demanda um gesto amplo para que uma porção razoável de texto seja descortinada. Lê-se em voz alta, diante de um público, se não real, pelo menos suposto. O rolo é público por natureza e conseguiu resistir à concorrência do códice até hoje, em alguns nichos, por seu caráter ritual ou cerimonial: diplomas, anúncios solenes, ofícios eclesiásticos. O códice, ao contrário, é compacto e pesado: é feito para ser apoiado numa mesa, numa estante, sobre os joelhos. Para lê-lo, nos debruçamos. O costume de ler em silêncio, que ainda surpreendia Agostinho quando o observava em Ambrósio, e que Borges comenta no ensaio "Do culto dos livros" (em *Outras inquisições*), está provavelmente ligado à difusão dos códices.

Por tudo isso, é leviano dizer que uma biblioteca inteira cabe num iPad. O que cabe são textos, não livros. A telinha é muito mais parecida com o rolo do que com o códice: os caracteres correm potencialmente ao infinito, ainda que seja mantida a divisão por páginas (mais por sobrevivência de um hábito do que por necessidade do meio eletrônico). Na telinha, o livro não tem capa ou aparência própria. Seu uso exemplar não é a leitura corrida, mas a busca da palavra-chave, que atravessa o texto em todas as direções. A escrita, nela, é sempre fragmento. O texto permanece um fenômeno virtual, efeito ilusório e superficial de uma estrutura lógico-matemática que só o computador lê, e nós não enxergamos. Ele está em lugar nenhum. O texto do livro, ao contrário, está dentro dele, na estante, mesmo que não o leiamos. Possui conosco uma relação que não depende de um uso imediato. Em outras palavras, no texto eletrônico o pensamento não se encarna, não convive conosco como objeto extenso, material — como nós, sujeito a dobras, descolamentos e manchas de café. Talvez seja por isso que não conseguimos renunciar ao livro: não queremos dispensar a identidade espiritual e material que ele promete há milênios. Carregar o pensamento nas mãos, fazer com que ocupe um lugar específico: é isso que o livro permite, e talvez por isso as livrarias não tenham desaparecido.

O disco, ao contrário, surgiu apenas no século XX. Contudo, ele se enraizou tão profundamente em nossa experiência cotidiana que adquiriu, por um tempo que parece prestes a se esgotar, estatuto comparável ao de seu colega milenar. Talvez porque, ao corporificar o som, o disco complete a materialização do pensamento que o livro iniciara há tanto tempo, transferindo para um objeto as ressonâncias afetivas que, no caso da página escrita, ainda exigiam a atuação de um falante. A partitura nunca foi propriamente um livro, nem sequer da maneira em que uma peça teatral pode sê-lo. O texto de um drama se presta a dois usos: pode ser encenado, mas também pode ser lido como poema ou novela. A partitura nunca dispensa a execução, nem que seja apenas mental.

Antes do advento do disco, uma obra musical, mais do que uma partitura ou uma sequência de sons, consistia num acontecimento performático. A escuta era muito mais flutuante, e os limites de cada peça, mais indeterminados. O que valia era o evento como um todo. Não havia música sem que alguém se sentasse ao piano ou gesticulasse no palco; não havia música sem ingressos, convites, roupas adequadas. Apenas no final do século XIX, quando as temporadas de concertos se firmaram definitivamente, introduziu-se o hábito de apagar as luzes na plateia durante a apresentação. Até a música doméstica estava ligada a algum tipo de rito familiar.

Uma encenação de ópera era replicada por vinte ou trinta dias seguidos, se tivesse sucesso, e o melômano assistia várias vezes, quando não todo dia. Em compensação, dificilmente ouviria a mesma peça de novo, no futuro. Para a música instrumental, sobretudo a de orquestra, as oportunidades eram ainda mais esporádicas: um apaixonado, mesmo o mais dedicado, teria ocasião de ouvir a *Nona* de Beethoven, por exemplo, duas ou três vezes na vida, se tanto. Os profissionais compravam a transcrição para piano para estudá-la em casa. Para os outros, é provável que restassem apenas fragmentos de melodia e a lembrança de uma emoção efêmera — além, naturalmente, das resenhas publicadas nas gazetas.

O disco extraiu desse conjunto confuso de sensações e acontecimentos apenas o som, e o pôs num objeto que podia ser levado para casa e escutado à vontade, com qualquer roupa, em qualquer atitude. É um duplo isolamento: do som, em relação à performance; do ouvinte, em relação ao rito social da escuta. O disco inaugura a escuta solitária, no recanto do próprio quarto — análogo, nisso também, ao códice em relação ao rolo. No entanto, a escuta de um disco nunca será tão solitária como a leitura de um livro: o disco faz barulho, e esse barulho nos envolve, mesmo que não seja ouvido por mais ninguém. O livro se dirige à mente; a música precisa passar pelo ouvido, envolve o corpo. Pelo corpo, o som do disco remete a um espaço comum — da festa, do rito, da marcha. Há uma sociabilidade na música que o disco não abole. Ele apenas a comprime, a torna portátil, permite que seja fruída sem a presença de alguém.

Não é só um conhecimento mais aprofundado que se oferece ao apaixonado não especialista, incapaz de ler partituras complexas. É outro tipo de conhecimento, capaz de abordar o som em si, e não sua tradução em notas. Agora é possível comparar timbres, andamentos, granulações da voz, as respirações com que o intérprete escande a melodia. O mais importante, porém, acredito que seja a experiência da repetição: pela primeira vez na história era possível dominar o tempo, obrigá-lo a percorrer o mesmo caminho inúmeras vezes.

A leitura também pode ser reiniciada, mas isso é porque o livro transforma o tempo da fala no espaço da página, coloca-o no plano da simultaneidade ou da eternidade, em que tudo está presente ao mesmo tempo (mais uma causa de suas ressonâncias religiosas). Quanto ao filme, que surge na mesma época das gravações, ele também possui, como o disco e diferentemente do livro, uma duração temporal estabelecida. Porém, é fruído num espaço público, em que não nos é concedido retornar à vontade um momento anterior da narrativa. Mesmo com a difusão do filme doméstico, que aconteceu muito mais tarde, o ato de rebobinar permanece uma operação muito mais trabalhosa do que recolocar a agulha no ponto certo; só com o advento do DVD os filmes foram divididos em cenas, nos moldes das faixas dos CDs. Finalmente, o filme não é só representação do tempo, mas também do espaço, enquanto a música, uma vez extraída pelo disco de seu contexto performático, tornou-se tempo puro.

Toda música nasce do esforço de conciliar tempo linear e tempo periódico, o que sempre avança e não tem volta e o que constantemente recomeça. Cadências, repetições, refrões e estribilhos servem para isso. Parece que algum tipo de retorno se torna necessário para que o passar do tempo seja percebido como forma. Mas, enquanto a música permaneceu atrelada à sua execução por um intérprete, a repetição nunca era exatamente igual, e o caráter linear prevalecia. Com a repetição mecânica que o disco consente, o aspecto cíclico passa a dominar; a volta *da capo* já não é apenas um recurso interno da composição, e sim a característica fundamental da audição: o disco é feito para se ouvir de novo. Isso nos torna mais impacientes com a retomada de seções inteiras da música barroca e clássica, que gravava na memória do ouvinte elementos importantes da composição, ou apenas preenchia o tempo do evento sem esforços excessivos de atenção. Por outro lado, o disco esvazia o sonho romântico, que perdurou até o atonalismo de Schoenberg, de uma música em transformação contínua, idêntica ao tempo vivido, *durchkomponiert* (inteiramente composta) sem barras de repetição. Eliminar a repetição se tornou impossível: na vitrola, a música pode ser reiniciada a qualquer momento.

O próprio movimento do vinil na vitrola é promessa de uma conciliação entre o tempo periódico e o linear. A evidência desse movimento talvez compense em parte o fato de o disco ser um texto que precisa de uma máquina para ser decifrado, como mais tarde as memórias digitais. Os primeiros registros fonográficos eram sobre cilindros de cera, que o sulco percorria em parafuso. O disco é uma projeção no plano desses cilindros, uma anamorfose: para que o tempo da gravação se mantenha constante, os anéis iniciais, maiores e percorridos mais rapidamente, devem conter a mesma informação dos finais, menores e mais lentos. A ondulação do sulco se torna cada vez mais estreita. A agulha anda em círculos, mas avança. O tempo aperta, até que resta apenas o ruído branco da agulha presa entre o fim da música e a etiqueta.

A experiência desse movimento espiralado torna redundantes os antigos *da capo*, mas, por outro lado, nos faz mais sensíveis a outro tipo de repetição. O disco, e o rádio junto com ele, inauguram a experiência da música de fundo, que toca enquanto fazemos outra coisa, ou pensamos outra coisa. Como Luís XIV, temos uma música para o desjejum, uma para o almoço, outra para o fim da tarde. Elas devem correr homogêneas, sem grandes acontecimentos. A escuta deixa de ser um momento excepcional para se tornar uma espécie de duplo, ou sombra, de qualquer momento. Há uma vasta literatura denunciando esse hábito como banalização, fim da experiência espiritual da música. Mas de experiência se trata, e quem ouve um disco enquanto cozinha não faz necessariamente uma escolha menos meditada do que quem compra o ingresso para um concerto.

De resto, formas sofisticadas de composição já exploraram esse aspecto — o minimalismo musical de modo mais explícito (Steve Reich, Philip Glass, La Monte Young, Terry Riley). O que as obras minimalistas fazem é sobrepor repetição performática e repetição mecânica. Se não houvesse diferenças perceptíveis entre as duas, o resultado seria parecido com o de um disco riscado. Mas há, pois essas músicas são executadas, em geral, com instrumentos tradicionais, ou, em todo caso, demandando algum tipo de ação pelos intérpretes. É uma repetição, portanto, que passa junto com o tempo, enquanto no disco riscado, que repete sempre o mesmo sulco, é o próprio tempo que emperra (daí, provavelmente, a sensação de angústia). Quando gravadas, as composições minimalistas (sobretudo as de Steve Reich) não se submetem à reprodução mecânica, mas dela fazem emergir uma sensação aguda e especialmente concentrada da passagem do tempo. Como quase nada acontece nele, o tempo se revela de maneira mais patente, não como círculo, mas como espiral. Mesmo quando executada ao vivo, toda música minimalista me parece embutir a experiência do disco.

Em outro sentido, a música pós-weberniana, que não preza muito a repetição (embora haja exceções, como *Stimmung*, de Karlheinz Stockhausen), torna a escuta repetida uma mediação necessária: como não utiliza temas e motivos condutores, nos quais o ouvinte possa se pautar para acompanhar a sucessão dos acontecimentos, a compreensão costuma se dar, num primeiro momento, pela estrutura geral, a mais evidente e perceptível, para progressivamente descer aos detalhes, audição após audição. Inversamente à tradição romântica, é a macroestrutura que gera a microestrutura, e não vice-versa. A apreciação ao vivo não é, em geral, a mais satisfatória, a não ser do ponto de vista da espacialização do som e dos recursos gestuais.

A única música contemporânea que não funciona em disco é a de John Cage e seguidores. Uma poética inteiramente baseada na imprevisibilidade do acontecimento não pode aceitar que o acontecimento se torne objeto, e repetir um acontecimento imprevisível não faz muito sentido. Os próprios limites-padrão de duração do disco, se fornecem à música minimalista a medida que, no caso dela, só pode ser acidental, nas gravações de Cage, se chocam contra um material que, por sua própria natureza, não aceita limites preestabelecidos. Na verdade, Cage é um mestre da escuta, mais do que da composição musical: aponta para um mundo já prenhe de sons — qualquer barulho, silêncio, rádio de pilha. Escutar um disco dele num cenário doméstico só faz sentido se for para apreciarmos melhor, graças a ele, os outros sons da casa.

Junto com isolamento e repetição, limite é o terceiro elemento fundamental da experiência do disco — talvez o mais importante, do ponto de vista de sua evolução. O espectador do século XIX entrava no teatro de ópera às seis da tarde e saía depois da meia-noite, e nesse ínterim não só escutava música, como passeava no saguão, conversava, flertava e fechava negócios, tomava sorvete e jogava sinuca. Mesmo assim, é claro, havia horários a ser respeitados: a música acompanhava a duração dos ritos e das ocasiões sociais, e de suas partições internas. Wagner se deu mal, na estreia de *Tannhäuser* em Paris, porque pôs o balé no início do primeiro ato, quando os fãs das bailarinas ainda não haviam chegado do Jóquei. Verdi, mais experiente, cortou longos trechos de *Don Carlos*, inclusive o prólogo inteiro, bonito e complexo, para que a ópera não acabasse depois da partida do último trem para a *banlieue*. Já estamos na época em que o teatro de ópera tentava se adequar aos ritmos da cidade moderna. No auge do gênero, Mozart não tinha esses problemas. Mas, em suas peças teatrais, intermináveis para os padrões da época, ele era capaz de inserir duas palavras de diálogo para dar tempo ao clarinetista de trocar de instrumento (final do *Don Giovanni*), ou mudar a ordem das cenas para permitir ao mesmo ator interpretar duas personagens (ato III de *As bodas de Fígaro*). Mas enfim, não havia nada de muito rígido que não pudesse ser negociado e resolvido pelo métier.

A duração do disco, ao contrário, é um limite cronométrico, inegociável e, nos formatos mais antigos, cruel: não mais de três ou quatro minutos, para os discos em goma-laca de 78 rotações. Era preciso interromper cinco ou seis vezes a escuta para virar os discos que traziam uma sinfonia, relativamente breve, do século XVIII; e o exercício se tornaria extenuante para uma composição do romantismo tardio. Mesmo para a música popular mais desenvolvida, como o jazz, esses limites são demasiado estreitos: as gravações antigas dos conjuntos de Louis Armstrong, por exemplo, soam como meras amostras daquilo que esses músicos extraordinários seriam capazes de fazer ao vivo, e com certeza faziam.

A duração limitada dos primeiros discos teve, a meu ver, duas consequências: a primeira é o predomínio do gênero canção. Três minutos é um tempo muito curto para desenvolver uma estrutura suficientemente rica no campo da música instrumental, mas não para estabelecer uma relação satisfatória entre texto e melodia. É verdade que foram as exigências de gravação que impuseram o padrão de primeira parte, segunda parte e *da capo* sobre todas as outras formas de canção, mas essa já era a forma mais comum do *Lied*, da ária de ópera e de muita tradição folclórica. A maioria dos *Lieder* de Schubert e de Schumann durava mais ou menos três minutos, e era baseada no princípio de que a linha melódica deveria se adequar perfeitamente ao sentido poético e não poderia ser desenvolvida muito além dele, sob pena de perder a correspondência com o texto. Assim, Schubert não trabalhava de forma muito diferente de Paul McCartney ou Chico Buarque — para todos os outros gêneros musicais, as diferenças entre música erudita e música popular são bem mais marcantes. Enfim, de todos os formatos tradicionais, a canção romântica é a que mais facilmente podia se adequar às exigências do novo meio. A ópera, o gênero então mais popular, também foi segmentada em trechos curtos, na prática em canções, e nessa veste determinou o surgimento do primeiro grande star do disco, Enrico Caruso. Por outro lado, talvez não seja por acaso que um dos maiores instrumentistas de jazz dessa época, Armstrong, tenha se tornado mais popular como cantor do que como trompetista. Houve um "século da canção" (para retomar o título de um livro de Luiz Tatit) porque houve um século do disco.

A segunda consequência da curta duração do disco em 78 rotações foi a simbiose com o rádio, por toda a primeira metade do século. A difusão radiofônica sustentava a venda dos discos, e vice-versa. O rádio não permitia repetir a escuta, mas, contornando o limite de duração, punha em circulação um repertório muito mais vasto. Grandes rádios passaram a manter grandes orquestras, como a norte-americana NBC, regida por Toscanini, e a realizar uma programação regular de concertos em seus estúdios. Foi pelo rádio que a música erudita se tornou, entre as duas guerras mundiais, um fenômeno relativamente popular. Mas a música popular também se beneficiou das orquestras e dos arranjadores que as radiodifusoras mantinham em seus programas de auditório.

Para o ouvinte acostumado às formas tradicionais de socialização musical, o rádio deveria representar uma novidade menos radical, mais próxima ao evento musical oitocentista: transmitia um acontecimento em ato, ainda que à distância. Certamente, perdia-se a reciprocidade: o concerto chegava até a casa do ouvinte, mas o ouvinte já não estava no concerto. É provável que imaginasse as cantoras perfeitamente maquiadas e penteadas, como nas fotos das revistas, os regentes de fraque e os instrumentistas de smoking, mesmo que isso já não fizesse sentido; ele, porém, podia ficar de pijama. Havia intervalos e, como num saguão de teatro, havia também quem contasse histórias e piadas, e recomendasse produtos. Tudo ocorria como se o rádio unificasse as casas: na transmissão radiofônica, sempre há alguém do outro lado do aparelho (por esse aspecto, o rádio é um ponto médio entre o disco e o telefone), e outros do mesmo lado, diante de outros aparelhos. Dos três aspectos fundamentais do disco — repetição, limite de duração, isolamento —, o rádio tornava impossível o primeiro, eliminava o segundo e relativizava o último. Funcionou como uma espécie de câmara de compensação, filtrando os hábitos musicais do século XIX para a escuta do século XX. Para que o disco alcançasse plena autonomia como forma de expressão, no entanto, era necessário mais um passo.

Os primeiros discos de longa duração, em vinil (*long playing*), foram lançados nos Estados Unidos em 1948: mais de vinte minutos de cada lado, suficientes para uma sinfonia média do século XVIII. Até nas grandes obras românticas, raramente um único movimento supera essa extensão. Quanto à música popular, a vantagem não foi apenas a possibilidade de desenvolver composições mais complexas: mesmo respeitando a duração já tradicional de três ou quatro minutos para cada peça, agora era possível montar as faixas numa sequência preestabelecida, segundo escolhas refletidas. De modo análogo ao que aconteceu na passagem do rolo ao códice, obras distintas se tornaram uma só. Alguns LPs lançados na década de 1950 são verdadeiras declarações de poética, como as *Canções praieiras*, de Dorival Caymmi, já em 1954. Entre os jazzistas, Miles Davis foi mestre em pensar o LP como uma obra unitária (*Kind of Blue*, *Sketches of Spain* etc.), mas foi seu antigo parceiro, John Coltrane, quem explorou todas as possibilidades que o novo formato oferecia, como nas longas improvisações sobre um único acorde de *A Love Supreme* (1965). De resto, o disco em vinil possibilitava também a revisão e a reorganização do repertório anterior em conjuntos que permitiam reconhecer sua grandeza: Cole Porter e Irving Berlin se tornaram clássicos da música popular americana graças, sobretudo, aos songbooks de Ella Fitzgerald. Algo parecido aconteceu no Brasil, primeiro com as releituras de João Gilberto, depois com os cantores e compositores da MPB.

Mas não foi apenas o indiscutível avanço técnico que fez do disco em vinil o agente de mudanças revolucionárias: foi sua associação com a nascente sociedade de consumo. A posição de cada indivíduo num contexto social passa a ser determinada pela posse de certos objetos. Nenhum deles era tão poderoso quanto o disco para encarnar formas específicas de sociabilidade, porque os discos já eram, como vimos, sociabilidade objetivada. As gerações que cresceram nas décadas de 1950, 1960 e 1970 (a época de ouro dos LPs) basearam suas escolhas existenciais nos discos. Não apreciavam jazz, pop, folk ou rock: *eram* jazz, pop, folk ou rock. As estrelas da música popular tinham autoridade de poetas, carisma de líderes revolucionários e charme de atores de Hollywood.

Nunca, talvez, desde a época de Beethoven, a música contara tanto. Os enormes lucros que as empresas alcançaram permitiram gravações sempre mais sofisticadas, sessões mais prolongadas e boa dose de experimentação: num mercado em transformação muito rápida, era melhor arriscar um fracasso lançando um disco muito ousado do que ficar para trás. Capa, encarte, textos de acompanhamento, estratégia de lançamento, roupa e penteado dos músicos: tudo passou a ser relevante. As capas em particular, com seu formato quadrado de trinta por trinta centímetros, foram um campo especialmente favorável a uma diagramação criativa. O disco já não era mais um som: era um mundo para o qual concorriam diferentes linguagens, um sistema de códigos, um modelo de vida.

Embora não estivesse entre os escopos primários da indústria discográfica, a música erudita contemporânea também se beneficiou dos enormes avanços das técnicas de gravação. Além de sobrar algum espaço para produções de nicho nos estúdios mais equipados, as rádios continuavam poderosas, com suas orquestras e seus estúdios de eletroacústica, que se dividiam entre experimentação musical e produção de sonoplastia para os dramas radiofônicos — sistemas bem desenvolvidos de difusoras públicas desempenharam, nesse campo, uma atuação fundamental, sobretudo na Europa. A passagem de uma cultura musical centrada no concerto para uma centrada na gravação permitia misturar fontes acústicas e eletrônicas; criar, pelos artifícios da superposição, conjuntos improváveis, às vezes monumentais, que seria muito difícil ou dispendioso reunir fisicamente; e executar passagens árduas e insólitas com uma precisão quase impossível ao vivo.

Foi nessa época e por esses meios, muito mais do que pelas vanguardas do começo do século XX, que a música contemporânea alcançou sua plena autonomia em relação à tradição clássico-romântica, quanto a recursos, formas e modalidades de escuta. Foi dessa época, provavelmente, a melhor música erudita do século. Mas é dessa época também o melhor jazz, do bebop ao free; quase todo o rock relevante, de Elvis Presley ao Clash; a bossa nova e o auge da MPB; Janis Joplin e Maria Callas; a melhor Ella Fitzgerald e o melhor Frank Sinatra. E, num lugar que é só deles, são dessa época os Beatles.

O momento em que os Beatles decidiram, no verão de 1966, abandonar as apresentações em público para se tornar uma banda de estúdio marca o ápice da era do disco. Segundo o filósofo Søren Kierkegaard, não podia haver ópera melhor que o *Don Giovanni* de Mozart, por se tratar da personificação plena do significado musical: sem caráter próprio, ele só pode buscar uma definição na próxima mulher (como a música na próxima nota), até ganhar um sentido na catástrofe (ou cadência) final. No *Don Giovanni*, o melhor dos compositores teria encontrado o mais musical dos assuntos.

Nesse exato sentido, não poderá haver disco melhor que *Sgt. Pepper's* porque a Lonely Hearts Club Band é a personificação perfeita do que o meio significou, no auge de sua potência. A banda não existe fora do disco, ela *é* o disco, assim como não existe fora do disco o público que aparece na capa, e que se propõe como rede de referências para o outro público que está fora dela, mas que, adquirindo o disco, participa da mesma comunidade: indivíduos disparatados, porém todos de alguma forma excepcionais — de Karl Marx a Marilyn Monroe, incluindo os próprios Beatles já imortalizados como figuras de cera —, todos prensados num espaço apertado e festivo, mas de uma festividade ironicamente provinciana e ingênua. É importante que seja apertado: o som também o é. Extremamente elaborado, exuberante, feito de inúmeras superposições e distorções, ele também seria impossível ao vivo: não existe senão no disco.

Por incrível que pareça, os Beatles e seu arranjador e diretor de estúdio, George Martin, só dispunham na época de uma mesa de quatro canais. Gravados os quatro canais, era necessário fundi-los num só para liberar os outros três, e a operação era repetida até as possibilidades se esgotarem. O resultado é que na escuta as sonoridades se contaminam, mesmo mantendo cada uma sua individualidade. Colam-se uma à outra, como as personagens da capa. Como elas, são singulares e inconfundíveis: uma cítara, uma tuba, um piano honky tonk, uma orquestra de cordas, e ainda uma galinha, um cachorro, pessoas batendo palmas. Uma multidão que percorre o disco inteiro, tanto nas faixas mais espalhafatosamente públicas ("Being for the Benefit of Mr. Kite!") como naquelas mais estranhas e aparentemente solipsistas ("Fixing a Hole"). A canção que mais exigiu superposição de canais é aquela à primeira escuta mais despretensiosa: "When I'm Sixty-Four".

O ponto culminante desse processo de acumulação se dá na última faixa, "A Day in the Life" — não no encerramento do concerto da banda, que acontece na faixa anterior, mas num hipotético dia seguinte, dedicado a ocupações rotineiras (ler jornal, assistir a filmes, ir ao trabalho). No fim da primeira parte, a superposição em crescendo de uma quantidade aparentemente inumerável de instrumentos cria progressivamente algo muito próximo a um ruído. Esse novelo sonoro foi elaborado por George Martin, que com certeza conhecia as experiências de adensamento que estavam sendo conduzidas na mesma época por compositores eruditos (György Ligeti, a escola francesa da música espectral, além de Karlheinz Stockhausen, que, aliás, está incluído na capa); mas a ideia de contrapor a essa sofisticada massa sonora a pequena catástrofe sonora cotidiana de um despertador foi de John Lennon. Depois de uma segunda aparição do mesmo elemento, o acorde de piano dramático e bastante saturado, que encerra a canção, vai se dissolvendo em seus harmônicos, até alcançar por alguns segundos frequências inaudíveis para o homem (*Especially to amuse your dog*, leio no encarte da edição que estou consultando). Finalmente, fragmentos indecifráveis de uma conversa encerram o disco. Como, nesse ponto, o sulco do vinil de *Sgt. Pepper's* não continua sua marcha em espiral em direção ao centro, mas se fecha em círculo, esse fragmento sem sentido continua ao infinito, até alguém levantar a agulha (nas edições recentes em CD é impossível manter essa particularidade, que foi substituída por uma banal dissolvência). Assim, tanto no registro das alturas como no das durações, o disco literalmente não acaba. É ilimitado em tempo e frequências.

Há certa incontinência nesse ir sempre mais além, lambuzar-se de sons, sobrepor imagem a imagem, e ao mesmo tempo comprimir-se num espaço apertado, constantemente ombro a ombro com dezenas de outros (figuras ou sons). Como se o disco fosse um universo de relações massificadas, porém excepcionais, um mundo introjetado ou uma interioridade em erupção. De fato, massificação e singularidade se tornam nele princípios conciliáveis. Os movimentos sociais da década de 1960 não foram anticonsumistas, muito pelo contrário: identificaram-se, sob muitos aspectos, com a posse e o uso de objetos específicos — roupas, discos, cartazes, drogas. O consumismo daquela década foi capitalista no sistema, mas anticapitalista no desejo. Ilimitado e inesgotável, portanto utópico. Nesse sentido, o LP em geral, e *Sgt. Pepper's* em especial, foi a expressão mais plena da dialética interna à sociedade de consumo. A obra-prima dos Beatles não foi apenas o disco dos discos. Foi a mercadoria em seu maior esplendor, e no mais alto grau de reflexão e autoconsciência.

Depois veio o compact disc, que deveria potenciar o que o vinil já tornara muito poderoso. Mas algo deu errado. É indicativo, para começo de conversa, que tenha mantido ou aumentado pouco a duração do LP, embora pudesse conter muito mais informação. Até do ponto de vista gráfico, capas e encartes de CDs não passam, na maioria dos casos, de capas e encartes de LPs reduzidas ao tamanho de bulas de remédios. Quando tentam fugir disso, transformam-se em pequenos livros. Parecem incapazes de desenvolver uma visualidade autônoma. Hoje, quando o CD está desaparecendo, é fácil reconhecer que não se alforriou do LP. Mais difícil é identificar as causas.

O CD é um meio barato e muito fácil de reproduzir. A cópia caseira do LP era a precária fita cassete; a do CD é outro CD da mesma natureza do original. Os meios de gravação também foram muito barateados: hoje em dia, qualquer um pode ter em casa, por um preço razoável, recursos muito mais poderosos do que aqueles de que dispunham os Beatles na década de 1960. E o mais importante: a diferença entre uma gravação caseira e uma profissional vai se tornando progressivamente imperceptível. À primeira vista, esse é um fator positivo: muito mais música pode ser produzida, de melhor qualidade e de modo mais democrático. Mas a cadeia que leva ao produto final é demasiado longa, dispersa e anônima. Depende em grande parte de recursos já programados que o mercado produz a jato contínuo.

As técnicas de estúdio da época de ouro do LP tinham algo de artesanal: soluções sonoras eram inventadas na hora, ou experimentadas ali pela primeira vez. Os meios analógicos ainda podiam ser manipulados de forma bastante semelhante aos instrumentos — mudando a posição dos microfones e dos alto-falantes, distorcendo, saturando. A tecnologia digital, ao contrário, tende a ser um sistema de múltipla escolha, em que o músico é chamado a optar entre um leque muito amplo de possibilidades já fornecidas por softwares. A criatividade não desaparece, mas está muito mais na combinação de soluções já dadas do que na invenção de soluções novas. Os programadores que fornecem novos recursos não têm responsabilidade direta sobre o resultado musical da gravação; por outro lado, os músicos não têm, em geral, conhecimentos de informática suficientemente aprofundados para ir até as raízes do som digital. A figura do grande arranjador e diretor de estúdio — gente como George Martin e, um pouco mais tarde, Quincy Jones — tende a desaparecer. Hoje não faria mais sentido uma gravadora investir cinco meses de trabalho e setecentas horas de estúdio num único disco, como foi o caso de *Sgt. Pepper's*. Estamos próximos da época em que todo mundo poderá produzir sua própria música. Mas em que, justamente por isso, todas as músicas serão igualmente irrelevantes.

Em suma, a gravação digital não permite mais aqueles momentos de apropriação anárquica dos meios de produção industrial que constituem o sentido profundo das grandes produções musicais da época de ouro. A descrição de sessões de gravação dos discos de jazz, pop e rock mais famosos constitui quase um gênero narrativo à parte, que povoa encartes e documentários e, às vezes, adquire acentos faustianos: verdadeiras viagens ao término da noite (*Exile on Main St.*, dos Rolling Stones); ou criação *ex novo* de um paraíso do *entertainment* (mas sem dispensar Mefistófeles: *Thriller*, de Michael Jackson). A gulodice sonora dos Beatles era a de uma criança que abre um brinquedo para ver o que tem dentro e depois o remonta de outro jeito. Mas dentro do meio digital não há nada que possa ser desmontado sem conhecimentos muito específicos.

A partir da década de 1980, o consumismo perdeu todo o valor revolucionário. Gostar de uma coisa ou de outra, adquirir uma coisa ou outra se tornou irrelevante do ponto de vista ideológico. Até os movimentos sociais recentes, quando existem, não parecem muito interessados em desenvolver uma estética própria, nem no vestuário, nem na produção gráfica (com poucas e esporádicas exceções), nem na música. Não geram novos comportamentos. Os movimentos da década de 1960 eram exibidos, espalhafatosos. Os que se organizam em rede prezam a ocultação e o anonimato. Numa sociedade inteiramente filmada, a rebelião é fugir das câmeras (e, em revide, filmar o adversário).

Não espanta, então, que também a escuta da música, vencida a frágil resistência do CD, tenha se refugiado na rede. Mas isso tem consequências estéticas que é importante avaliar. A primeira é o fim da organização sequencial das faixas. Escolhe-se uma canção por vez, e o mecanismo de busca se encarrega de indicar outras composições próximas ("Se você gostou dessa música, também vai gostar dessa outra"). É um critério meramente estatístico, que não permite a construção de universos originais e complexos. Dificilmente, por esses meios, "Dear Prudence" seria associada a "Revolution 9". Uma poética baseada na livre associação de estilos diferentes necessita de um ouvinte que escute a sequência inteira, ou pelo menos a reconheça como unidade. Mas a internet não tem contornos: nela, cada faixa emerge de uma totalidade indeterminada, e nela volta a afundar.

Em segundo lugar, com o encolhimento das vendas das gravadoras e dos recursos das rádios, a fonte principal de lucro voltou a ser o concerto ao vivo. No campo da música erudita, por exemplo, as encomendas de corpos estáveis tradicionais (orquestras sinfônicas, teatros de ópera, conjuntos de câmara com orgânico fixo) são mais uma vez determinantes para a carreira de um compositor. Mas isso significa compor para formações mais tradicionais ou, em todo caso, predeterminadas.

Quanto à música popular, a volta ao concerto ao vivo não é um retorno a formas de socialização anteriores ao registro mecânico. O que é revertido para o palco é a visualidade do videoclipe, que originalmente era um veículo de divulgação do disco. Aquilo que era propaganda se torna produto, e a música tende a se tornar o jingle de si mesma. Madonna talvez tenha sido a primeira a orientar o sistema produtivo inaugurado por Michael Jackson para um privilégio absoluto da imagem performática sobre o conteúdo musical (em Michael Jackson, ao contrário, música, imagem e dança eram todas igualmente significativas).

Há ainda outro fenômeno, bastante curioso: o revival, por parte de um setor minoritário, mas culturalmente consistente da música popular, da gravação em vinil. Em si, o meio é claramente obsoleto, incômodo e caro em relação ao que a tecnologia atual coloca à disposição. Pode ser apenas uma moda passageira. Mas talvez essa retomada se justifique pela força de um prestígio e de uma qualidade considerados insubstituíveis, portanto impermeáveis a qualquer avanço técnico — como o piano de cauda em relação a qualquer teclado ou a pintura a óleo em relação a qualquer plotagem. Quase sempre, um gênero ou uma técnica adquirem plenamente o estatuto de grande arte quando seu contexto original e sua própria necessidade produtiva desaparecem. Talvez estejamos adquirindo a consciência tardia de que o LP não foi apenas um suporte, mas uma forma artística. Como a sinfonia e o romance.

SEGUNDA PARTE

Uma gramática do caos: notas sobre Villa-Lobos

Em um artigo de 1951,[1] Pierre Boulez fala de Stravinski em termos bastante depreciativos:

> O malogro de Stravinski consiste na incoerência (ou seja, na inconsistência) de seu vocabulário; exaurido um certo número de expedientes destinados a mascarar o colapso tonal, ele se encontrou "desprevenidamente" sem uma nova sintaxe. [...] Convém no entanto assinalar, para sermos exatos, que até então (ou seja, até o período neoclássico) Stravinski não sabia "compor": as grandes obras, como *Sacre* e *Noces*, acontecem por justaposição, repetição ou sobreposições sucessivas, procedimentos óbvios de alcance limitado.

Nessa perspectiva, a guinada neoclássica torna-se uma escolha obrigatória:

1. "Moment de Johann Sebastian Bach". *Contrepoint*, n. 7, 1951. [Ed. bras.: "O momento de Johann Sebastian Bach". In: BOULEZ, Pierre. *Apontamentos de aprendiz*. São Paulo: Perspectiva, 1995. p. 20.]

Incapaz de chegar por si mesmo à coerência de uma linguagem diferente da tonal, Stravinski abandona a luta que apenas iniciara e volta seus expedientes, tornados jogos arbitrários e gratuitos que visam a um prazer do ouvido já "pervertido", para um vocabulário pelo qual não é responsável. Digamos que opera um *transfert*.

Na realidade, a posição de Boulez não é tão rígida como poderia dar a entender esse fragmento, ligado a uma ocasião polêmica. Mas sua argumentação é típica de grande parte da crítica contemporânea, e é o caso de analisá-la com certa atenção. Ela se baseia essencialmente em três postulados teóricos:

1) O vocabulário de uma composição deve ser o mais homogêneo possível: a incoerência se identifica com a inconsistência.

2) Compor significa desenvolver uma forma complexa a partir de poucos elementos simples, segundo uma série de passagens lógicas: a justaposição de materiais heterogêneos (ou seja, não derivados de um fundamento lógico comum) não é ainda composição.

3) A obra deve corresponder às regras gramaticais e sintáticas de uma linguagem abrangente, ou contribuir para formá-las. O músico que não se coloque o problema de um sistema linguístico geral está condenado inexoravelmente ao fracasso.

Embora procure tornar-se independente da tonalidade, no fundo essa posição reproduz seu esquema geral: o princípio da unidade da forma a partir do desenvolvimento de um material homogêneo é um princípio tonal que dificilmente poderia ser aplicado, por exemplo, ao gregoriano ou ao madrigal quinhentista. Ademais, apenas a tonalidade constitui um sistema detalhado e onicompreensivo. As composições modais revelam somente estratégias parciais e combinações de técnicas diferentes. Pode-se mesmo afirmar que não existe um sistema modal, mas um conjunto de "maneiras" modais. A tonalidade é o único sistema, em música, que foi aplicado universalmente.

A crítica musical atual, em sua maioria, adota uma abordagem de tipo estrutural, baseada em parâmetros tradicionais de altura, duração, timbre e intensidade, e tende portanto a privilegiar os compositores "sistemáticos", aqueles que se preocuparam em elaborar uma linguagem absoluta, contraposta, mas análoga, à tonal. A sucessão atonalismo-dodecafonia-serialidade é a única a ser levada em consideração em sua continuidade histórica — para o resto, tem-se a impressão de existirem apenas experiências e estilos pessoais, às vezes até importantes, mas, em todo caso, isolados e esporádicos. O próprio Satie, até há poucos anos, era considerado um personagem bizarro e, feitas as contas, sem influência, embora uma parte considerável da música francesa se inspirasse diretamente nele. Nessa atmosfera interpretativa, não causa espanto que o fenômeno John Cage apareça como um delírio inesperado e injustificado, fruto não tanto da evolução da linguagem musical e sim do transplante, para o campo musical, de experiências nascidas em outros contextos (vanguardas pictóricas, utopias sociais, práticas místicas).

De fato, a musicologia ainda não se muniu de uma análise que compreenda, além das estruturas internas da composição, também o tipo de audição, os mecanismos perceptivos, os universos simbólicos que uma composição põe em jogo. No entanto, para a música de nosso século, esse é um problema central.

A enorme expansão geográfica e social do público de concertos, no início da música moderna, é um elemento determinante inclusive do ponto de vista formal. Até a etapa final do romantismo, o desenvolvimento das grandes formas instrumentais tinha sido quase exclusivamente alemão e, inclusive por isso, bastante homogêneo. Nem mesmo a França tinha uma atividade concertística regular antes de 1870. É só a partir dessa data que se cria um circuito internacional de concertos sólido o suficiente para permitir a circulação (mesmo deste lado do Atlântico) das obras para grandes orquestras. O poema sinfônico, principal forma do grande concerto romântico, determinou em muitos países uma ruptura brusca com o passado, eliminando a oposição, tornada estéril, entre teatro lírico e música de salão.

A partir dessa situação, surgem duas leituras diferentes: para a cultura austríaca e alemã, habituada a uma audição abstrata, os artifícios retóricos do poema sinfônico eram apenas uma aplicação expressiva particular (e limitada) da linguagem tonal; nos outros países, ao contrário, é justamente a estrutura retórica que se põe no centro das atenções, pois revela a possibilidade de uma ação dramática abstrata, de uma descrição do mundo puramente alusiva. A forma musical é interpretada como sugestão, como analogia de outras formas. Não foi por acaso que, no início, o modernismo literário francês se identificou com o wagnerismo.

O sistema tonal, desse ponto de vista, era um simples meio expressivo. Sua dissolução não determinou, como nos países de língua alemã, a necessidade da criação de um novo sistema. Ao contrário, tornou possíveis estruturas mais abertas, consequentemente mais potentes, mais evocativas, capazes de acolher maior variedade de eventos sonoros — em síntese, mais adaptadas ao tipo de audição rapsódica e imaginativa que o poema sinfônico preparara.

Não é mais necessário, por exemplo, considerar a sobreposição simultânea de vários sons como "acorde", ou seja, como elemento estrutural de uma determinada progressão harmônica: certo grupo de sons simultâneos podia ser escolhido por sua "cor" particular, por sua densidade, por uma maior ou menor capacidade de gerar tensão ou relaxamento. Cria-se uma linha contínua de possibilidades que vai da frequência pura (uma nota isolada) até o limiar do ruído — que é uma frequência indeterminada, onda sonora impura —, passando pela sobreposição de uma quantidade sempre maior de frequências (acordes de seis, sete ou mais notas). A transformação da densidade sonora no curso de uma composição pode ter agora a mesma importância formal que tivera, anteriormente, o desenvolvimento harmônico e melódico.

Por outro lado, a orquestra se enriquece com uma infinidade de instrumentos que emitem sons "sujos", não redutíveis a uma escala de alturas precisas: em primeiro lugar, grande quantidade de instrumentos de percussão, mas também sirenes (Varèse as usa regularmente a partir de *Amériques*, 1921), metrônomos (usados por Villa-Lobos na suíte *Cinemas*, 1929), bigornas, motores de avião, campainhas elétricas, buzinas de automóvel (todos presentes no *Ballet mécanique,* de George Antheil, de 1927), ou mesmo instrumentos tratados de maneira heterodoxa (já nos anos 1920, Henry Cowell introduzia vários objetos no estandarte do piano, antecipando em duas décadas o "piano preparado" de John Cage).

Essa consideração do valor sonoro em si, para além de sua função no interior de uma estrutura, conduz a algumas consequências importantes no plano da forma geral da composição. Antes de tudo, o ritmo assume uma importância muito maior do que no passado. De fato, ele é o único meio capaz de dar continuidade a uma série de sons que têm entre si relações melódicas e harmônicas muito tênues, ou totalmente ausentes. Também a dinâmica (do pianíssimo sussurrado às explosões em fortíssimo) desempenha um papel de primeiro plano, funcionando como um tecido conectivo com base nas técnicas oratórias herdadas do romantismo. Essa estrutura retórica, porém, não mais se sobrepõe a um discurso linear, e sim a uma rede simbólica muito mais complexa, que utiliza vários planos linguísticos ao mesmo tempo, incluindo a onomatopeia, a citação, a paráfrase estilística.

Trata-se de uma evolução particular da gramática musical

que tem seu ponto de partida nas primeiras obras de Stravinski (com importantes antecipações em Debussy e na escola russa) e atinge seu ápice nos anos 1920. Seu principal centro ainda é Paris, mas entre seus expoentes aparecem, pela primeira vez, muitos músicos do continente americano: Charles Ives, George Antheil, Henry Cowell, Villa-Lobos, e poderíamos acrescentar Varèse, que passa a viver nos Estados Unidos a partir de 1915 e lá compõe suas principais obras.

Tão logo chega a Paris, em 1923, Villa-Lobos fornece uma importante contribuição. Em *Noneto*, do mesmo ano, apresenta uma riqueza de instrumentos de percussão jamais vista. Na *Suíte para canto e violino*, também de 1923, a voz se submete a experiências inéditas: glissandos ascendentes nos registros altos, no limite entre o canto e o grito (em "Quero ser alegre", segunda parte da *Suíte*); uso percussivo de fonemas repetidos (em "Sertaneja", terceira parte).

Villa-Lobos experimenta novas possibilidades sonoras, sem a preocupação de inseri-las num sistema formal abrangente, buscando antes, para cada invenção sonora, um valor expressivo independente. Sua pesquisa, aliás, se insere perfeitamente no clima cultural parisiense dos anos 1920. A tendência geral é uma simplificação brutal dos desenvolvimentos harmônicos e melódicos e, em compensação, um aprofundamento das pesquisas tímbricas, chegando aos confins de um caos em que a distinção entre som e ruído se dissolva. A escrita orquestral, depois de alcançar com Debussy o máximo da sofisticação e da individuação dos timbres, transforma-se num magma sonoro contínuo, extremamente instável e denso. Também na música de câmara a busca de novas sonoridades desenvolve um papel essencial.

É verdade: Villa-Lobos não "compõe" (no sentido de Boulez), mas justapõe e sobrepõe materiais heterogêneos, extraídos de universos estilísticos diferentes — isso, porém, era justamente o que, em outros campos, os surrealistas pregavam. Villa-Lobos constrói acordes de uma densidade tal que não podem ser percebidos senão como ruídos. Mas toda Paris parecia obcecada pela procura de um som primordial, no qual os parâmetros clássicos de altura, duração, timbre e intensidade fossem indistinguíveis.

E justamente nesse sentido as obras de Villa-Lobos eram interpretadas pela crítica francesa. Basta ler o artigo de Florent Schmitt sobre os *Choros VIII* (executados pela primeira vez em Paris, em 1927):

> A orquestra urra e delira, tomada por um *jazzium tremens*, e então, quando se pensa que foram atingidos os limites de um dinamismo quase sobre-humano, eis que, de súbito, quatro braços de lenhador entram em ação, vinte dedos que equivalem a cem fazem vibrar dois formidáveis tambores de quinze oitavos que, sobre esse fundo tumultuoso, explodem com o estrondo de um terremoto no inferno.[2]

Além do exagero retórico, se entrevê uma leitura baseada exclusivamente nas variações de intensidade e de densidade sonoras — e essa é a crítica de um compositor, de posse de todos os meios técnicos para uma análise tradicional.

Com um maior distanciamento crítico, Marcel Beaufils fala de "daltonismo musical".[3] E explica:

> Em Villa-Lobos não estamos às voltas com formas e coloridos, e sim com intensidades e movimentos. Em sua obra, mesmo os timbres aparecem como forças e densidades, cujo jogo ele não deixou

2. Apud Marcel Beaufils, *Villa-Lobos, musicien et poète du Brésil*. Rio de Janeiro: Museu Villa-Lobos, 1982. p. 88.
3. Ibid., p. iii.

cristalizar em sistemas. Há uma invenção sonora inesgotável, um ritmo de tal modo fantasioso e abundante que a atenção não consegue se deter.

Mário de Andrade, no último capítulo da *Pequena história da música*, propõe uma leitura da música contemporânea que se adapta com perfeição a essa estética, ainda que não se refira diretamente a Villa-Lobos:

A música, desde o início da polifonia, vinha sendo concebida por expansão dos elementos musicais [...]. Hoje a música vai gradativamente abandonando esse princípio de Expansividade dos elementos, e os amalgama todos pra se intensificar, pra ser mais totalizadamente Música. *De espacial se tornou temporal.* Música antiespacial, antiarquitetônica. A música polifônica era compreendida horizontalmente. A música harmônica era compreendida verticalmente. Metáforas abusivas a que a música moderna não se sujeita mais. A música de hoje *tem de ser compreendida temporalmente* no tempo, momento por momento. A compreensão da obra resultará mais duma saudade, dum desejo de escutá-la, que da relembrança contemplativa que lixa as partes, evoca, compara o que passou com o que está passando, reconstrói, fixa e julga.[4]

E um pouco mais adiante:

É que a música do passado se baseava principalmente na *elevação abstrata* (sem timbre, pois) do som. A música do presente se baseia na *elevação concreta* (com timbre, pois) do som. A elevação abstrata do som existe no pensamento, que gradua num plano

---

4. Mário de Andrade, *Pequena história da música*. São Paulo/Belo Horizonte: Martins/Itatiaia, 1980. pp. 217-8.

imaginário as alturas sonoras diferentes: é *primordialmente espacial*. A elevação concreta do som existe no ouvido, e depende pois absolutamente do timbre em que está se realizando: *é primordialmente temporal*.[5]

Por fim:

Movimento sonoro é o conceito da música atual — única arte que realiza o Movimento puro, desinteressado, ininteligível, em toda a extensão dele. Este me parece o sentido estético, técnico e, meu Deus!, profético da música da atualidade.[6]

Na busca de um movimento sonoro puro, de um jogo não cristalizado de densidades e forças, Villa-Lobos desempenha, por alguns anos, um papel de vanguarda. Composições como *Rude-poema* e *Choros VIII* (e, em geral, as composições mais extensas da metade dos anos 1920) servem particularmente bem como exemplo dessa tendência.

É em 1925 que Villa-Lobos começa a aplicar a forma choro a grandes orquestrações (*Choros VI, VIII, X*). Em 1926, quando trabalha no *Choros VIII*, também Varèse está em Paris, de volta dos Estados Unidos — começara a compor *Arcana*, que Fred K. Prieberg definiu como "transformação da grande orquestra tradicional num gigantesco conjunto de instrumentos de percussão".[7] Segundo Beaufils, Varèse frequenta o estúdio de Villa-Lobos. A escrita orquestral dos dois músicos é similar, embora tenha se desenvolvido a milhares de quilômetros de distância: a mesma

5. Ibid., pp. 219-20.
6. Ibid., p. 220. Todos os grifos são de Mário de Andrade.
7. Fred K. Prieberg, *Musica ex machina: über das Verhältnis von Musik und Technik*. Berlim: Ulstein, 1960. [Ed. it.: *Musica ex machina*. Turim: Einaudi, 1975. p. 61.]

exuberância do elenco orquestral, sobretudo em relação aos instrumentos de sopro e à percussão; a mesma busca de registros extremos, onde a percepção das alturas é mais vaga e difícil; uma igual tendência a atribuir a todos os instrumentos uma função percussiva, através da repetição da mesma nota em ritmos sempre diversos. Ambos tendem a desagregar as hierarquias tradicionais da orquestra, baseadas na divisão clássica em famílias de instrumentos, para recompor blocos sonoros compactos, no interior dos quais se desenvolve um jogo rítmico e tímbrico sempre cambiante. Para Varèse e Villa-Lobos, a orquestração não é o revestimento de uma estrutura preestabelecida, mas o ponto de partida da composição, sua ideia inicial.

O elenco orquestral, em *Choros VIII*, é particularmente amplo: uma grande seção de sopros (27 instrumentos, dos quais doze metais); uma bateria de treze instrumentos de percussão diversos; uma terceira seção composta de dois pianos, duas harpas e uma celesta; por fim, o quinteto de cordas. As possibilidades de combinação tímbrica, já notáveis, são multiplicadas com o uso de surdina nos metais e nas cordas e com a indicação de modos particulares de execução, detalhadamente prescritos. Alguns dos contrabaixos têm cinco cordas (a quinta corda, em geral afinada em Dó grave, é abaixada até o Si; em *Amériques*, de 1921, Varèse usava contrabaixos de quatro cordas, mas a corda do Mi era abaixada numa terça maior, até o Dó).

Sobrepondo gradualmente os diversos grupos instrumentais, Villa-Lobos descreve uma curva de intensidade e de densidade sonora (do pianíssimo ao fortíssimo, do *solo* ao *tutti*) que liga entre si todos os episódios da composição — é uma onda sonora que atinge seu ápice a cerca de um terço da partitura (seções 19-20, provavelmente o "terremoto no inferno" de que fala Florent Schmitt), para depois ir se enfraquecendo progressivamente até as seções 37-9 (já transcorridas duas terças partes da composição), e então o acompanhamento das cordas vai diminuindo até desaparecer sob uma melodia confiada aos sopros. A partir de então, um novo crescendo, até o fim da obra. Existe portanto uma simetria muito geral, um crescendo-decrescendo-crescendo que divide a composição em três partes iguais.

Cada grupo de instrumentos, porém, tem sua própria curva de desenvolvimento, que apenas de modo indireto contribui para formar a curva geral. Os dois pianos, por exemplo, intervêm somente na metade do primeiro crescendo, desaparecem na metade do decrescendo central e voltam na metade do crescendo sucessivo, continuando até o fim. Aparecem, portanto, somente quando a orquestra atingiu certa densidade. As entradas e saídas de cena dos pianos são sempre marcadas pela mesma figura: uma série de acordes iguais, percutidos em ritmo de marcha e interrompidos aqui e ali por um glissando ascendente. Desse modo, os teclados são apresentados como elementos percussivos e tímbricos, antes de desenvolver um desenho melódico e harmônico; igualmente, voltam a ser apenas percussivos antes de desaparecer.

Em relação a Stravinski, falou-se com frequência de "temas rítmicos", ou seja, de células rítmicas simples que geram estruturas complexas, através de uma série de variações (analogamente ao tema da sonata clássica, base de todo o desenvolvimento melódico). De *Choros VIII* poderíamos falar em "temas tímbricos": o glissando ascendente que mencionei, por exemplo, funciona como verdadeiro leitmotiv da composição.

Ora, o glissando é uma escala ascendente ou descendente em que todas as alturas se fundem numa linha contínua. Ele é portanto um objeto sonoro único, indivisível, refratário a um desenvolvimento melódico ou rítmico. Em geral, é utilizado como elemento de ligação entre registros distantes, ou para enfatizar determinadas passagens. Villa-Lobos, ao contrário, o deixa no centro da estrutura, submetendo-o a uma série de engenhosas transformações colorísticas — por vezes ele é confiado a um solista; outras, vários instrumentos o executam ao mesmo tempo, mas partindo cada um de uma nota diferente, de modo a obter, em cada ponto do glissando, certa espessura sonora, mais ou menos dissonante; alternando a forma ascendente e descendente, e mudando o registro, constituem-se simetrias simples; e também a extensão do glissando é variável.

Choro VIII é riquíssimo nesse tipo de transformações tímbricas. Um dos exemplos mais simples se encontra na seção 48-51 da partitura. Uma série de acordes é repetida várias vezes, primeiro por uma harpa e por um piano "preparado" (com folhas de papel inseridas entre as cordas), depois apenas pelo piano "preparado", por um piano "preparado" e por um normal, e por fim somente pelo piano normal. Ritmo, harmonia e melodia permanecem os mesmos, mas a cor do som muda continuamente.

Uma figura um pouco mais complexa é o longo arpejo descendente dos compassos 8-9, que passa de instrumento a instrumento, como um estafeta: primeiro a flauta, depois o clarinete, o sax, o fagote, o contrafagote, e por fim o contrabaixo. Cada instrumento adota um ritmo ligeiramente mais lento do que o anterior. Trata-se, portanto, de três transformações simultâneas: da altura, do agudo ao grave; do ritmo, do rápido ao lento; e dos timbres, do som cristalino das flautas ao som opaco e pleno dos contrabaixos. O arpejo tem a função de deslocar a atenção dos sopros — que até esse momento desenvolveram um livre jogo contrapontístico — para as cordas, que o retomam de forma diversa.

Através da evolução do colorido orquestral, portanto, é possível reconstruir a forma geral da obra. Ao contrário, seguindo o fio dos desenvolvimentos harmônicos e melódicos, nos perdemos logo num labirinto. Harmonia, melodia, contraponto emergem do magma sonoro em fragmentos, cada um com características estilísticas e técnicas diferentes. Parece mesmo que Villa-Lobos quer desorientar o ouvinte, negando-lhe a possibilidade de uma abordagem analítica clássica.

O motivo inicial, por exemplo, é submetido a um contraponto de início bastante límpido, tornando-se cada vez mais denso e rápido, com a progressiva introdução de deformações e de elementos de "distúrbio" (trinados, glissandos e oscilações microtonais). Assim, ele afunda pouco a pouco no tecido sonoro da orquestra, até tornar-se completamente irreconhecível. Uma vez perdido o fio do desenvolvimento inicial, a atenção se encontra no centro do objeto sonoro, não tendo mais pontos de referência.

A questão é justamente esta: Villa-Lobos faz parte de um grupo de compositores (quase todos pertencentes a culturas periféricas em relação à velha tradição musical) que procura manter, nas novas linguagens musicais, a capacidade expressiva e o universo simbólico herdados do romantismo. Mas, para realizar esse movimento, uma vez esgotado o sistema tonal, não se pode mais confiar numa gramática universal. Tomam-se como base, ao contrário, cadeias de analogia, de associações de ideias, que têm algo a ver com a escrita automática dos surrealistas. A problematização dos velhos mecanismos de análise é uma operação preliminar necessária para suscitar uma audição baseada em reconhecimentos fragmentários, ligados entre si de modo apenas analógico. Apenas assim é possível a percepção da obra como objeto sonoro contínuo, não mais estrutura e sim fluxo de consciência, cadeia de pensamentos. É a oposição saudade-relembrança postulada por Mário de Andrade: a audição analógica (saudade) é possível unicamente quando a análise tradicional (relembrança) é posta em xeque.

Um jogo ambicioso, mas também frágil. Boulez tem razão quando afirma que a guinada neoclássica é testemunha de um fracasso. Mas erra, a meu ver, quando interpreta esse fracasso como consequência inevitável de uma debilidade técnica de base.

O fato é que a escrita de Villa-Lobos, nos anos 1920, não

está mais baseada numa relação de causa-efeito, tema-desenvolvimento (enquanto Schoenberg, por exemplo, mantém essa estrutura fundamental). A relação entre os diversos elementos da composição não é mais de derivação, mas de coexistência. Idealmente, a forma não é mais consequencial, mas simultânea. Isso conduz a escrita a um limite extremo de densidade, além do qual não se pode ir.

A própria sala de concerto, com sua disposição unívoca, frontal, e com seus hábitos de audição derivados do teatro, solicitava um desenvolvimento linear, enquanto esse tipo de escrita teria necessidade de expandir-se no espaço. De fato, as tentativas de sair das convenções da sala de concerto, nesse período, foram muito tímidas e esporádicas, sobretudo se confrontadas com as experimentações do início do século: Charles Ives deixa incompleta a *Universe Simphony*, a ser executada por uma centena de músicos espalhados ao longo dos flancos de uma cadeia de montanhas; a música nos estádios e os encontros orfeônicos de Villa-Lobos estão muito carregados de um aproveitamento ideológico para que possam ser considerados uma alternativa séria (mas talvez fosse interessante rever as partituras rítmicas para efeitos orfeônicos). Somente depois da guerra, graças às novas técnicas de amplificação e transmissão à distância do som, tornou-se possível uma verdadeira revolução nesse campo.

Em todo caso, é nesse impasse que a evolução estilística de Villa-Lobos se interrompe. As obras dos anos 1930 estão longe da riqueza inventiva das décadas precedentes. O retorno à ordem assume a forma de um retorno a Bach, mas um Bach mal-entendido, cristalizado no papel de compositor absoluto e universal. As formas setecentistas são tomadas de maneira acrítica, como repositórios propícios a todos os usos. O estilo de Villa-Lobos era original e inovador justamente porque experimentava densidades extremas e sobreposições heterogêneas, e não resiste à simplificação e à rígida organização neoclássica. No fundo, as *Bachianas n. 5* não são mais do que uma redução tradicionalista e bem-educada das últimas duas canções da *Suíte para canto e violino* de 1923.

No entanto, é exatamente o Villa-Lobos das *Bachianas* que nos repropõem a todo momento. Das obras dos anos 1920, circulam somente alguns trechos: peças para piano, alguns *Choros* (não todos), algumas melodias e composições camerísticas. Mesmo o *Noneto* de 1923 não é facilmente encontrável, em partitura ou em disco, embora seja uma das mais citadas composições de Villa-Lobos.

Praticamente desapareceu toda uma parte da produção de Villa-Lobos que dialoga com as vanguardas dos anos 1910 e que, justamente por isso, antecipa certos aspectos das vanguardas dos anos 1950 e 1960. Em *Music of Latin America*,[8] Nicolas Slonimski lembra uma "suíte sugestiva", *Cinemas* (1929), montagem de músicas de cinematógrafos, na qual todo um movimento é orquestrado para duas vozes, três metrônomos e violinos percutidos na caixa com os arcos. Deveria pertencer ao arquivo Eschig (a editora francesa de Villa-Lobos), mas não aparece em nenhum catálogo.

De resto, seria muito fácil fazer um elenco de partituras não encontráveis. A produção de Villa-Lobos é avaliada em torno de 1500 títulos — destes, é conhecida no máximo uma centena. A seleção não é casual: sobrevive aquilo que se adapta ao ramerrão das execuções, às exigências do mercado, ao gosto do público. A obra do maior compositor brasileiro é, ainda hoje, quase completamente desconhecida.

---

8. Nicolas Slonimski, *Music of Latin America*. Nova York: Thomas Y. Crowell Company, 1945.

Cenários de música radical

"Não pensa em nada/ Espera até que em ti se faça a quietude absoluta/ Quando a conseguires, começa a tocar/ Assim que recomeçares a pensar, para/ e procura recuperar/ a ausência de pensamento/ Então volta a tocar." Existe uma partitura de Karlheinz Stockhausen composta apenas por essas palavras. É datada de 10 de maio de 1968.

Nesse mesmo 10 de maio, no Centro de Música de Paris, realizava-se uma ação musical de sabor neodadaísta, a Manifestation Nunique. Fragmentos musicais de diferentes autores foram executados simultaneamente ou em rápida sequência, conforme a inspiração de cada instrumentista, sem uma ordem preestabelecida. O evento pretendia ser um ato de supressão da propriedade das ideias musicais.

BARRICADAS

A coincidência cronológica entre a composição de Stockhausen e a manifestação parisiense é instigante, e já foi assinalada por

142

um importante crítico alemão, Heinz-Klaus Metzger, em artigo publicado em "Música e política" (Caderno de Documentação da Bienal de Veneza), em 1977. Metzger, marxista próximo às ideologias da Nova Esquerda, vê uma oposição entre os dois eventos. De uma parte — ou melhor, para empregar os termos do crítico "de um lado da barricada" —, a Manifestation Nunique teria sido a mais radical tentativa de liberação "daquilo que na economia capitalista se opõe ao conteúdo de verdade da obra de arte", ou seja, "de seu caráter de mercadoria". Em outras palavras, seria um caso exemplar de "práxis musical antiproprietária".

Do outro lado da barricada estaria Stockhausen, o qual, sempre segundo o crítico alemão, "coloca-se idealmente do lado dos dominadores e dos proprietários". Embora Metzger não se estenda muito sobre o significado da partitura de Stockhausen, fica claro, nesse contexto, que ela deve ser interpretada como o testemunho de um fracasso. Stockhausen, criador individual e solitário, vê-se constrangido ao silêncio pela explosão da criatividade de massa do Maio de 68.

RECONSTRUÇÃO

A posição de Metzger é claramente esquemática e peca por excessiva ideologia. Pode-se contrapor a ela, por exemplo, o fato de, vinte anos depois, Stockhausen continuar mais criativo e produtivo do que nunca, enquanto experiências como a Manifestation Nunique desapareceram rapidamente da prática musical, sem deixar muitos vestígios. Mas esta também seria uma posição parcial e esquemática. Na verdade, a relação entre movimentos de massa e vanguarda musical nos anos 1960 é bastante complexa e rica de nuanças: Nova Esquerda e Nova Música se olharam muitas vezes com suspeita, mas nunca deixaram de se espreitar. Indícios dessa atenção recíproca podem ser encontrados em muitas obras de Stockhausen, Berio, Kagel, Nono, Pousseur; e, por outro lado, em muitas práticas criativas da "imaginação no poder". Vale a pena deter-se nessa relação complexa, procedendo por etapas.

Primeiro cenário: no início dos anos 1950, um grupo de jovens compositores (Boulez, Berio, Maderna, Stockhausen, Nono, Pousseur) se afasta da escola dodecafônica e funda a nova tendência do serialismo integral. À parte as diferenças específicas de linguagem e de técnicas de composição, a nova tendência também se distanciava da escola dodecafônica por uma sensibilidade diferente, uma nova visão de mundo. A escola dodecafônica, nascida nos anos 1930, atrelava-se à necessidade de salvaguardar a racionalidade e o rigor formal, frente à catástrofe intelectual das retóricas fascistas. Isso se evidencia nos escritos teóricos (em Schoenberg e, mais marcadamente, em Adorno) e também no caráter das obras, que oscilam entre uma estilização ascética, que resvala os limites do silêncio (Webern) e um desenvolvimento exasperado da expressividade tardo-romântica (Berg e algumas obras de Schoenberg).

Já o serialismo integral nascia logo depois da Segunda Guerra Mundial, em plena euforia da reconstrução. Não se tratava mais de defender as formas do Espírito contra a barbárie do mundo externo, mas sim de projetar aquelas formas no mundo, para que a barbárie nunca mais se repetisse. O serialismo integral foi também um projeto de reconstrução intelectual.

Os músicos da nova escola reprovavam os compositores dodecafônicos da geração precedente por terem transformado o modernismo em academia; eles exibiam uma curiosidade e um apetite intelectual que os sacerdotes da velha vanguarda teriam considerado no mínimo suspeitos. Ainda que Webern representasse indiscutivelmente o modelo central, os serialistas manifestavam interesse pelas composições para percussão de Varèse, pelas obras de Messiaen, pela música indiana, pelas canções populares, pelos ritmos africanos. Trabalhavam lado a lado com os engenheiros de som nos estúdios de música eletrônica de Paris, Milão ou Colônia, aceitando vínculos — nem sempre pacíficos, mas, de qualquer modo, de colaboração — com as indústrias que pesquisavam o setor. Desde o início, pois, a nova escola serial se caracteriza pelo esforço de manter uma relação positiva, ainda que crítica, com a realidade social.

ACASO

Segundo cenário: em 1954, chega à Europa John Cage, com todo o seu rigoroso anarquismo. Para Cage, a função do compositor não é produzir e organizar sons, mas sim criar condições para que o som, ou o silêncio, se exprimam por si mesmos. O acaso passa a ser elemento essencial da composição. A verdadeira e única música experimental, para Cage, é aquela cujo desenrolar ninguém pode prever, nem mesmo o autor. Por toda a segunda metade dos anos 1950 a obra de Cage suscita calorosas discussões, não só no campo musical, mas também no plano da ideologia. Não faltou quem o acusasse de ser o "bobo da corte da burguesia", portador de utopias fáceis e reconfortantes. Outros, como o já citado Metzger, viam na abolição cagiana das hierarquias musicais a profecia da abolição das hierarquias de classe, uma espécie de prefiguração da música "depois da revolução".

Os serialistas, por sua vez, acolheram Cage com certa desconfiança, mas acabaram profundamente influenciados por ele. Grande parte da discussão teórica daqueles anos gira em torno do problema da inclusão do acaso e da livre improvisação na estrutura da composição musical. De fato, se o projeto serial tencionava ser não um simples racionalismo, mas um humanismo — isto é, um projeto global de restabelecimento de um universo de comunicação —, ele deveria aceitar também o acaso, o irracional, os pequenos desvios e defeitos da linguagem, e ser capaz de resgatá-los. Eram esses os elementos que Cage trazia à luz. Os serialistas acrescentavam, por conta própria, a vontade de inseri-los num contexto formal que o compositor ainda pudesse dominar.

Terceiro cenário: voltemos a 1968, à partitura de Stockhausen e à manifestação do Centro de Música de Paris. Podemos observar, agora, que ambas são devedoras dos ensinamentos de Cage, se bem que por vias diferentes. A Manifestation Nunique alude a um filão que corre por todos os anos 1960 (quase sempre em contato com movimentos contestatórios ou com culturas marginalizadas ou de oposição) e que radicaliza a influência dele por meio da identificação imediata de arte e vida, música e práxis. E mais: a manifestação francesa se refere diretamente a uma obra específica de Cage, composta dez anos antes — o *Concerto para piano preparado e orquestra*, onde cada instrumentista é livre para montar a própria atuação a partir de fragmentos e de um esquema geral, sem que exista uma partitura do conjunto. O maestro é reduzido a um mero relógio, que marca o tempo movendo os braços como ponteiros. Para que esse relógio humano não marcasse um tempo muito rígido e fosse capaz de exprimir uma multiplicidade de tempos, na primeira apresentação o regente foi substituído por um bailarino, Merce Cunningham. Já aparece aqui a ideia de uma construção coletiva da forma musical. Na Manifestation Nunique, também a escolha dos fragmentos é livre, e o evento apresenta uma acentuada conotação política, que não existe em Cage. Mas o mecanismo é o mesmo.

AUSÊNCIA

A partitura de Stockhausen, que aparentemente é mais simples, na realidade exige uma análise mais aprofundada. A prescrição de "não pensar" impõe um virtuosismo sobre-humano, um autocontrole impossível. Se não se pode tocar enquanto se pensa, e não se pode pensar enquanto se toca, o resultado será provavelmente um silêncio tenso, no qual não se consegue nem pensar nem tocar. Esse seria o ponto em que a vontade chegaria mais perto da obscura zona de "ausência de pensamento", que não pode ficar sob controle, e, ao mesmo tempo, seria o ponto em que essa "ausência de pensamento" chegaria quase a emergir no som, a entrar na esfera da comunicação. O gesto proposto por Stockhausen é carregado de tensão e está bem longe da escuta livre, fecundamente passiva, sugerida por John Cage — ainda que, sem ele, esta obra não poderia ter sido escrita.

Parece-me impossível, além disso, considerar a partitura de Stockhausen isoladamente, sem inseri-la no restante de sua produção, que nesse período é riquíssima e de alto nível. *Aus den Sieben Tagen*, um ciclo de quinze composições, é também de maio de 1968, e nesse mesmo ano Stockhausen escreve *Stimmung*, para seis vozes, e ainda *Kurzwellen*, *Musik fur ein Haus* e *Spiral*. Em meio a uma produção tão abundante, a partitura em questão não pode ser considerada uma resignada sujeição ao silêncio, e sim a tentativa de conquistar outra faixa de território para além das fronteiras do silêncio.

Quarto e último cenário: Woodstock, 1969. Jimi Hendrix transforma o hino americano num solo de guitarra cujas intensidade e aspereza o mundo do rock não conhecera até então. Escolhe um tema banal e gasto, a ponto de nem sequer ser mais percebido como música, e o transforma em algo inteiramente novo. Ao resgatar o hino nacional de sua banalidade, resgata a banalidade da vida cotidiana de milhares de pessoas que se reuniram para ouvi-lo. Com Hendrix, a música popular se torna tão radical quanto a música de vanguarda.

Nesse mesmo ano, Stockhausen apresenta *Hymnen*, uma composição para fita gravada e orquestra cujo material de base é constituído de hinos nacionais, fragmentos de noticiários radiofônicos em diversas línguas, litanias religiosas. São, todos, sons que estamos habituados a ouvir no dia a dia e que não possuem mais nenhum valor comunicativo — estão reduzidos à pura sinalização. Por meio de superposições e distorções, Stockhausen transforma esse material até torná-lo parcialmente irreconhecível, inserindo-o numa estrutura formal ampla, complexa e bastante sofisticada.

Nos anos 1950 ainda era possível imaginar a construção gradual de um universo racional de comunicação. No fim dos anos 1960, depois de ter passado pela experiência cagiana, Stockhausen só pode propor uma terapia de choque, na qual os refugos sonoros mais insignificantes se postam lado a lado, sem mediações, com a intensidade de soluções formais da vanguarda. A aceitação da vida cotidiana, como se apresenta de imediato, deve conviver, ainda que de modo dramático e dilacerado, com a vontade de conferir uma forma ao mundo.

VIRTUOSISMO

Stockhausen e Hendrix, que provavelmente nem sequer se conheciam, chegaram a soluções bastante semelhantes. Sem aceitar compromissos, mas, ao contrário, aprofundando o máximo possível a própria linguagem, criaram duas obras que se espelham. O verdadeiro interlocutor de Stockhausen, nos anos quentes da contestação estudantil, não é o Centro de Música de Paris — é Hendrix.

Seja em *Hymnen*, seja no solo de Woodstock, vislumbra-se o nascimento de uma forma de expressão única, sofisticadíssima e imediatamente compreensível, na qual não existe mais distinção entre música erudita e popular, entre sinais acústicos e obras de arte. A identificação entre arte e vida, entre língua de uso e língua literária, passava, em ambos os casos, por um virtuosismo. Virtuosismo instrumental no solo de Hendrix. Virtuosismo compositivo na obra de Stockhausen. Mas, nesses casos, o virtuosismo é expressão do esforço rigoroso da vontade.

Depois, como se sabe, as duas estradas voltaram a divergir. A música popular passou a ser cada vez mais *muzak*, a música erudita regressou aos ermos laboratórios da experimentação. No entanto, é difícil dar um sentido a ambas, senão pensando que, um dia, voltarão a se encontrar.

O demônio da analogia: algumas melodias juvenis de Debussy

1

O aspecto mais fugidio das obras maduras de Debussy é com certeza a articulação sintática. A origem dos elementos modais, tonais e cromáticos presentes em suas obras pode ser rastreada com certa segurança; a forma geral, construída sobre simetrias e ciclos bastante simples, pode ser descrita com facilidade; o nexo, porém, entre os acordes, bem como a relação que conecta as frases musicais, muitas vezes permanecem indefinidos e misteriosos.

Como pode Debussy passar da escala de tons inteiros ao cromatismo, do tonal ao modal no espaço de poucos compassos (às vezes no interior de um único compasso) sem estraçalhar a unidade da composição? Quais os procedimentos acionados para organizar, numa escrita tão coerentemente pessoal, material tão heterogêneo?

Debussy renuncia aos dois principais fatores de coesão de que podia dispor: a harmonia funcional e o contraponto. Por meio de um desses procedimentos, ou de ambos, a obra se articulava numa série de relações de causa e efeito, antecedente e consequente. É verdade que, a partir do último Beethoven, os elementos de descontinuidade não estão mais escondidos; são, ao contrário, sublinhados. Mas a unidade é reencontrada, pouco depois, por intermédio da hipertrofia de um dos planos do discurso, que compensa a maior heterogeneidade do material: tende-se a escrever uma composição inteira como se fosse uma única concatenação de acordes, ou uma melodia infinita; ou então a elaboração das vozes intermediárias se torna mais densa. Desse modo se remove, sem resolvê-lo, o problema central: o fato de não se poder mais pensar a composição como série de consequências lógicas de um pressuposto.

Nesse quadro, as obras de Debussy representam uma virada decisiva: nenhum aspecto de sua estrutura pode ser lido em termos de causa e efeito.

O modo pelo qual as partes se relacionam não é hierárquico, não pressupõe um antes e um depois. É algo semelhante à livre associação de ideias. Por outro lado, a sintaxe do autor de *Pelléas* não pode ser reduzida apenas aos procedimentos de repetição, justaposição e superposição de elementos heterogêneos, enrijecidos em formulações estáticas, como é possível, por exemplo, no caso de Satie ou do primeiro Stravinski. Por mais elípticas que possam ser, formas de transição entre as partes são sempre identificáveis em Debussy.[1]

Tratarei aqui apenas de algumas melodias juvenis, para

---

1. Para uma interpretação de Stravinski nesse sentido, veja Pierre Boulez, "Moment de Johann Sebastian Bach". *Contrepoint*, n. 7, 1951. [Ed. bras.: "O momento de Johann Sebastian Bach". In: BOULES, Pierre. *Apontamentos de aprendiz*. São Paulo:

mostrar, também em confronto com obras de outros autores, a progressiva elaboração de procedimentos analógicos e de associação livre no interior do tecido tonal.

2

Antes de mais nada, uma especificação terminológica. Para interpretar um estilo que escapa continuamente à análise, recorreu-se, e com frequência, a um vocabulário extramusical. Um tempo atrás, costumava-se classificar Debussy como impressionista. Hoje, na esteira de Stefan Jarocinski, ele é mais aproximado da poesia simbolista, sobretudo de Mallarmé.[2] A comparação não é certamente infundada: o poeta de "Après-Midi d'un faune" tensiona as regras gramaticais e o próprio sentido da frase até dilacerá-los, mediante o jogo das assonâncias e das associações; fiel ao poema, o *Prélude* sinfônico de Debussy comporta-se do mesmo modo com as regras e o sentido tonais; no final da vida, Mallarmé chega à rede de possibilidades sem direção de "Un Coup de dés"; Debussy conclui sua obra orquestral com a pulverulência sonora de *Jeux*.

Não podemos, porém, nos limitar a um simples paralelismo. A aproximação de linguagens radicalmente diferentes, como a poesia e a música, adquire consistência somente se identificarmos uma base comum, um núcleo estrutural que possa ser atribuído a uma e outra. Jarocinski o encontra numa interpretação particular do conceito de "símbolo", entendido como relação

---

Perspectiva, 1995.] Id., *Relevés d'apprenti*. Paris: Seuil, 1966. Veja, ainda, Theodor W. Adorno, *Filosofia da nova música*. São Paulo: Perspectiva, 1974. pp. 147 ss.
2. Stefan Jarocinski, *Debussy: Impressionnisme et symbolisme*. Paris: Seuil, 1974.

aberta, em devir, entre as formas sensíveis e o sentido que lhes pode ser atribuído.[3]

As questões que pretendo examinar são de caráter sintático e não expressivo — dizem respeito às relações dos signos entre si, não entre signos e significados. Prefiro, pois, servir-me de outro termo caro aos simbolistas, que não direcione imediatamente a atenção ao eixo forma/conteúdo: analogia.

Em matemática, analogia é a equivalência de duas proporções, como na equação a:b = c:d. Em biologia, são análogos dois órgãos que cumprem a mesma função, ainda que sejam de origem e estrutura diferentes. Em análise lógica, fala-se de analogia de atribuição (ou de relação) quando um predicado muda parcialmente seu significado conforme o sujeito a que se relaciona. Em todos esses casos, a analogia trata de semelhanças entre proporções, funções ou predicados, nunca de relações entre dados sensíveis e seu significado.

A rigor, as *correspondances* baudelairianas são analogias: um perfume está para o olfato assim como o som de oboé está para o ouvido e a cor verde está para a visão. É verdade que esses paralelismos remetem a um significado comum, mas esse é apenas *une tenebreuse et profonde unité*,[4] sempre inalcançável, indizível. Constatando a impossibilidade de um liame não arbitrário entre significado e significante (*Quelle déception, devant la perversité conférant à jour comme à nuit, contradictoirement, des timbres obscur ici, là clair*),[5] Mallarmé acaba por confiar à relação

---

3. Ibid., cap. 2. Uma interpretação simbólica, mas baseada em princípios diferentes, também está em Vladimir Jankélévitch, *Debussy et le mystère de l'instant* [1976]. 2. ed. Paris: Plon, 1988.
4. "Tenebrosa e profunda unidade." Charles Baudelaire, "Correspondances". *Les Fleurs du Mal*, IV.
5. "Que decepção, diante da perversidade que confere ao dia como à noite,

entre signos e entre sistemas de signos (visuais, sonoros, linguísticos), desvinculados de seu significado imediato, a possibilidade de um sentido substancial, não meramente rotineiro, aparecer no horizonte. Em "Le Démon de l'analogie", descreve, não sem certo horror, a sensação de sentir-se cercado de signos que remetem uns aos outros, numa rede infinita de ecos, enquanto o sentido desapareceu.

Em música, onde a relação com um significado é sempre problemática, a ação corrosiva das analogias incide sobre a direcionalidade, sobre a funcionalidade sintática da composição. É analógica uma figura desprovida de sentido tonal definido inserida numa progressão tonal, que simule uma função harmônica sem completá-la de fato, e provoque não tanto uma total desilusão, mas um leve desvio, a abertura de perspectivas inesperadas (*Accords incomplets, flottands. Il faut noyer le ton. Alors on aboutit où on veut, on sort par la porte qu'on veut*).[6] É igualmente analógico (no sentido de analogia de atribuição) um acorde tonal inserido num contexto que transforme radicalmente suas funções, ainda que deixe intactas algumas de suas características. Debussy é mestre em tirar proveito de ambas as possibilidades.

---

contraditoriamente, timbres obscuro aqui, ali claro." Stéphane Mallarmé, "Crise de vers". *Divagations*, 1897.

6. "Acordes incompletos, flutuantes. É preciso afogar o tom. Assim chegamos aonde queremos, saímos pela porta que queremos." Claude Debussy, "Conversations avec Ernest Guiraud", apêndice a Edward Lockspeiser, *Claude Debussy*. Paris: Fayard, 1980.

3

A vontade de "*noyer le ton*" se manifesta bem cedo na obra do futuro Claude de France. Sinais de desorientação tonal se encontram já na melodia *Apparition* (de 1884), que é também — detalhe significativo — a primeira sobre um texto de Mallarmé (Exemplo 1).[7]

A linha cromática do canto (Si, Dó, Ré bemol, Ré) é harmonizada com uma série de tríades desprovidas de um centro comum: Mi maior, Fá maior, Ré bemol excedente, Ré maior, Si bemol maior. O modo pelo qual esses acordes, em si estáticos, se sucedem, mediante o deslizamento cromático das partes, é engenhoso, mas levemente arbitrário. As harmonias permanecem um pouco desconectadas e a suspensão tonal não se solidifica numa estrutura alternativa. Se Debussy jamais publicou essa melodia, é possível que ele mesmo não estivesse muito satisfeito com o resultado.

Na época, existiam músicos que já haviam desenvolvido técnicas mais complexas, na trilha da suspensão da harmonia tonal. Uma obra frequentemente citada, dentre as que influenciaram o jovem compositor francês, é *La Princesse endormie*, de Borodin.[8] Debussy possuía uma cópia dela provavelmente trazida de suas primeiras viagens à Rússia (1881-2). Nela deve ter encontrado pela primeira vez diversos elementos que depois seriam típicos de

---

7. A melodia apareceu postumamente, no suplemento de *La Revue Musicale*, maio 1926. Cf. Jarocinski, op. cit., cap. IV, V.
8. Veja Léon Vallas, *Claude Debussy et son temps*. Paris: Albin Michel, 1958. Lockspeiser (op. cit., livro I, cap. V, pp. 61 ss.) é contrário a atribuir a Borodin grande influência sobre Debussy, mas Harry Halbreich, na "Analyse de l'œuvre" acrescentada à edição francesa do livro, retoma a opinião de Vallas (p. 634). Para uma análise de *La Princesse endormie*, veja Gerald Abraham, "The Reaction Against Romanticism". *The New Oxford History of Music*, v. X, cap. 2, pp. 87-8.

Exemplo 1 — *Apparition*, compassos 1 a 7.

seu estilo — em particular o uso não funcional de intervalos de segunda e seções completas baseadas na escala de tons inteiros. Mas o que nos interessa, dentro dos limites deste artigo, é o modo como Borodin enxerta esse material heterodoxo no tecido tonal da composição.

A melodia é em Lá bemol maior e apresenta forma de balada: AbAcA, mais uma breve coda. As seções b e c são baseadas na escala de tons inteiros. Transcrevo, no Exemplo 2, a seção b.

Harmonicamente, a passagem consiste numa modulação de Lá bemol a Ré bemol maior, seguida de um retorno à tonalidade de partida. A escala de tons inteiros aparece no baixo nos compassos 21-3, exatamente no momento em que o Ré bemol se instaura como novo centro tonal. Borodin toma todas as precauções para que a centralidade do Ré bemol seja evidente, apesar da indefinição da linha do baixo: além de introduzir a nova tonalidade com uma cadência perfeita, desenha seja o canto, seja a voz central do acompanhamento sobre o arpejo descendente do acorde de tônica. Por outro lado, uma estrutura encavilhada tão fortemente sobre uma única tríade provoca uma insólita impressão de estaticidade. Toda a passagem poderia ser suprimida da partitura sem que o movimento harmônico se alterasse. Os compassos 21-3 são, na realidade, a paráfrase, a analogia de um único acorde.

Analisando esse trecho de outro ponto de vista, pode-se observar que a escala de tons não é introduzida de modo abrupto — é o ponto culminante de uma progressiva ambiguidade do baixo. A harmonia que governa os compassos 17-8 já se presta a duas diferentes interpretações: Sol 7ª de sensível e Sol 7ª de dominante com a 5ª abaixada, conforme se considere o Si bemol nota harmônica e o Si natural nota de passagem, ou vice-versa. A cadência sucessiva não resolve totalmente o problema. É verdade que a centralidade do Lá bemol é restabelecida no início do compasso 19, mas só o Sol do canto resolve como sensível sobre a tônica. O

Sol do baixo se comporta como uma dominante, subindo a Dó com um salto de 4ª e inaugurando uma longa progressão de saltos análogos: Sol, Dó, Fá, Si bemol, Mi bemol, Lá bemol.

A presença de intervalos de 7ª maior na harmonia dos compassos 18-9 aumenta ainda mais a ambiguidade, porque permite desagregar cada acorde em duas tríades perfeitas e ler a passagem inteira como superposição de suas progressões independentes:

Sol 7ª dim.	LábM	RébM	SolbM	
Sol 7ª	Dó m	Fá m	Sibm	Láb 7ª

As duas progressões reconciliam-se apenas no acorde de 7ª de dominante de Ré, que introduz a escala de tons. Mas o trítono descendente do compasso 21 alude ao dos compassos 18-9, do qual é a transformação enarmônica e, de certo modo, a réplica potencializada. Aquele tornava indecisas as funções harmônicas, este as suspende. Tudo se cumpre sem que os centros tonais sejam afastados ou suprimidos — esses são apenas velados, como num *flou* cinematográfico. Talvez não por acaso essa passagem corresponda, no texto, à aparição de seres fantásticos.

4

Dois procedimentos devem, me parece, ser aqui sublinhados, por terem sido mais tarde largamente utilizados por Debussy: por um lado, a geração da escala de tons inteiros mediante a transformação enarmônica do trítono e, por outro, o emprego da 7ª de dominante com a 5ª abaixada, para criar uma situação de desnorteamento ou de suspensão tonal. Na realidade, as duas operações

O demônio da analogia

Exemplo 2 — *La Princesse endormie*, seção b, compassos 17 a 28.

podem se reduzir a um único princípio: a substancial ambiguidade do trítono.

O intervalo formado pela sensível e pela contrassensível (VII e IV graus da escala maior) é o elemento que, nas cadências, indica univocamente a tonalidade. Por outro lado, o trítono é o único intervalo que divide simetricamente a escala — logo, é igual à sua inversão. Por isso, num trítono que não apareça numa situação tonal (por exemplo, num acorde de 7ª de dominante), não posso estabelecer, de ouvido, qual é a sensível e qual é a contrassensível. Se não se apoia em outros pontos de referência, o trítono indica não uma, mas duas tonalidades simultaneamente, essas também distantes um trítono. Dó-Fá#, trítono de Sol maior, soa como Sol bemol-Dó, trítono de Ré bemol maior.

Antes de Debussy, foram os compositores russos do Grupo dos Cinco que exploraram com maior desenvoltura essa brecha do sistema tonal. O mais audaz foi, sem dúvida, Mussórgski, quando, no início da cena da coroação de Boris Godunov, alterna ao redor de um trítono comum (por quase 38 compassos) as 7ᵃˢ de dominante de duas tonalidades muito distantes (Sol e Ré bemol)[9] (Exemplo 3).

Paira muita incerteza quanto à data em que Debussy teria conhecido a partitura de Boris. Alguns autores indicam o ano de 1889; outros, 1893; outros, ainda, 1896.[10]

De qualquer modo, o motivo inicial de *L'Ombre des arbres,* uma das *Ariettes* de 1888, já apresentava uma solução muito semelhante:

---

9. A importância dessa passagem foi sublinhada, entre outros, por H. H. Stuckenschmidt, *Neue Musik.* Berlim: Suhrkamp, 1951. [Ed. it.: *La musica moderna.* Turim: Einaudi, 1981. p. 28.]

10. Veja Lockspeiser e Vallas, op. cit. São fundamentais os depoimentos de Raimond Bonheur, Paul Dukas e Robert Godet, publicados em "La Jeunesse de Claude Debussy", número especial de *La Revue Musicale,* maio 1926.

O demônio da analogia

Exemplo 3 — *Boris Godunov*, segunda cena, compassos 1 a 9 (partitura para canto e piano).

As 7as de dominante utilizadas aqui são aquelas de Fá# maior e Dó maior, e a escrita é arredondada por passagens cromáticas; na essência, porém, a situação é idêntica.

Quanto à escala de tons inteiros, Debussy recorre a ela (provavelmente pela primeira vez) numa melodia escrita pouco depois de suas viagens à Rússia. A peça se intitula *Pantomime*, e é uma das primeiras tentativas debussianas sobre um texto de Verlaine. Também aqui a escala é imediatamente associada a um trítono (Exemplo 5).

A *fugitiva*

Exemplo 4 — *L'Ombre des arbres*, compassos 1 a 4.

Exemplo 5 — *Pantomime*, compassos 1 a 10.

O salto descendente de 5ª diminuída indica, desde o início, a tonalidade de Mi maior, mas não resolve, como poderia se esperar, mediante o movimento ascendente da sensível em direção à tônica. Ao contrário, do Ré brota uma escala de tons de seis graus que vai alcançar a tônica do lado oposto, através do semitom descendente Fá-Mi. É claro que a escrita é ainda esquemática e ingênua, a léguas da sofisticação de *La Princesse endormie*. Aliás, essa melodia também nunca foi publicada por seu autor.[11]

5

Todos os exemplos examinados até agora apresentam o mesmo limite: o fôlego curto. São figuras estáticas que substituem determinados elementos da concatenação harmônica, suspendendo por um instante o curso tonal da composição. Em nenhum momento parecem em grau de sustentar estruturas mais complexas. Para explicar o estilo maduro de Debussy, é preciso remeter-se a outro tipo de influência.

Theodor W. Adorno escreveu:

A natureza adinâmica da música francesa pode talvez fazer-se remontar a seu inimigo declarado, Wagner, a quem contudo se costuma censurar uma dinâmica insaciável. Já em Wagner o decurso musical é, mais uma vez, um mero deslocamento. E dali deriva a técnica temática de Debussy, que repete sem desenvolvimento sucessões sonoras muito simples.[12]

Se aplicada a toda a música francesa *fin de siècle*, a observação de Adorno com certeza é forçada: muitas páginas de Satie e de Fauré, que desempenham um papel fundamental em encaminhar a música de seus compatriotas em direção à estaticidade, não podem derivar de Wagner senão por mero contraste — é muito

---

11. Suplemento de *La Revue Musicale*, maio 1926.
12. Adorno, op. cit., p. 145.

mais sensato associá-las ao filão modal que caracteriza a cultura musical francesa, a partir do início do século XIX. Mas é evidente que Adorno está se referindo a Debussy, e nesse sentido sua intuição é extremamente fértil.

Com efeito, a harmonia debussiana não pode ser explicada apenas em termos de contaminação entre elementos tonais e modais, nem como simples reação ao cromatismo neoalemão. Como já transparece nas melodias juvenis, e de modo cada vez mais evidente à medida que seu estilo atinge a maturidade, Debussy, longe de evitar o cromatismo, absorve-o e o desativa. Grande parte das figuras harmônicas que utiliza é interpretável como dissonância congelada, destituída de qualquer direcionalidade, qualquer capacidade de resolução. A diferença entre os fragmentos citados de *Apparition* e *L'Ombre des arbres* está também nisto: no primeiro caso, tríades perfeitas, estáticas em si, são movimentadas pelo deslizamento cromático das partes; no segundo, ao contrário, duas dissonâncias, potencialmente dinâmicas, bloqueiam-se de modo recíproco, criando uma figura estática. Mais tarde, essa tendência vai se confirmar: no *Après-Midi*, em *La Mer*, em muitos dos prelúdios para piano, Debussy extrai suas estruturas imóveis justamente dos pontos em que o movimento cromático tardo-romântico era mais convulsivo. Por isso seu antiwagnerismo é qualitativamente diferente do de seus contemporâneos — não uma recusa, mas uma superação.

Mas, para que fosse possível extrair de Wagner figuras estáticas, era preciso que essa estaticidade já estivesse presente, em potência, nas obras do músico alemão. Adorno observa que, na escrita wagneriana, a modulação é dissociada do desenvolvimento. O material melódico, ao qual Wagner confia grande parte do sentido musical da composição, permanece essencialmente inalterado, apesar da agitação cromática da harmonia. A modulação torna-se um falso movimento, uma pirueta que não transforma a situação musical, como, ao contrário, ocorria nos clássicos. Esse é sem dúvida um ponto fundamental; mas é possível reconhecer sinais de atrofia também nas estruturas harmônicas em si, sem considerar a questão de sua relação com o material melódico. Por exemplo, num dos trechos mais ousados, discutidos e famosos de Wagner, o início do prelúdio ao primeiro ato do *Tristão* (Exemplo 6).

Do ponto de vista harmônico, essa passagem se articula em três cadências claramente distintas, dispostas ao longo de uma escala cromática ascendente que vai do Sol# do compasso 2 ao Fá# do compasso 11. O prelúdio é em Lá menor, mas essa progressão não indica nenhuma tonalidade em particular. No entanto, existe uma ligação com a escala de Lá menor, ainda que oblíqua. Passagens como essa obrigam a repensar o próprio conceito de tonalidade.

Na fase clássica da linguagem tonal, todas as funções harmônicas contribuíam para reforçar os dois principais centros gravitacionais do sistema, a tônica e a dominante. Com a aceleração dos mecanismos modulantes, as referências aos centros tonais tornam-se cada vez mais rápidas e elípticas. Acordes de 7ª não preparados, dissonâncias avulsas, alterações imprevistas no interior de uma progressão indicam, cada vez mais, tonalidades passageiras, sem que estas sejam confirmadas por um mecanismo cadencial. Cada vez mais são necessários sinais capazes de evocar por si sós um centro tonal, sem passagens complicadas; o acorde de 7ª de dominante, em primeiro lugar; num modo ainda mais enxuto, o trítono contido nele.

Mas o trítono, como já vimos, é em si ambíguo. Quanto mais frequentes são as modulações, mais o senso tonal do trítono é fugidio. O início do *Tristão* é, nesse sentido, um caso extremo. Já foram gastos tonéis de tinta a respeito do acorde que abre essa progressão. A interpretação mais linear consiste em considerar o Sol# como *appoggiatura* e ler o acorde como acorde de 6ª alemã

O demônio da analogia

Exemplo 6 — *Tristão e Isolda*, prelúdio do primeiro ato, compassos de 1 a 11.

(acorde de 7ª com 5ª diminuta) que resolve regularmente no acorde de Mi maior. Trata-se, pois, de uma cadência entre 2º e 5º graus da escala de Lá menor. Apresentado dessa forma, porém, sem preparação, o acorde de 6ª alemã é extremamente ambíguo. Arnold Schoenberg[13] já salientou a possibilidade de uma leitura enarmônica que considere o Fá, no lugar do Si, nota fundamental (Si = Dó bemol, Ré# = Mi bemol), interpretando assim o acorde como um 2º grau de Mi bemol menor. Seria possível acrescentar que o segundo acorde da cadência apresenta inicialmente a 5ª rebaixada (Lá# = Si bemol), e que esse também poderia ser lido

---

13. Arnold Schoenberg, *Harmonielehre*. Viena: Universal, 1922. [Ed. it.: *Manuale d'armonia*. Milão: Il Saggiatore, 1973. pp. 324 ss.] No "Guia Prático" de Stein, frequentemente acrescido às edições mais recentes da obra, a passagem corresponde ao cap. XIV, IV, C.

enarmonicamente como 5º grau de Mi bemol menor (Si bemol-
-Ré-Fá bemol-Lá bemol), de modo que a situação se decida a favor
da tonalidade de Lá menor apenas com a passagem do Lá# ao Si.

Duas tonalidades distantes um trítono colocadas em contato
pela transformação enarmônica do trítono: apesar da complexidade muito maior (os trítonos aqui são quatro: Fá-Si, Ré#-Lá,
Mi-Lá#, Sol#-Ré), e ainda que essa leitura não esteja provavelmente nas intenções de Wagner, de fato essa figura harmônica não
está muito afastada daquelas de *Boris Godunov* e de *L'Ombre des
arbres*, citadas antes.

No entanto, a sequência da progressão evidenciará como é
mais amplo o fôlego do movimento harmônico wagneriano em
relação aos exemplos já examinados. A segunda cadência é a cópia
perfeita da primeira, transportada uma terça menor acima. A passagem se encavilha sobre três notas comuns entre o acorde inicial
dessa cadência e o acorde final da anterior: Lá bemol (= Sol#), Ré
e Si. A terceira cadência, enfim, é uma variante das anteriores,
novamente uma 3ª (dessa vez maior) acima. O acorde que aparece no início do compasso 11 é a transformação enarmônica da 6ª
alemã do compasso 2 (Mi# = Fá), mas aqui o Mi é nota de passagem e cai sobre a 5ª perfeita (Fá#), completando a 7ª de dominante de Mi maior. O acorde se resolverá efetivamente em Mi maior
no compasso 16.

Esse último movimento cromático que transforma uma 6ª
alemã numa 7ª de dominante é a única modulação efetiva do trecho aqui analisado. Anteriormente, Wagner havia, na verdade,
conduzido um jogo combinatório com os dois trítonos característicos da tonalidade de Lá menor (Si-Fá e Sol#-Ré), acoplados
progressivamente aos outros quatro trítonos possíveis na escala
temperada: Ré#-Lá no primeiro acorde, Mi-Lá# no segundo, Fá#-
-Dó no terceiro, Sol-Dó# no quarto. Pode-se falar aqui, paradoxalmente, de progressão estática, não só porque o acorde final

corresponde àquele de partida, mas sobretudo porque, nesse ínterim, não fomos concretamente a parte alguma. Aludir a todas as tonalidades significa não realizar nenhuma. O Lá menor nunca é enunciado de modo explícito, mas de Lá menor não saímos em momento algum.

6

O ápice da influência wagneriana na produção de Debussy é unanimemente atribuído aos *Cinq Poèmes de Baudelaire*, de 1889. Mas tampouco essas melodias são wagnerianas em sentido estreito. Por um lado, o cromatismo delas é distribuído em planos tonais mais definidos que os do *Tristão*; por outro, aumentam os elementos não funcionais em relação a Wagner.

Harmonie du soir, a segunda composição da série, é um bom exemplo. Uma vez que o texto desempenha aqui um papel mais importante do que nas melodias examinadas anteriormente, será oportuno lembrá-lo em sua totalidade:

Voici venir le temps où vibrant sur sa tige
Chaque fleur s'évapore ainsi qu'un encensoir;
Les sons et les parfums tournent dans l'air du soir;
Valse mélancolique et langoureux vertige!

Chaque fleur s'évapore ainsi qu'un encensoir;
Le violon frémit comme un cœur qu'on afflige;
Valse mélancolique et langoureux vertige!
Le ciel est triste et beau comme un grand reposoir.

Le violon frémit comme un cœur qu'on afflige,
Un cœur tendre, qui hait le néant vaste et noir!

Le ciel est triste et beau comme un grand reposoir;
Le soleil s'est noyé dans son sang que se fige.

Un cœur tendre, qui hait le néant vaste et noir,
Du passé lumineux recueille tout vestige!
Le soleil s'est noyé dans son sang qui se fige...
Ton souvenir en moi luit comme un ostensoir![14]

A rede de *correspondances* de que a poesia é tecida se reveste de uma forma talvez inspirada num gênero oriental: o *pantoum* malaio, poema estrófico em que o segundo e o quarto versos de cada quarteto se repetem como primeiro e terceiro versos do quarteto sucessivo.[15] Assim, em quatro quartetos, há na verdade apenas dez versos. O ritmo é lento, hipnótico, e cada novo verso parece nascer, como um eco, da reverberação de um verso já escutado. A linearidade do discurso é afrouxada, incerta.

Debussy atribui a cada um dos dez versos uma linha melódica diferente, que se repete (apenas trocando de registro, se necessário, e com pequenas variações rítmicas) quando se repete o

---

14. *Les Fleurs du Mal*, XLII. ["Chegado é o tempo em que, vibrando o caule virgem,/ Cada flor se evapora igual a um incensório;/ Sons e perfumes pulsam no ar quase incorpóreo;/ Melancólica valsa e lânguida vertigem!// Cada flor se evapora igual a um incensório;/ Fremem violinos como filhas que se afligem;/ Melancólica valsa e lânguida vertigem!/ É triste e belo o céu como um grande oratório.// Fremem violinos como fibras que se afligem,/ Almas ternas que odeiam o nada vasto e inglório!/ É triste e belo o céu como um grande oratório;/ O sol se afoga em ondas que de sangue o tingem.// Almas ternas que odeiam o nada vasto e inglório/ Recolhem do passado as ilusões que o fingem!/ O sol se afoga em ondas que de sangue o tingem.../ Fulge a tua lembrança em mim qual ostensório!" [Ed. bras.: *As flores do mal*. Trad. de Ivan Junqueira. 2. ed. Rio de Janeiro: Nova Fronteira, 1986. p. 219.]
15. Veja Arthur B. Wenk, *Claude Debussy and the Poets*. Berkeley: University of California Press, 1976. pp. 82-6.

verso. Também no acompanhamento do piano, a cada verso é associada uma figura particular, se bem que o autor põe em jogo, aqui, um intrincado sistema de remissões, fazendo com que o material de um verso derive do verso anterior ou reapresentando, com pequenas variações, células melódicas e rítmicas.

A melodia segue, pois, o percurso tortuoso do poema, mas é também uma forma liderística clássica ABA, com início em Si maior, uma seção intermediária em Dó maior e Mi maior, um retorno final a Si. O que interessa, no plano da sintaxe, é o modo como Debussy consegue conciliar essas duas morfologias diferentes. Transcrevo a seguir o primeiro quarteto da melodia, no qual é exposto, em essência, todo o material melódico e rítmico que será desenvolvido em seguida (Exemplo 7).

A estrutura tonal do fragmento é bem mais transparente, em suas linhas gerais, que a do *Tristão*. A tonalidade principal é sublinhada com força pela cadência dos compassos 6-7 e é precedida por uma concatenação de acordes circunscritos estritamente às relações maior/menor e tônica/dominante. Dó# menor, Mi maior, Lá maior, Fá# menor, Si maior. Mas Debussy constrói a progressão de modo que a cada verso corresponda um diferente centro tonal: Lá para o primeiro, Si para o segundo, Dó# para o terceiro e Ré para o quarto. Cada verso é introduzido por uma cadência dominante/tônica. No compasso 17 retorna-se a Si maior, a tonalidade associada ao segundo verso, que também será o primeiro do próximo quarteto.

Tal modo de proceder já cria certa defasagem entre a tonalidade geral e os centros tonais locais. Debussy cria uma sensação de desnorteamento ainda mais acentuada utilizando breves elementos melódicos que se repetem continuamente, mas que adquirem um sentido tonal apenas de maneira intermitente. O mais flagrante, nessa primeira parte da composição, é a linha ascendente de tons inteiros que surge no terceiro compasso, tanto no can-

O demônio da analogia

Exemplo 7 — *Harmonie du soir*, de Debussy, compassos de 1 a 16.

to quanto no acompanhamento: Sol, Lá, Si, Dó#, Ré#, Dó#. As duas 4ᵃˢ excedentes entrelaçadas (Sol-Dó# e Lá-Ré#) que constituem o esqueleto dessa linha melódica, e sobre as quais insistem também as figuras harmônicas dos compassos 3, 4 e 5, situam claramente o canto na tonalidade de Mi menor. Cria-se assim uma espécie de segundo percurso que, sobrevoando o Lá maior, conecta diretamente o Dó menor/Mi maior dos primeiros compassos ao Si maior/Si 7ª de dominante dos compassos 6-8. A ambiguidade entre as duas leituras harmônicas possíveis é semelhante àquela de *La Princesse endormie*, embora mais complexa. Borodin atuava sobre uma situação harmônica estática; aqui, a harmonia está em rápida evolução em cada uma de suas camadas superpostas. Além do mais, Borodin produzia o efeito de desnorteamento apenas por meio da linha do baixo, enquanto aqui todos os elementos da composição concorrem para o mesmo fim.

A mesma figura melódica reaparece, rebaixada de um semitom e encurtada, mas claramente reconhecível pela posição e pelo ritmo, nos compassos 9-10: Fá#, Sol#, Lá#, Si. Aqui o sentido é unívoco, porque o trítono ocorre no interior de um acorde de 7ª de dominante de Dó#, que resolve regularmente na tônica. Mais uma vez a figura harmônica do compasso 3 reaparece, de forma quase literal, no compasso 13. Agora, porém, a tensão da linha melódica ascendente encontra repouso na resolução da sensível Dó# no Ré, centro tonal do último verso, de modo que a tonalidade de Ré maior, anunciada desde o acorde de 7ª de dominante do compasso 3, realiza-se somente aqui. As funções harmônicas não seguem um fio lógico contínuo, mas ecoam de um ponto a outro da composição.

O último verso do quarteto também se presta a uma leitura múltipla. O Lá continua como pedal embaixo da nova tônica. A presença insistente da sensível Sol#, que forma um trítono com o Ré, confere a esse Lá o papel de centro tonal alternativo. O verso se conclui com uma 7ª de dominante com a 5ª abaixada (Ré, Fá#, Sol# = Lá bemol, Dó) que desliza, sem uma relação harmônica clara, para o Si maior 7ª do compasso 17. Mas na realidade o acorde de Ré se liga, como dominante secundária, à tonalidade de Dó menor que desponta fugazmente no fim do verso sucessivo.[16] E assim por diante. As expectativas do ouvinte nunca são completamente contrariadas, tampouco inteiramente confirmadas. Cada harmonia conserva a marca de sua função tonal, ou de suas possíveis funções. Mas estas podem não ocorrer de fato, ser evitadas ou suspensas, até que a aproximação de dois acordes, uma determinada linha melódica, a retomada de um ritmo as despertem subitamente. A harmonia de Debussy tem o desconexo andamento dos sonhos, mas, tal como os sonhos, não é arbitrária. A ela se poderia aplicar a observação de Mallarmé sobre a poesia francesa de sua época. *"Je connais qu'un jeu, séduisant, se mène avec les fragments de l'ancien vers reconnaissables, à l'éluder ou le découvrir, plutôt qu'une subite trouvaille, du tout au tout, étrangère."*[17]

7

Seria ingênuo reduzir a sintaxe debussiana aos poucos elementos aqui analisados. Pareceu-me que partir da relação tônica-dominante e da resolução do trítono traria uma dupla vantagem: em primeiro lugar, pela importância que esses elementos assumem

16. Para uma interpretação do acorde de 7ª de dominante com a 5ª abaixada como dominante secundária do modo menor, veja: Schoenberg, op. cit., pp. 322-3. No "Guia Prático" de Stein: cap. xiv, iv, a, b.

17. "Conheço apenas um jogo, sedutor, conduz-se com os fragmentos de um antigo verso reconhecíveis a eludi-lo ou a descobri-lo, mais que um súbito achado do todo ao todo, estrangeiro." Mallarmé, op. cit.

na harmonia tradicional; secundariamente, pela continuidade com que se apresentam na obra de Debussy, desde as primeiras composições. Claro está, porém, que também seria possível conduzir análises desse tipo sobre o modo como Debussy desenvolve as linhas melódicas, por exemplo, ou sobre a organização das figuras rítmicas. De qualquer maneira, qualquer que seja a porta pela qual se entra no labirinto, acaba-se por percorrer todas as estradas, tão coesas e interconexas elas são. Antes de mais nada, é importante reconhecer que em Debussy existe um labirinto, com seus percursos obrigatórios, e não apenas o vaguear de um *flâneur* genial. O pensamento analógico não é menos rigoroso do que o lógico-matemático. Apenas segue outras regras.

Um novo Wagner

Não sei se já se escreveu uma história do wagnerismo francês. Uma pesquisa desse tipo ofereceria material vastíssimo, não só e não tanto no campo musical. Por volta de 1880, quando a *Revue Wagnérienne* reunia em suas páginas, sob os mesmos princípios, simbolismo literário e impressionismo pictórico, *art wagnérien* era sinônimo de arte moderna. Nos círculos esotéricos liderados por Sâr Peladan, Wagner era tido por iluminado, mas também em reuniões de peso cultural bem maior, como os *mardis littéraires* de Mallarmé, os libretos e as obras teóricas do compositor alemão eram lidos e comentados. Não se trata, é verdade, de uma recepção passiva. A música francesa, a partir de Fauré e Debussy, reutiliza muitas das harmonias wagnerianas, mas elimina delas qualquer resquício de concatenação necessária, reduzindo-as a mônadas autossuficientes, interligadas apenas por analogias. Paralelamente, a mitologia e a estética de Wagner passam, na França dos simbolistas, por um processo radical de esquematização e estilização que as afasta de suas raízes românticas. Olhando através desse filtro, talvez pareça menos abrupta, um século depois, a famosa afirmação de Lévi-Strauss que declara Wagner, na "Ouverture" de *Le Cru et le cuit*, "o pai irrecusável da análise estrutural dos mitos".

A publicação no Brasil, em edição bilíngue, do ensaio crítico de Baudelaire, que sem dúvida constitui o momento fundante dessa tradição interpretativa, sugere algumas anotações.[1] Sendo a edição brasileira um tanto pobre em notas informativas, será útil rememorar as circunstâncias em que se insere, entre análise e intervenção militante, a reflexão do poeta.

Wagner preparara cuidadosamente sua estreia parisiense. Três concertos sinfônicos, incluindo as aberturas de *Tannhäuser* e de *Lohengrin*, além de outra música de cena, foram oferecidos ao público um ano antes da apresentação da ópera (nessa ocasião, Baudelaire enviou a Wagner uma carta entusiasta, que consta dessa edição brasileira). Além disso, o compositor escreveu, como introdução a uma edição francesa de seus libretos, um texto hoje conhecido como "Música do porvir", que Baudelaire cita com o título original de "Lettre sur la musique". Para vencer a resistência do público tradicionalista (que foi fortíssima e tornou necessária a intervenção pessoal de Napoleão III para viabilizar o evento), Wagner chegou a modificar sua obra, incluindo os balés típicos do *grand opéra* francês. De nada valeu, aparentemente. Sob os assobios de uma facção do público, *Tannhäuser* teve de ser retirado de cartaz depois de apenas três representações (13, 18 e 24 de março de 1861).

Wagner sofreu seu maior insucesso com uma ópera que tematizava justamente a relação conflitiva entre um músico/poeta e seu público. Tannhäuser é um trovador que, depois de ter sido seduzido por Vênus e vivido com ela numa gruta encantada, volta ao país de origem. Numa cena merecidamente famosa, ele defende, duran-

---

1. Charles Baudelaire, *Richard Wagner e "Tannhäuser" em Paris*. Trad. de Plínio Augusto Coelho. São Paulo: Imaginário/ Edusp, 1990.

te uma competição poética, o amor carnal contra o amor virginal, é silenciado pela corte escandalizada e condenado ao exílio. É verdade que o último ato descreve a redenção do protagonista; no entanto, Tannhäuser é superior aos outros poetas da corte justamente porque carrega uma culpa, um marco que o afasta da hipocrisia corrente. Ele será redimido por seus pecados, não apesar deles. ("A inocência", comentará Nietzsche com ironia em *O caso Wagner*, "redime preferivelmente pecadores interessantes.")

Os gritos dos cortesãos que expulsam Tannhäuser, na cena da competição poética, devem ter se misturado de forma curiosa aos assobios do público parisiense. De fato, uma mística do fracasso transparece com frequência nos escritos teóricos de Wagner. Muitos retratos que o compositor desenha de si mesmo coincidem perfeitamente com o tipo do artista conspirador esboçado por Benjamin na abertura de seu ensaio sobre Baudelaire. Em *Ópera e drama*, por exemplo, reconhecendo a impossibilidade de uma volta ao ideal clássico e, ao mesmo tempo, defendendo a necessidade de recriar, sobre aquele modelo, uma nova união de palavra e música, Wagner escreve:

> Um indivíduo isolado é capaz, em seu impulso íntimo, de transformar a amargura desse reconhecimento numa exaltação ébria que o leva, com a coragem da embriaguez, a tentar a realização do impossível; porque só ele é movido por duas forças artísticas [isto é, a poesia e a música] às quais não pode resistir e pelas quais se deixa levar de bom grado ao sacrifício de si mesmo.[2]

O que aqui aproxima o músico do porvir do terrorista é a necessidade de realizar o impossível no real por meio de um ato sim-

---

2. Richard Wagner, *Opera and Drama*. Londres: Reeves, 1913. p. 356. v. 2.

bólico. Em trechos como esse, percebe-se que Wagner estava consciente de quanto a união reencontrada na *Gesamtkunstwerk* era artificial e precária. Seria inútil, porém, procurar no autor de *O anel dos nibelungos* uma visão clara das aporias do fazer artístico moderno. Nele, dificuldades como aquela apontada acima se resolvem sempre, como por milagre, por um ato desesperado da vontade. Assim é recuperada, in extremis, a totalidade do absoluto romântico.

Baudelaire já observa o mundo com outros olhos. Na Vênus de *Tannhäuser* (uma Vênus subterrânea, cuja gruta encantada, entre um balé de Bacantes e um coro de Sereias, difunde uma luz rosada, como um bordel do Segundo Império), ele enxerga muito bem uma figura exemplar da relação entre a poética de Wagner e o mundo clássico. E anota, depois de expor o projeto wagneriano de restauração do teatro grego:

> Os fenômenos e as ideias que se produzem periodicamente através das épocas sempre extraem, a cada ressurreição, o caráter complementar da variante e da circunstância. A radiosa Vênus antiga, a Afrodite nascida de branca espuma, não atravessou impunemente as horrendas trevas da Idade Média. Ela não mais habita o Olimpo nem as margens de um arquipélago perfumado. Recolheu-se ao fundo de uma caverna magnífica, é verdade, iluminada, todavia, por luzes que não são aquelas do benevolente Febo. Ao descer sob a terra, Vênus se aproximou do inferno e irá, sem dúvida, em certas solenidades abomináveis, prestar regularmente homenagem ao arquidemônio, príncipe da carne e senhor do pecado. Da mesma forma, os poemas de Wagner, ainda que revelem um gosto sincero e uma perfeita inteligência da beleza clássica, também participam, em extrema intensidade, do espírito romântico.[3]

3. Ibid., p. 55.

Nessa época, Baudelaire já escrevera "Un Voyage à Cythère" (1857: *"Dans ton île, ô Vênus! je n'ai trouvé debout/ Qu'un gibet symbolique où pendait mon image.../ Ah! Seigneur! donnez-moi la force et le courage/ De contempler mon cœur et mon corps sans dégôut!"*).[4] A necessidade heroica de conviver com as dilacerações modernas substitui, nele, a ilusão rousseauniana, tão importante para Wagner, de uma volta à antiga integridade. Os gestos messiânicos do compositor, que culminarão anos depois na construção da nova Atenas de Bayreuth, não impressionam o poeta. O texto é explícito sobre esse ponto. Reconhece, em Wagner (já em 1861!), a convivência de dois caracteres, o homem da ordem e o homem apaixonado. E acrescenta:

> É do homem apaixonado, do homem do sentimento, que se trata aqui [...]. Desde o princípio, uma consideração surpreendera-me vivamente. É que, na parte voluptuosa e orgíaca da abertura do *Tannhäuser*, o artista pusera tanta força, desenvolvera tanta energia quanto na pintura da misticidade que caracteriza a abertura de *Lohengrin* [...]. O que me parece, portanto, antes de mais nada, marcar de maneira inesquecível a música desse mestre é a intensidade nervosa.[5]

Realmente, é difícil resistir à tentação de ler o *Richard Wagner* de Baudelaire através das lentes do *Charles Baudelaire* de Benjamin. É involuntário, por exemplo, o gesto rápido com que o poeta deixa transparecer, sob as fantasias neogóticas das encena-

4. "Vênus, em tua ilha eu vi um só despojo/ Simbólico: uma forca, e nela a minha imagem.../ — Ah, Senhor, dai-me a força e insuflai-me a coragem/ De olhar meu coração e meu corpo sem nojo!" Charles Baudelaire, *As flores do mal*. Trad. de Ivan Junqueira. 2. ed. Rio de Janeiro: Nova Fronteira, 1986. p. 411.
5. Wagner, op. cit., p. 93.

ções wagnerianas, o vulto indiferenciado das massas das grandes cidades modernas?

Dir-se-ia que Wagner ama com predileção as pompas feudais, as assembleias homéricas onde jaz uma acumulação de força vital, as multidões entusiasmadas, reservatório de eletricidade humana, de onde o estilo heroico brota com impetuosidade natural.[6]

A passagem gradativa do ritualizado ao caótico, entre *pompes*, *assemblée* e *foules*, compensada pela força crescente das metáforas industriais, parece muito bem calibrada para ser casual.

Expressões como "intensidade nervosa", "acumulação de força", "reservatório de eletricidade", recorrentes no ensaio todo, apontam, sem dúvida, para o tratamento particular da dissonância na harmonia de Wagner, embora Baudelaire não possua o instrumental técnico para explicitá-lo com clareza. O acorde dissonante, em Wagner, raramente se resolve por completo numa consonância; nunca deixa, porém, de simular uma resolução, através de infinitas mediações, sem jamais alcançar um ponto de repouso. Por outro lado, o material melódico da época de Wagner já é enrijecido demais para permitir um desenvolvimento real, no sentido clássico. As células temáticas não se transformam, apesar do grande movimento harmônico. Em outras palavras, há uma circulação contínua da tensão, sem que essa tensão consiga, em momento algum, ter uma influência efetiva sobre o grupo de motivos que constitui o material da obra. É o que Adorno chama, por sua expressividade sem função, de "caráter da subjetividade autárquica".[7]

A mesma questão pode ser abordada de outro ponto de vista.

6. Ibid., p. 79.
7. Theodor W. Adorno, *Wagner. Mahler*. Turim: Einaudi, 1975. p. 69.

A doutrina das correspondências, a ideia de que fosse possível interpretar o mundo como uma "floresta de símbolos", exigia uma verificação em todos os campos de linguagem — seria possível dizer, com perdão do anacronismo da expressão, que obrigava Baudelaire a uma semiótica geral. Deixando de lado o ideal romântico, que ainda era o de Wagner, de uma união das artes, tratava-se agora de definir um nível suficientemente genérico e abstrato para que esse sistema de associações pudesse ter total abrangência. Nesse sentido, Wagner ocupa, para Baudelaire, uma posição simétrica àquela de Delacroix.

Na primeira parte do ensaio, o poeta se pergunta se na música é possível reconhecer um significado unívoco:

> Na música, como na pintura, e até mesmo na palavra escrita, que é a mais positiva das artes, há sempre uma lacuna completada pela imaginação do ouvinte. São, sem dúvida, essas reflexões que levaram Wagner a considerar a arte dramática, isto é, a reunião, a *coincidência* de várias artes, como a arte por excelência, a mais sintética e a mais perfeita. Ora, se afastamos por um instante o concurso da plástica, do cenário, da incorporação dos tipos imaginados em comediantes vivos e até mesmo da palavra cantada, ainda permanece incontestável que, quanto mais eloquente é a música, mais a sugestão é rápida e justa, e maior é o ensejo de que os homens sensíveis concebam ideias em relação às que inspiravam o artista.[8]

Note-se, de passagem, que o poeta se libera aqui, como se se tratasse de uma questão secundária, do conceito de obra de arte total. Se a reunião das artes reforça o sentido imediato, é contrária por isso mesmo à definição de um plano simbólico geral, onde

8. Baudelaire, op. cit., p. 33.

todos os sentidos possíveis, por cadeias de analogias, teriam livre circulação. A *coincidência* wagneriana (o itálico é de Baudelaire) não é compatível com a *correspondência* simbolista. A primeira pressupõe uma acumulação e, no horizonte, uma totalidade que seja possível alcançar; a segunda, uma possibilidade absoluta de troca (de ideias em relação a outras ideias, como sugere o trecho citado), portanto um sistema infinito de equivalências.

Talvez por isso Baudelaire escolha, para sua demonstração, uma peça musical sem texto: a abertura do *Lohengrin*. No programa do concerto, o poeta lê sobre "espaços infinitos", "uma legião milagrosa de anjos" que se define aos poucos à visão, "a luminosa aparição" do Santo Graal que provoca "adoração estática"; em seguida "chamas ardentes" que abrandam progressivamente o esplendor da relíquia e "o cortejo de anjos que esvanece nas profundezas do espaço", depois de ter espargido, no coração dos homens puros, "o divino licor". Em *Tannhäuser e Lohengrin de Richard Wagner*, publicado por Liszt dez anos antes, encontra, para a mesma abertura, um comentário mais técnico:

> [...] um éter vaporoso que se expande [...] efeito exclusivamente confiado aos violinos, divididos em oito estantes diferentes, que, após vários compassos de sons harmônicos, continuam nas notas mais agudas de seus registros; trompetes e trombones "repetem a melodia pela quarta vez, com um clarão fascinante de cores, como se nesse instante único o santo edifício tivesse brilhado diante de nossos olhares ofuscados, em toda a sua magnificência luminosa e radiante"; "O transparente vapor das nuvens volta a se fechar [...] e o trecho se encerra pelos seis primeiros compassos, tornados ainda mais etéreos.[9]

9. Apud Baudelaire, op. cit., p. 57.

As duas interpretações anteriores são transcritas sem interrupção. Baudelaire, no entanto, faz uma pausa antes de apresentar sua própria leitura. Se ousa relatar os devaneios que o pegaram à primeira escuta, é porque a comparação com os devaneios precedentes demonstrará que uma música realmente expressiva produz as mesmas imagens em cérebros diferentes. Aliás, acrescenta, essa demonstração não seria, a rigor, necessária, "pois seria surpreendente que o som e a cor fossem impróprios para traduzir ideias, sendo as coisas sempre expressas por uma analogia recíproca, desde o dia em que Deus proferiu o mundo como uma complexa e indivisível totalidade". E aqui insere, sem nenhuma preparação, os dois quartetos iniciais de seu soneto-manifesto, "Correspondances". Logo depois, de forma igualmente súbita, retoma o fio do discurso com um simples "*Je poursuis donc*" [Prossigo então].

Munições tão pesadas, num trecho que tem a aparência de uma articulação secundária, se justificam apenas porque a leitura de Baudelaire não se situa, na realidade, no mesmo plano das outras. O que o poeta vê, de fato, na abertura do *Lohengrin*? Libertação "das ligações com a gravidade"; a "volúpia que circula nos lugares altos"; "uma solidão com um imenso horizonte e uma ampla luz difusa"; "a imensidão sem outro cenário senão ela própria", "um acréscimo sempre renascente de ardor e brancura". Não é apenas uma interpretação "mais vaga e abstrata", como Baudelaire a define; é uma leitura clínica da música de Wagner, contraposta a duas interpretações literárias. Com uma associação certamente proposital, o autor fala, logo no parágrafo seguinte, das "vertiginosas concepções do ópio". Embora os juízos de fundo sejam opostos, encontram aqui sua primeira formulação as famosas expressões de Nietzsche (*O caso Wagner*, 27 anos mais tarde) de que Wagner "adoeceu a música" e que "Wagner é uma neurose".

O gesto com que Baudelaire passa do programa do concerto à análise de suas sensações abstratas corresponde ao movimento com que, nos *Salons*, se afasta dos quadros de Delacroix para confundir as figurações e perceber apenas as relações entre manchas de cor. Mas a simetria é quebrada pela ênfase muito maior, no caso da música, sobre a resposta imediata, fisiológica, aos estímulos. A carta endereçada a Wagner, um ano antes, tinha sido ainda mais explícita ao comparar a música do compositor "aos excitantes que aceleram o pulso da imaginação" (p. 21). Um trecho dessa carta, que se refere provavelmente à mesma abertura, merece uma citação integral:

> Para me servir de comparações tomadas de empréstimo à pintura, suponho diante de meus olhos uma vasta extensão de vermelho-escuro. Se esse vermelho representa a paixão, vejo-o chegar gradualmente, por todas as transições de vermelho e rosa, à incandescência da fornalha. Pareceria difícil, impossível mesmo, chegar a alguma coisa de mais ardente; e, contudo, um último foguete vem traçar um rastro mais branco sobre o branco que lhe serve de fundo. Esta será, se o senhor assim quiser, o clamor supremo da alma elevada a seu paroxismo.[10]

Na defesa de seus queridos coloristas, o Baudelaire crítico de arte utilizara sistematicamente metáforas musicais: harmonia, timbre, contraponto. Nunca havia chegado, porém, a expressar uma ideia tão pura de cor.

Em *Richard Wagner e "Tannhäuser" em Paris* ele desenha de fato, sob o pretexto de uma intervenção militante, um novo tipo de escuta, posterior àquela do subjetivismo romântico. Sob os

---

10. Baudelaire, op. cit., p. 21.

efeitos das descargas nervosas, qualquer tipo de coerência discursiva é quebrado, a não ser aquela puramente física do aumentar e diminuir da intensidade, da luminosidade do som. A ausência de desenvolvimento, que torna impossível uma experiência real do material temático, e que Wagner ainda disfarça sob a modulação contínua, não é mais um problema, num sistema infinito e necessariamente estático de analogias. A música parece aqui proporcionar sensações tão puras e intensas não porque seja capaz de atingir camadas mais profundas do espírito, mas justamente porque permanece na superfície, no nível das reações cerebrais imediatas, o mesmo sobre o qual atuam as drogas. Aí está sua verdade: ela nos revela o funcionamento mecânico da imaginação.

A partir dessa ideia de música, Mallarmé transformará o discurso numa estrutura musical, revertendo a concepção que, desde Rousseau, fazia da música uma prática discursiva. Depois, musical será, para Lévi-Strauss, a forma com que os mitos se pensam. É tentando combinar a modulação contínua de Wagner com as repetições obsessivas de alguns poemas de *Fleurs du Mal* (*Cinq Poèmes de Baudelaire*, 1889), muito mais do que por uma súbita influência exótica, que Debussy alcançará um estilo pessoal. Cinco anos mais tarde, inspirando-se num poema de Mallarmé, desenhará a primeira paisagem musical moderna sem sujeito humano: o *Prélude à l'après-midi d'un faune*. Nenhuma dessas passagens talvez seja compreensível sem o gesto quase ocasional com que Baudelaire inaugurou um novo wagnerismo.

Introdução a Glenn Gould

Na época da reconstrução filológica do som antigo é quase irônico que a melhor interpretação de *O cravo bem temperado* seja ainda aquela de um pianista que nunca gravou ao cravo. É igualmente surpreendente que o intérprete mais amado pelas vanguardas seja um instrumentista que deu o melhor de si em gravações de música barroca e ofereceu suas performances mais discutíveis ao repertório contemporâneo.

De fato, nenhuma categoria tradicional se aplica a Glenn Gould. Como pianista, ele dispunha de duas grandes qualidades: uma articulação extraordinariamente elástica dos dedos, que lhe permitia tocar quase sem utilizar o pulso e o braço, conferindo assim às passagens polifônicas mais intricadas a máxima transparência e precisão, e uma visão extremamente clara das estruturas formais, reforçada por uma cultura e uma capacidade de análise incomuns entre os instrumentistas. É a partir daí que Gould construiu suas interpretações, sempre imprevisíveis, diferentes, às vezes provocatórias — na maioria dos casos, a rigor, historicamente erradas.

O fato é que Gould parecia acreditar que cada obra musical fosse não tanto a manifestação da cultura de uma época quanto uma estrutura formal cujo estilo e significado pudessem ser sempre renovados. Nisso, revelava-se coetâneo da geração do serialismo e do estruturalismo, das leituras transversais e da obra aberta. Suas interpretações representaram para essa geração, apesar da diferença de repertório, o complemento pianístico da atuação de Pierre Boulez na regência.

Mozart, último horizonte

Há algo de incompleto na imagem que se tem de Mozart. Ingênuo *enfant prodige* ou experiente libertino, conspirador maçom ou frívolo cortesão — em nenhuma dessas máscaras o autor se assemelha à profundidade de sua obra. O problema deve estar ligado, de alguma forma misteriosa, ao próprio estilo clássico, porque também de Haydn, o outro grande fundador da escola vienense, se transmite uma imagem insatisfatória: um homem tranquilo, honesto, satisfeito com o próprio artesanato, nenhuma visão estética mais ampla, nenhuma poética comparável à de um Händel ou Beethoven. No caso de Mozart, porém, essa inadequação tornou-se simbólica para significar, em termos românticos, a graça divina do gênio que visita indivíduos aparentemente insignificantes.

Seria fácil sacudir os ombros e se dedicar apenas à análise da obra, se na música de Mozart não deparássemos, de novo, com o mesmo impasse. É sempre muito difícil indicar, ali, o ponto exato em que se verifica o salto do óbvio ao genial, da banalidade à obra-prima. O material que Mozart utiliza é, em grande parte, convencional. O vocabulário dele não é particularmente extenso. O modo como esse material é organizado revela, isso sim, uma capacidade surpreendente em organizar as transições, em ligar ideia com ideia de forma clara e coerente; mas isso não levaria a nada mais do que admiração por um grande talento. No entanto, ao longo desse percurso tão límpido, o gracioso torna-se sublime, o convencional se transforma em algo nunca ouvido antes. Para explicar esse salto de qualidade, não podemos apelar a uma concepção formal do tipo lógico-combinatório, como nos barrocos, nem àquelas irregularidades, frestas sintáticas que, de Beethoven em diante, revelam por trás do material a personalidade do artista. As obras de Mozart dizem respeito apenas a si mesmas, aos procedimentos com que foram construídas. Suas melhores ideias não são matemáticas nem imediatamente expressivas: são técnicas.

Talvez "técnica" seja a palavra-chave. Do projeto da *Encyclopédie* até o último ato do *Fausto*, o ideal de uma cultura pragmática, liberada do dogma escolástico, mas ainda não fragmentada pelo trabalho industrial, promete um novo humanismo. Construir estradas enquanto se classificam pedras e plantas, reorganizar a burocracia de um Estado nos intervalos da composição de um drama são tarefas de um novo tipo de intelectual. É a época áurea do conhecimento técnico. Sua trajetória, porém, é muito rápida. Não encontramos muitos rastros dela, por exemplo, nas artes plásticas. O salto do rococó ao neoclássico, do leque ao quadro histórico é demasiado violento para admitir um momento de equilíbrio. No rococó, a obra de arte é ainda vértice e modelo da produção artesanal, segundo um esquema de origem renascentista que encontra aqui sua última e mais fragmentada expressão; com o neoclássico, o trabalho do artista se identifica com o projeto, que deveria passar à realização quase sem resistência do material, como se a arte já se preparasse para a reprodução em série. Entretanto o ideal técnico do Iluminismo, essa reconstrução do saber a partir do fazer, onde a relação do homem com a própria atividade é de perfeito controle, mas também de fascinação, onde as soluções são sempre singulares e concretas e obrigam a uma familiaridade enciclopédica com a área de operação, os materiais e os instrumentos — tudo isso encontra sua plena expressão só em música e, em estado puro, só em Mozart.

Mozart identifica, com maior lucidez do que qualquer outro, a célula germinal possível de uma forma especificamente musical: a dupla tensão/distensão, consonância/dissonância típica da harmonia tonal. A partir daí constrói todos os níveis sintáticos de sua linguagem. Os elementos utilizados (melodias, timbres, ritmos) são sempre, em princípio, discordantes. A mesma oposição existe, em níveis sempre mais genéricos, entre frases, períodos ou seções inteiras de cada obra. O trabalho do compositor será, pois, descobrir a unidade subentendida e reconduzir a tensão centrífuga a um centro comum. Essa ideia formal já está embutida na nova forma de sonata que Haydn vinha elaborando, mas é Mozart que lhe confere forma definitiva e explora todas as suas possibilidades, aplicando-a a cada tipo de composição e até a cenas inteiras de ópera.

A discordância dos elementos básicos, além de uma óbvia oposição de tonalidades, nunca é da mesma natureza de uma composição para a outra. Em cada obra o problema se põe em termos diferentes, e o caminho das pedras tem de ser descoberto de novo. O material não tem importância em si, pela beleza de sua ornamentação, como no estilo rococó, mas pela rede de relações em que está imerso — por isso, Mozart pode usar tranquilamente velhos clichês, sem disfarçá-los. Por outro lado, essa rede de relações não se dá de antemão, mas é determinada pela natureza, pelos contrastes e pelas semelhanças do material escolhido. A forma não é mais abstrata, absoluta, transcendente à composição, e sim imanente a ela. O projeto se identifica com o processo. É uma intuição formal tão forte que conferirá à música, por si só, mais de um século de liderança sobre as outras artes. Falar de forma estética, no século XIX, será falar em termos musicais.

É justamente no século XIX, porém, que se encontram as maiores manipulações, os maiores mal-entendidos sobre a figura de Mozart. O compositor austríaco havia reorganizado a prática musical corrente, fazendo com que ela adquirisse um novo sentido, sem modificar aparentemente suas características. Mais tarde, ser compositor significará, ao contrário, quebrar os limites da prática, impor-lhe um marco pessoal. Numa época em que, por exemplo, o compositor já é distinto do regente e as orquestras respondem a uma estrutura-padrão, as questões práticas ocupam um lugar mais baixo na hierarquia musical. A relação com a técnica não é mais de simbiose, mas de domínio. A imagem de um músico que, antes de escrever uma ária, queira ouvir o cantor que iria executá-la resultará tão incompreensível quanto, na época da agricultura extensiva, a imagem de um Goethe jardineiro. O homem Mozart parecerá então insuficiente para explicar sua própria obra justamente porque se identifica por completo com ela, sem distanciamento, sem ironia romântica. E essa obra permanecerá misteriosa porque ela é, sem subtextos, a solução mais simples possível aos problemas que ela mesma põe.

Uma circularidade tão perfeita do processo artístico nunca mais, talvez, tenha sido possível. O próprio Mozart, nos últimos trabalhos (o final do *Don Giovanni*, *A flauta mágica*, o *Réquiem*), denuncia novas inquietações. No entanto, na fase artística que ainda hoje vivenciamos, sua obra permanece como último horizonte, resolução de todas as dissonâncias. Já não podemos entender completamente Mozart, e ainda não podemos renunciar a ele.

Deus cantor

A música do Ocidente europeu pertence, como o restante de sua cultura, ao grupo indo-europeu. Num determinado momento de sua história, todavia, destacou-se desse tronco e deu início a um processo evolutivo cada vez mais acelerado que levou à polifonia, ao compasso, à teoria harmônica. As outras tradições do mesmo bloco, da Índia ao Norte da África, passando pelos países eslavos, continuam a ter fortes vínculos de parentesco. Nossos hábitos musicais, ao contrário, revelam apenas sombras semiapagadas da raiz comum. Em seu caráter nitidamente direcionado, em sua dupla dimensão, horizontal e vertical, na tensão interna que é sempre possível reconhecer nela, a música do Ocidente é fortemente atípica.

Cabe indagar, portanto, a origem desse descolamento, suas causas e seus significados. Onde podemos situar cronologicamente os primeiros sinais de uma diferenciação? A música grega e romana não difere ainda, na substância, das tradições indiana ou árabe. O surgimento da polifonia no período gótico, ao contrário, parece ser um fenômeno demasiado recente — mais o efeito, o fruto maduro de uma mudada condição da música, do que o início de um novo rumo.

A época em que a formação do canto cristão se sobrepõe à crise da música antiga, entre os séculos III e V d.C., é, a meu ver, um ponto de partida ideal. Os teóricos dos séculos VI e VII, Isidoro, Cassiodoro e Boécio, que se tornaram referência obrigatória nas escolas medievais, tentaram uma restauração racionalista, recuperando inclusive termos e teses da Antiguidade. Acabaram escondendo ou amaciando os traços mais originais das novas práticas. Mas os escritores cristãos dos séculos imediatamente anteriores estão vivendo em plena revolução cultural e não tentam abrandar os elementos de novidade. É nestes, ao contrário, que eles apoiam sua identidade de cristãos contra uma cultura pagã ainda viva e ativa.

O autor que com mais profundidade e inteligência soube descrever essa revolução foi Agostinho de Hipona. Ele — que é gramático por formação, escritor por vocação, filósofo neoplatônico por entusiasmo juvenil, cristão e teólogo por escolha madura — é não somente a melhor testemunha, como também a expressão mais alta da crise que inaugurou nossa era. Além disso, é um autor que sempre pôs no centro de sua reflexão temas ligados à língua, à métrica e à música, enfrentando-os em seus aspectos técnicos, igualmente os transformando em instrumentos de investigação metafísica.

Em algumas cartas da maturidade do santo (epístolas 138 e 146, datadas c. 410),[1] encontra-se uma expressão que poderíamos

---

1. Eps. 138 e 146 (Jacques-Paul Migne, *Patrologia latina*, XXXIII, cols. 525-37 e 720-33; em particular, cols. 527 e 726); cf. também eps. 137, ibid., cols. 515-25, e o comentário de Henri-Irénée Marrou, *L'Ambivalence du temps de l'histoire chez saint Augustin* (Montréal/Paris: Institut d'Études Mediévales/Libraire J. Vrin, 1950. pp. 82-3).

traduzir aproximadamente como "Deus cantor": *Deus modulator*. O termo latino "modulator" possui uma significação ampla. *Modulatio* deriva de *modus*, "medida". É *modulatio* qualquer movimento bem-proporcionado que tenha seu fim em si mesmo. Em termos modernos: qualquer movimento belo que tenha finalidade estética. Num tratado juvenil sobre a música, Agostinho exemplifica a *modulatio* com o trabalho do oleiro: este realiza gestos ritmados, que são, porém, apenas consequências de operações destinadas à feitura do vaso. Mas, se nos abstrairmos da finalidade de seus gestos e os observarmos apenas como movimentos belos, a arte do oleiro se tornará uma dança, portanto, uma *modulatio*.[2]

A música é a ciência de boa *modulatio* (*scientia bene modulandi*) e inclui portanto a dança. Contudo, a forma mais pura de música é a do movimento sonoro, a melodia. A melodia surge sem o suporte de uma matéria preexistente (nem que seja o próprio corpo do dançarino), sem um deslocamento no espaço, sem uma causa no tempo. A melodia produz ao mesmo tempo sua matéria e sua forma.[3] Mas onde está sua forma? Não no espaço, é óbvio, porque a melodia não ocupa espaço. Então estaria no tempo. O tempo, porém, é feito de momentos sucessivos, e cada um deles desaparece para deixar lugar ao seguinte. Se a forma é a relação das partes com o todo, que partes são essas, que se excluem mutuamente? A questão da forma da música deságua assim na questão da forma do tempo. Aliás, a questão fundamental é esta: é possível falar de uma forma no tempo, assim como se fala de uma forma no espaço?

O problema voltou a ser atual no fim do século XIX, com a crise convergente da física newtoniana e da filosofia idealista de Kant. Este tinha designado o espaço e o tempo como formas a

2. *De musica*, I, II, 2-3.
3. *Confissões*, XII, XXIX.

priori da experiência, formas que antecedem qualquer conheci-mento. A partir do fim do século XIX começa-se a questionar se realmente o tempo possui um estatuto tão primordial quanto o espaço, e se nossa percepção das estruturas e formas temporais é tão imediata e intuitiva quanto nossas percepções espaciais.

Ernst Cassirer, um dos principais representantes da escola neokantiana, observou no começo do século que todas as nossas expressões relativas ao tempo são na verdade expressões espaciais empregadas por analogia: o intervalo de tempo, o tempo que se dilata na teoria da relatividade, o tempo como reta infinita etc. Apreendemos as estruturas temporais apenas de forma indireta, mediante um análogo espacial.[4] Um autor ainda mais recente, Paul Ricœur, também afirma que uma apreensão imediata do tempo é impossível. O que produz a série temporal é a atividade humana de construção de um enredo, que põe em relação os even-tos dentro de uma narrativa.[5]

Em Cassirer encontramos um modelo espacial do tempo; em Ricœur, um modelo narrativo. Em ambos os casos, considera-se impossível uma apreensão imediata das formas do tempo (uma fenomenologia pura do tempo, segundo a expressão de Ricœur). Agostinho também parece considerar impossível uma intuição do tempo. Mas sua solução não é nem geométrica (embora utilize metáforas espaciais) nem narrativa. É musical. O tempo se asse-melha à música. Quando eu canto, sei a forma da melodia, ainda que essa forma nunca esteja presente inteira nos sons que vou pronunciando. A forma, nesse caso, é uma espécie de tensão (*in-tentio*) que puxa cada nota em direção à seguinte. Só na última

---

4. Ernst Cassirer, *A filosofia das formas simbólicas*. Trad. de Marion Flescher. São Paulo: Martins Fontes, 2001. pp. 237-56. 3 v.
5. Paul Ricœur, *Tempo e narrativa*. Trad. de Claudia Berliner. São Paulo: Martins Fontes, 2012. 3 v.

nota a forma se acaba, mas também acaba, se esgota, porque não há mais tensão. A melodia esvanece e se deposita na memória, como tensão potencial que pode ser revitalizada quando recomeço a cantar.[6]

Portanto, cantar é dar forma ao tempo, criar uma série de momentos sucessivos unificados por uma tensão interna. Mas essas tensões locais se inscrevem numa série temporal geral, que vai da Criação até o Juízo Final, como motivos secundários numa grande melodia. Não percebemos sua forma geral, assim como as notas de uma melodia, se tivessem consciência, não poderiam perceber a forma da melodia em que estão inscritas. O momento presente deve se extinguir para deixar lugar ao seguinte, segundo uma lógica que não podemos enxergar. Só no final dos tempos a melodia será completa e clara. Mas também se esgotará.[7]

Quem canta essa melodia é Deus. Como um músico, ele também cria sem uma matéria preexistente, sem um deslocamento no espaço, sem uma causa no tempo. Como um cantor que produz ao mesmo tempo os sons e a melodia que os sons desenham, Deus cria simultaneamente os corpos e o tempo em que os corpos se inscrevem. Não há tempo antes da Criação, porque na eternidade não há tensão para o futuro nem lembrança do passado. A eternidade é um presente imutável.[8] A questão do tempo, que para os gregos era principalmente um problema físico, se desdobra assim numa questão teológica e numa questão psicológica. O que articula os dois planos é a música como ciência da *modulatio*, isto é: criação desinteressada de movimentos belos.

Esse é o perfil que o Agostinho maduro dá à questão. Mas é uma abordagem que se define aos poucos, graças a uma modifi-

---

6. *Confissões*, XI, XXVIII, 38.
7. *De ordine*, II, IV, 11-2, e *De musica*, VI, XI, 30; cf. Marrou, op. cit., pp. 76-83.
8. *Confissões*, XI, XXIX-XXX, 39-40.

cação gradual da terminologia e das teorias antigas, no esforço de adaptá-las à doutrina cristã e à função diferente que os novos tempos exigem da filosofia e das artes. Agostinho jovem é um neoplatônico, e continuará usando teses e termos neoplatônicos pelo resto da vida. Mas eles irão aos poucos mudar de significado e de perfil, até se tornarem completamente originais.

A passagem, mediante a música, da esfera humana a uma esfera superior era um elemento da ética greco-romana, mas tinha então um sentido muito diferente. Os antigos distinguiam três níveis temporais: a eternidade, imóvel e imutável; o perpétuo, isto é, todos os movimentos que se repetem ao infinito, como os movimentos celestes; e o tempo em sentido estrito, que é sucessão irregular de eventos. Há uma hierarquia entre esses três níveis: a eternidade é o modo de ser das ideias, da verdade, das essências. O perpétuo é o reflexo imediato dessa realidade superior, sua imitação mais perfeita no mundo do sensível. O tempo só adquire significação racional se encontramos nele regularidades periódicas que possam aproximá-lo do perpétuo.[9] Essas regularidades são os *ritmos*.

"Ritmo" é uma palavra grega que deriva de "reo", "fluir". Em seu primeiro e mais amplo significado, o ritmo é portanto a maneira com que um evento flui no tempo. Não há nesse termo nenhuma referência necessária a regularidades periódicas ou a relações matemáticas entre intervalos. Todavia, o ritmo se torna mais interessante, para o pensamento grego de origem pitagórica ou platônica, na medida em que se descobrem nele uma regularidade e uma proporção que o aproxime dos movimentos perpétuos. A

9. Cf. Plotino, *Enéadas*, III, 7.

teoria rítmica dos gregos será portanto um esforço contínuo para a regularização e a matematização das durações.[10]

O mesmo esforço de racionalização se encontra na análise das escalas melódicas. Os gregos foram grandes teóricos musicais. Em compensação, não escreviam música, a não ser excepcionalmente. É que consideravam a composição e a improvisação musical apenas uma manifestação efêmera de uma ordem permanente: a proporção bela dos intervalos e das durações. Era essa proporção que podia ser reconduzida a um nível superior, o dos movimentos cíclicos: a música mundana das esferas, ou a música humana do organismo vivo. A primeira garantia a relação da música com uma verdade superior; a segunda, com um éthos, isto é, com os sentimentos e as ações humanos. Há um termo significativo, em grego, que indica as operações necessárias para fazer uma boa composição: "pettéia". A palavra indicava originalmente os jogos de tabuleiro. As regras para a composição, para a realização da música eram para os gregos algo parecido com as regras para jogar xadrez: o que conta é o jogo, e não cada partida.[11] É evidente o contraste desse ponto de vista com o nosso. Para nós, os sistemas musicais existem em função da obra, e não a obra em função do sistema. A obra-prima muda as regras.

10. Louis Laloy, *Aristoxène de Tarante disciple d'Aristote et la musique de l'Antiqué*. Genebra: Minkoff Reprint, 1973 (1904); René Waltz, "Ρυθμοσ et numerus". *Revue des Études Latines*, xxvi, pp. 109-20, 1948; Evanghelos Moutsopoulos, *La Musique dans l'œuvre de Platon*. Paris: PUF, 1959. pp. 77-80.

11. A *pettéia* musical é assim definida por Aristides Quintiliano: "*Pettéia* é aquela graças à qual sabemos quais sons devem ser evitados, quais utilizados, e quantas vezes; com qual é necessário começar e com qual terminar. Indica também o caráter musical" (*De musica*, i, xii. Leipzig: R. P. Winnington-Ingram, 1963. p. 29; apud Luisa Zanoncelli, *La manualistica musicale greca*. Milão: Guerini, 1990. p. 1313). Cleônides lhe atribui uma função mais limitada: regra que governa a repetição das notas ("Introduzione all'armonica", cap. 14; In: Zanoncelli, op. cit., p. 107).

Quanto ao ritmo, o sistema grego era determinado pela prosódia quantitativa da língua, baseada na alternância entre sílabas longas e breves. A relação entre as duas quantidades não era necessariamente matemática. Mas já na época de Aristóteles existia uma corrente, chamada escola dos *rítmicos*, que tentava medir todas as durações da prosódia com uma unidade abstrata de tempo, o *chronos protos*. Essa matematização do ritmo permitia quebrar a relação fixa entre longa e breve, construindo ritmos irregulares mediante o recurso a sílabas "hiperlongas" ou "hiperbreves". Aos *rítmicos*, que eram sobretudo teóricos musicais, se opunham os *métricos*, que eram basicamente gramáticos, e que tentavam conservar a antiga prosódia. Os *métricos* defendiam a pronúncia exata das palavras, a única capaz de preservar o ritmo original da língua.[12]

Os latinos absorvem a teoria musical grega numa fase já avançada da matematização, tanto que cometeram um erro de tradução revelador: interpretaram a palavra "ritmos" não como um derivado do verbo "reo", "fluir", mas como uma deformação do substantivo "arítmos", "número", e a verteram no latim "numerus". A consequência foi uma mudança de perspectiva: para os gregos, os valores numéricos eram algo que podia e devia ser extraído do fluir dos eventos, mas não era dado de antemão; para os latinos, ao contrário, são rítmicas apenas aquelas durações que já se apresentam como qualidades regulares, numéricas. Todos os movimentos irregulares ficam com isso fora do campo do conhecimento.[13]

Essa restrição foi particularmente problemática porque a prosódia latina tinha, ao que parece, uma vocação quantitativa

---

12. Cf. o resumo da polêmica em Marius Victorinus, *Ars grammatica*, i, 4. In: KEIL, Heinrich, *Grammatici latini*. Leipzig: Treubner, 1857. pp. 39-40. v. vi; Agostinho a retoma em termos semelhantes no *De musica* (i, i, 1, e ii, i-ii, 1-2).
13. Waltz, op. cit, pp. 115-7.

muito menos definida do que a grega. Os textos latinos arcaicos denunciam a presença de um acento tônico bastante marcado. Em outras palavras, a prosódia latina tende a se organizar não apenas como sucessão de longas e breves, mas também com a alternância de sílabas acentuadas e átonas, mais ou menos como a prosódia moderna. Isso introduz um elemento qualitativo no verso que dificilmente pode ser reduzido a valores numéricos. Na época clássica, houve um esforço da intelectualidade romana para moldar o latim pelo modelo grego, esforço que reduziu bastante as diferenças entre as duas línguas. Mas na era cristã, com o vir à tona dos latins populares e provinciais, essa tentativa de homogeneização vai por água abaixo.[14]

Agostinho era africano, originário da província que falava o latim mais irregular do Império. Mas também da terra que produziu os últimos grandes gramáticos da Antiguidade, defensores da pureza do latim clássico e grecizante de Cícero e Virgílio: além do próprio Agostinho, Cipriano e Mário Victorino.[15] Filho

14. Uma série de estudos publicados pela *Revue des Études Latines* entre as décadas de 1920 e 1930 ilustra bem os termos da questão: Roland G. Kent, "L'Accentuation latine: problèmes et solutions", III, pp. 204-14, 1925; M. G. Nicolau, "L'Origine du 'cursus' rythmique et les débuts de l'accent d'intensité en latin", VI, pp. 319-29, 1928, e VII, pp. 47-64, 1929; e "Quelques Considérations sur l'*ictus* et sur ses rapports avec l'accent", VII, pp. 148-69; Jules Marouzeau, "À Propos de l'accent latin: deux témoignages à réviser", IX, pp. 41-4, 1926, e "Structure rythmique de la frase et du vers latin", XI, pp. 325-43, 1931; Jean Cousin, "Encore l'accent latin", IX, 1931.
15. Victorino é o responsável pelas versões latinas dos principais textos neoplatônicos (*Isagoge*, de Porfírio, e *Enéadas*, de Plotino), graças às quais Agostinho se iniciou no neoplatonismo. É também autor de uma *Ars grammatica* que Agostinho utilizou extensivamente no *De musica*. Sua conversão ao cristianismo é narrada em detalhe nas *Confissões*, VII, II. Cipriano, que foi bispo

dessa tradição, o santo encontra-se portanto numa situação difícil: de um lado, há uma ciência rítmica matematizante e rígida, que exclui qualquer construção irregular; de outro, uma língua popular que, segundo a teoria, deveria ser considerada apenas aberração irracional.

Na medida em que Agostinho se torna cristão, e mais tarde bispo, empenhado em atividades pastorais em sua terra de origem, as duas realidades entram cada vez mais em conflito. É necessário falar a língua do povo, que é a língua dos verdadeiros crentes. É necessário cantar os cantos do povo, que não respeitam a prosódia tradicional. Mas como encontrar neles um novo tipo de beleza, que possa vencer a beleza da prosódia pagã? Há dois caminhos: o primeiro é reconstruir, dentro da nova realidade, um sistema rítmico-matemático tão articulado quanto o antigo; o segundo é mudar o sentido da palavra "ritmo", e com isso mudar a relação entre tempo e música. Agostinho oscila entre as duas soluções, mas se torna tanto mais inovador quanto mais tende para a segunda.

A primeira vez que Agostinho enfrenta a questão de maneira aprofundada é no diálogo *De ordine*, escrito quando já havia se convertido, mas ainda não fora batizado. *De ordine* é um livro estranho, que cria mais problemas do que soluções. Agostinho parece se preocupar em expor todas as dificuldades teóricas da teologia, mesmo que elas não tenham ainda uma resposta.

É significativo que o ponto de partida do diálogo seja uma

---

de Cartago no século III, é frequentemente apontado, com Santo Agostinho, como um dos iniciadores da prosódia rítmica medieval, em oposição à prosódia métrica dos clássicos (cf. M. G. Nicolau, "L'Origine du 'cursus' rythmique et les débuts de l'accent d'intensité en latin". *Revue des Études Latines*, parte II, pp. 58-61, 1929).

questão ao mesmo tempo rítmica e musical. Ouvindo o ruído irregular da água corrente de um canal, mergulhado na escuridão da noite, o autor se pergunta qual é a ordem que esse movimento aparentemente caótico expressa.[16] À diferença dos teóricos pagãos, um cristão não pode simplesmente excluir esse barulho da ordem racional, porque isso significaria dizer que Deus não controla toda a Criação, ou que Deus não é sempre racional. Nessa questão, Agostinho volta instintivamente à conotação original da palavra "ritmo", "fluência", embora continue pelo resto da vida a traduzir "ritmo" por "numerus".

A segunda epifania se dá na manhã seguinte, assistindo a uma briga de galos. Apesar da crueldade do espetáculo, a luta é bela, porque os galos se movimentam com gestos harmoniosos, segundo uma *modulatio*. Até o andar capenga do vencido, em oposição à dança de vitória de seu adversário, possui sua beleza. A questão, portanto, se complica ainda mais: a ordem não é mais posta apenas como artigo de fé, como princípio no qual é necessário acreditar, a despeito das aparências. Ela está aí, evidente, pelo prazer que retiro da beleza dos movimentos, embora não enxergue nada de racional neles.[17]

De ordine não dá uma resposta definitiva a essas questões. Apenas as propõe, no decorrer da discussão, em formas filosoficamente sempre mais aceitáveis. E conclui com um programa de estudos que é a primeira manifestação daquele que será, na Idade Média, o sistema das artes liberais. Há três artes da linguagem: a gramática, que ensina como formular corretamente as proposições; a dialética, que diz respeito ao conteúdo dessas proposições; a retórica, que ensina as melhores (mais belas) formas de eloquência. Seguem quatro artes do número: a música, a geometria, a

---

16. *De ordine*, I, III, 6-7.
17. Ibid., I, VIII, 25-6.

astronomia e, superior a todas, a aritmética, que estuda os números em si.

Na visão de Agostinho, essas artes preparam para o conhecimento filosófico, segundo uma progressão: a gramática é ciência da comunicação; a dialética é já uma ciência do conhecimento racional; a retórica tem um conteúdo estético, que a coloca num nível um pouco superior. A música, nesse esquema, tem uma posição central. Ela extrai da linguagem os elementos puros da beleza: os ritmos e os acentos, isto é, o sistema de alturas. Com isso, passa do campo dos signos ao campo dos números.[18]

Há dois pontos interessantes nesse programa cristão de estudos: o primeiro é a função de destaque dada à beleza. Nos extremos da hierarquia estão a gramática, ciência utilitária e social, e a aritmética, ciência dos conhecimentos racionais abstratos. O que permite a passagem gradual de um nível ao outro, da experiência à razão, é a beleza, como ordem imanente aos sentidos que remete a uma ordem superior do intelecto.

Fala-se muito da função repressora do cristianismo em relação à arte antiga (destruição de estátuas, abolição dos espetáculos teatrais etc.). Esse aspecto sem dúvida é real, mas há um outro,

---

18. Ibid., II, XII, 35-51. Henri-Irénée Marrou foi quem mais estudou essa questão nas obras de Santo Agostinho: veja "Saint Augustin et l'encyclopédisme philosophique" (*Revue des Études Latines*, XII, pp. 280-3, 1934); *Saint Augustin et la fin de la culture antique* (Paris: Boccard, 1938. parte II); "Les Arts libéraux dans l'antiquité classique" (*Arts libéraux et philosophie au Moyen Âge*, Actes du IVème Congrès International de Philosophie Médiévale. Paris: Vrin, 1969). Cf. também Tullio Gregory, "La *Reductio artium* da Cassiodoro a S. Bonaventura". In: NARDI, Bruno (Org.), *I classici della pedagogia italiana: il Medio Evo*. Città de Castelo: Giuntine; Sansoni, 1956. pp. 279-301; P. H. Baker, "Liberal Arts as Philosophical Liberation: St. Augustine's *De magistro*". *Arts libéraux et philosophie au Moyen Âge*, Actes du IVème Congrès International de Philosophie Médiévale. Paris: Vrin, 1969. pp. 469-79; Guy H. Allard, "Arts libéraux et langage chez St. Augustin", ibid., pp. 481-92.

complementar e oposto: o cristianismo, e Agostinho em particular, confere à arte um valor transcendente, uma capacidade de revelação que os antigos talvez não conhecessem. Sem dúvida, o sagrado era um elemento importante da arte antiga. Mas a arte, e sobretudo a música, tinha uma função catártica, de purificação. Punha em equilíbrio o corpo, acertava os ponteiros com a ordem cósmica, preparava o espaço para a aparição do divino. Não era, porém, essa aparição. Em Agostinho, ao contrário, a experiência estética proporciona a passagem do plano da experiência ao plano das ideias, porque é uma atividade ao mesmo tempo contemplativa (portanto, intelectual) e sensível (portanto, mundana). Justamente por se tratar de uma postura desinteressada em relação ao mundo, revela no mundo uma ordem que nossas atividades cotidianas, dirigidas ao útil, escondem.[19]

O segundo ponto importante no programa do *De ordine* é a posição que nele ocupa a música. No pensamento antigo e medieval, ela é normalmente considerada uma ciência exata. Agostinho, ao contrário, lhe confere uma posição intermediária, entre a matemática e a linguagem. Ela surge da fala e não, como na tradição pitagórica, do estudo de fenômenos físicos (as vibrações) ou de

19. Plotino, baseando-se numa passagem de Platão (*Fedro*, 248d), confere ao amante das artes uma posição intermédia entre o homem sensual e o filósofo (*Enéadas* I, III). Para ele, também, o belo era um dos caminhos para o conhecimento. Mas o objetivo da ascensão da alma era para os platônicos a sapiência, e não, como para os cristãos, o amor de Deus. A sensação estética, assim como qualquer tipo de emoção, se tornava desnecessária nos níveis mais altos. Uma alma verdadeiramente filosófica, aliás, podia muito bem dispensá-la, alcançando a verdade apenas pela via da virtude. Para Agostinho, ao contrário, a redenção é um ato de vontade ditado pelo amor de Deus e constantemente renovado (*Bona voluntas*; cf. *Lib. ar*, 1, XII, 25; veja também Hannah Arendt, *Le Concept d'amour chez Augustin. Essai d'une interprétation philosophique*. Paris: Deuxtemps Tierce, 1991). A função estética não se dissolve no movimento ascensional, mas se sublima na contemplação de Deus.

cálculos matemáticos.[20] Essa posição de Agostinho será pouco aproveitada na Idade Média: o pitagorismo prevalecerá, sobretudo graças a Boécio. Mas a contraposição entre música-ciência e música-linguagem voltará à tona ciclicamente, na Renascença, no Iluminismo, no romantismo, e se tornará um dos traços fundamentais de nosso pensamento musical.

Depois do *De ordine*, Agostinho se põe a realizar o programa e a resolver as questões apresentadas nesse tratado. Escreve em primeiro lugar um *De libero arbitrio*, para discutir a questão mais grave aflorada no diálogo anterior: a da origem do mal. Se o mal é estranho à ordem divina, há um princípio do mal exterior a Deus, e Deus não é o princípio de todas as coisas. Se, ao contrário, o mal faz parte da ordem divina, como o homem pode ser punido pelo mal que comete? A resposta a essa questão é complexa, e não pode ser abordada aqui. Um único aspecto nos interessa: a distinção agostiniana entre ação necessária, típica dos corpos inanimados, e ação voluntária, típica dos seres animados. A ação necessária tem sempre uma causa fora de si; a ação voluntária, ao contrário, tem sua causa em si, isto é: não é possível remontar além dela uma cadeia causal. Posto em outros termos: os eventos mundanos então organizados segundo cadeias causais (a ordem à qual Agostinho se refere aqui é sempre uma ordem causal); na origem de cada uma dessas cadeias está um ato de vontade, divina ou humana; aqui a

---

20. Sobre a posição da música no sistema antigo das artes, veja, além das obras já citadas na n. 18, Edward A. Lippman, "The Place of Music in the System of the Liberal Arts". In: LARUE, Jan (Org.), *Aspects of Medieval and Renaissance Music: A Birthday Offering to Gustav Reese*. Nova York: Norton, 1966; E. J. Dehnert, "Music as Liberal Art in Augustine and Boethius". *Arts libéraux et philosophie au Moyen Âge*, Actes du IVème Congrès International de Philosophie Médiévale. Paris: Vrin, 1969. pp. 987-91.

cadeia se interrompe, porque esse ato é livre, portanto não tem outra causa a não ser a própria vontade que nele se manifesta. Toda série de eventos se caracteriza assim como uma cadeia de causa e efeitos originada por um ato de vontade. É a vontade que confere um sentido, uma direção aos eventos. Está aqui, a meu ver, o embrião da interpretação agostiniana da forma do tempo, como tensão interior, ou intenção (*intentio*) que unifica uma série de eventos.[21]

Simultaneamente ao *De libero arbitrio*, Agostinho começa a trabalhar numa série de tratados sobre as artes liberais que deveriam ter uma ordem progressiva, conduzindo aos poucos da experiência sensível à verdade transcendente, segundo o modelo esboçado no *De ordine*. Mas é chamado de volta à África e nomeado bispo. Consegue acabar apenas um livro sobre gramática e seis livros sobre a rítmica, que deveriam fazer parte de um tratado musical mais amplo e que hoje são conhecidos por *De musica*.[22]

De musica, diálogo entre um mestre e um discípulo, apresenta uma forma assimétrica. Os primeiros cinco livros são um tratado de métrica, baseado nas teorias da escola matematizante dos rítmicos. É a última tentativa séria de salvar a estrutura quantitativa da métrica antiga, apesar do caráter sempre mais acentuador da língua falada. Segundo Agostinho, os ritmos quantitativos possuem um valor racional que os torna inatacáveis pela crise da

---

21. A argumentação do *De libero arbitrio* será retomada de outro ponto de vista no *De Civitate Dei*, v, ix; cf. William Lane Craig, *The Problem of Divine Foreknowledge and Future Contingents from Aristotle to Suarez*. Leiden/Nova York/Copenhague/Colônia: Brill, 1988. cap. ii.
22. Cf. *Retractiones*, i, vi, Migne, xxxii, col. 591; Ep. 101, *Memorio episcopo*, Migne, xxxii, col. 36 769.

língua. Eles mantêm sua beleza mesmo que as palavras que os compõem estejam todas erradas.[23] Os ritmos são belos não porque expressam a beleza da língua, mas porque através da língua manifestam a beleza de proporções inalteráveis. Tratando do verso heroico, o da *Ilíada* e da *Eneida*, chega a teorizar que sua superioridade sobre os demais tipos de verso deve-se ao fato de que a soma dos quadrados de seus membros menores (calculada em unidades de tempo) é igual ao quadrado do membro maior. Em outras palavras, o verso heroico seria uma espécie de triângulo retângulo temporal. É evidente que, levada até esse ponto, a racionalização rítmica mantém uma relação muito frágil com a percepção concreta. Essa postura de Agostinho reflete ainda o círculo restrito de intelectuais que compunha seu ambiente na Itália.

O sexto livro do *De musica* foi escrito já na África. Vários elementos de forma e conteúdo apontam para uma redação, ou pelo menos uma revisão mais tardia.[24] Agostinho deixa de lado as questões métricas e se ocupa, mais em geral, da forma como passa dos dados da experiência ao conhecimento das verdades últimas. Há aqui uma teoria da sensação muito desenvolvida, fundamental para o pensamento posterior do santo. Há também uma visão cosmológica que retoma o modelo platônico e reaproveita, ainda uma vez, a distinção grega entre temporal, perpétuo e eterno. A novidade está na forma como o tempo se produz a partir da eternidade.

A tradição neoplatônica pretendia que o tempo, como o universo, fosse gerado por emanação do princípio único e eterno. A explicação agostiniana, ao contrário, introduz um elemento psicológico: o tempo é produzido pelo movimento da alma, a quem Deus deu a liberdade de se dirigir para Ele ou para o Mundo. É na

---

23. *De musica*, II, II, 2.
24. Marrou, *Saint Augustin*, op. cit., apêndice D.

passagem de um ao outro que ocorre a primeira mudança, portanto a primeira sensação temporal. Assim, Agostinho leva mais adiante a ideia apresentada no *De libero arbitrio*. Ali, está escrito que cada série causal tinha em sua origem um ato de vontade. Aqui se amplia o conceito: cada série temporal é uma cadeia de consequências de um movimento da alma, de uma escolha.

O tempo existe porque existe o pecado. Se a alma houvesse ficado com Deus e não tivesse sido atraída pelo mundo, permaneceríamos pairando na eternidade. Uma vez gerado, porém, o tempo não pode ser abolido com um simples ato de vontade contrário. A volta a Deus é também um percurso, uma tensão-intenção para algo, portanto um movimento no tempo. A ideia da forma do tempo como tensão interna, vontade embutida nos eventos, está quase completamente articulada. Falta o último passo, o mais dolorido: a renúncia ao valor matemático das sensações temporais.

Esse último obstáculo é derrubado no texto mais original de Agostinho, as *Confissões*, e na parte provavelmente mais instigante desse texto, o Livro XI. Aqui o bispo expõe sua famosa tese sobre o tempo, que até hoje intriga os filósofos. O ponto de partida é, ainda uma vez, a experiência auditiva. Parece-me necessário citar por extenso o trecho em que Agostinho expõe a questão, porque nenhum resumo poderia reproduzir a densidade e a pregnância estilística do texto original:

> Eis, por exemplo, um som material que começa a ressoar, e ressoa, e ainda ressoa, e acaba de ressoar, e já é silêncio, o som passou: não é mais. Era um som futuro, antes de soar: não podia ser medido, porque ainda não existia; e agora também não pode, porque não é mais. Poderia, então, enquanto ressoava, porque ali tinha algo a ser medido. Mas não era estável, ia passando. Mas por isso não seria ainda mais mensurável? De fato, ao passar se estende por um certo espaço de tempo, que poderia ser medido, porque o presente não

tem extensão. Se isso pode ser medido, eis, digamos, um outro som que começa, e continua soando, com tom homogêneo e sem distinções; medimo-lo, então, enquanto ressoa.

Está bem, medimo-lo, e digamos sua quantidade. Mas ainda ressoa, e não pode ser medido senão de seu início, quando começou a soar, até o fim, quando parou. Com efeito, medimos um intervalo de seu início até seu fim. Portanto, um som que ainda não acabou não pode ser medido, para se dizer se foi longo ou breve. Nem poderia se dizer se é igual ou está em proporção simples ou dupla ou uma outra qualquer em relação a alguma coisa. Mas quando acabar, já não será mais. Como então poderia ser medido? E todavia medimos o tempo, não aquele que ainda não é, nem aquele que já não é mais, nem aquele que não tem extensão nenhuma, nem aquele que ainda não terminou. Nem o futuro, nem o passado, nem o presente, nem aquele que vai passando. E todavia medimos o tempo.[25]

Não há mais nada, aqui, que possa lembrar a numerologia do *De musica*. O tempo não pode ser medido, é inapreensível, porque é impossível medir algo que vive desaparecendo. O que caracteriza o tempo é o contínuo emergir e afundar na não existência. O presente não tem extensão, é apenas uma tensão entre não ser ainda e já não ser. No entanto, em algum lugar de nossa alma, o tempo deve se transformar numa extensão espacial, caso contrário

---

25. *Confissões*, XI, XXVII, 34. Além de sua importância conceitual, esse passo é relevante do ponto de vista estilístico. Para expressar uma nova sensibilidade temporal, Agostinho revoluciona a prosa latina. A sintaxe bem articulada, baseada numa rede complexa e sapiente de proposições variamente coordenadas, cede lugar a uma sucessão de expressões curtas, quase instantâneas, enfileiradas uma atrás da outra de forma meramente paratática. Sobre o estilo de Agostinho, cf. Erich Auerbach, *Mimesis*. Trad. de George Bernard Sperber. São Paulo: Perspectiva, 1987. pp. 56-65.

não poderia ser medido. De onde podemos calcular a extensão do tempo e enxergar formas no tempo? Onde encontra repouso a linha melódica, que na realidade física é apenas um contínuo desmanchar-se de sons sucessivos? Deve existir um lugar da alma onde o tempo se cristaliza na extensão de um eterno presente. Nesse lugar, o passado, presente na memória, pode ser medido com o presente da atenção atual e com o futuro da expectativa. Eis que o tempo se transforma na contemporaneidade de três atitudes espirituais: lembrar, prestar atenção, esperar. Fazemos isso em cada momento e cada momento contém, portanto, as três articulações temporais. Cada momento é ao mesmo tempo passado, presente e futuro.

Isso, porém, ainda não é suficiente. Resta definir o que põe em movimento esse eterno presente, o que o torna uma sucessão. A resposta estava esboçada desde o *De libero arbitrio*: é o ato de vontade que confere aos eventos uma direção, pois confere a eles uma intenção. Quando começo a cantar, eu pretendo chegar ao fim da melodia, por isso começo a tragar a melodia do futuro, onde a expectativa a coloca, para o passado, onde encontra repouso na memória. O ato da atenção presente se torna assim, ainda uma vez, um ato intencional, portanto um ato direcionado. A forma do tempo é, antes de mais nada, direção.[26]

Na teoria antiga, e ainda nos diálogos juvenis de Agostinho, encontramos uma ascensão gradual da experiência do tempo à percepção da eternidade por meio de proporções numéricas sempre mais estáveis. Nessa nova fase do pensamento do santo há uma polarização entre extremos: é justamente o caráter transitório do tempo, seu esvanecer, que obriga o pensamento a imaginar um presente eterno em que sua forma possa ser apreendida. O

---

26. *Confissões*, xi, xxviii, 38. Cf. a análise de Ricœur, op. cit., pp. 19-54.

transcendente se revela não naquilo que há de mais estável na condição humana, mas justamente naquilo que há de mais inseguro, efêmero. Há um episódio nas *Confissões* particularmente significativo, não apenas por sua força dramática, mas também por sua função estrutural: é a descrição da noite seguinte à morte de Mônica, a mãe do santo, que encerra a parte autobiográfica do livro e precede imediatamente os últimos capítulos, de caráter teórico.

Naquela noite Agostinho, recém-batizado, força-se a não chorar. Julga que um cristão não pode se apegar à vida terrena a ponto de chorar a morte de um ser querido, que morreu na graça de Deus. Cumpre os clássicos atos purificadores da tradição grega: canta, escuta música, conversa sobre assuntos filosóficos, toma banho. Vai dormir cedo. Deitado na cama, um hino ambrosiano, ouvido em Milão na época de sua conversão, lhe vem à mente. É um hino que louva o Senhor por ter criado o dia e a noite, o dia para viver, a noite para dar descanso aos sofrimentos do dia.[27] Cantando mentalmente esse hino, Agostinho começa a chorar. A passagem que segue é uma das mais intensas da literatura latina. É a crise completa, histórica, de um conceito de virtude como *ataraxia*, afastamento gradual das paixões mundanas, e a fundação de um conceito de virtude baseado no reconhecimento da fragilidade da condição humana.[28]

Não por acaso essa crise decisiva é provocada por um canto, aliás, um canto que fala de Deus, do sofrimento e do tempo. Não

---

27. "*Deus creator omnium/ Polique rector, vestiens/ Diem decoro lumine,/ Noctem soporis gratia:// Artus solutus ut quies/ reddat ladoris usui;/ Mentesque fessas allevet,/ Luctusque solvat anxios.*" [Deus criador de tudo,/ Senhor do céu, que revestes/ o dia com o ornamento da luz,/ a noite com a dádiva do sono:// Para devolver a paz/ ao corpo prostrado pelo trabalho;/ aliviar as mentes cansadas/ e dissolver os tristes sofrimentos.]
28. *Confissões*, IX, XII, 32-3.

por acaso, esse canto é pronunciado mentalmente, sem que os lábios sejam articulados. Na Antiguidade não se lia em silêncio, tampouco se cantava. O uso de ler sem pronunciar as palavras é resultado das práticas de meditação sobre os livros sagrados dos cristãos. Agostinho, em suas *Confissões*, lembra-se de ter surpreendido santo Ambrósio, seu mentor espiritual em Milão, lendo sem pronunciar as palavras, e de ter se perguntado a razão de um comportamento tão estranho. Borges escreveu uma belíssima página sobre essa passagem.[29] Quanto à prática de cantar em silêncio, ela está implícita na exortação de Paulo: "Entoem cantos e salmos ao Senhor em vossos corações".[30] Esses hábitos, mais ainda do que os dialetos provinciais, aceleram a morte da métrica tradicional. Que duração pode ter uma palavra ou uma melodia apenas pensada?

A melodia sem palavras, o *jubilus*, de origem judaica e oriental, era outro elemento de dissolução da antiga métrica. O *jubilus* tinha uma conotação mística particular: era o canto com que a assembleia se dirigia diretamente a Deus. As palavras são signos que o homem emprega para dominar o mundo. Ao falar com Deus, elas são inúteis. Vários escritores desse período repetem: ao cantar o *jubilus*, não cante com as palavras, cante com a alma (ou com a inteligência). Nos *Comentários aos salmos*, leituras que Santo Agostinho ministrava publicamente em Hipona, há várias referências a esses cantos. As mais interessantes são aquelas em que explica o sentido do *jubilus* a partir do canto de lavoura, no qual o próprio ritmo do trabalho se transforma em música. O canto

---

29. Ibid., VI, I, 3; Jorge Luis Borges, "Del culto de los libros". In: Id. *Prosa completa*. Barcelona: Bruguera. p. 231. v. II.

30. Ef 5,19; é um passo muito comentado pelos autores patrísticos. Entre outros, Jerônimo (*In Epistula ad Ephesios*, III, 5), João Crisóstomo (*In Ps* 41,1) e o próprio Agostinho (*In Ps* 64,3).

renuncia às palavras, ou, segundo a expressão agostiniana, se afasta das palavras para entregar-se à melodia.[31] Esse abandono, esse jogar-se na melodia além de qualquer mediação racional, também é um fato novo, que representará uma constante estética da música ocidental.

Finalmente, a passagem da poesia quantitativa clássica à poesia acentuativa medieval também interessou Agostinho. É dele o primeiro texto poético ocidental baseado na nova métrica: o *Psalmus contra parte Donati*, texto de propaganda religiosa destinado ao canto da assembleia. Nele se reconhecem todas as características da versificação moderna: isossilabismo, regularidade dos acentos, rima.[32] O acento intensivo passa a dominar a prosódia literária.

Nos gramáticos da época de Agostinho, esse acento é chamado *intentio*, palavra que no latim clássico possui vários sentidos: pode significar "tensão" e, portanto, afinação de um instrumento, tom de fala ou "grau de uma escala musical";[33] na linguagem jurídica, é o ato de acusação;[34] em lógica, é a premissa maior de um silogismo;[35] significa também a atenção do espírito concentrado em seu objeto.[36] Em todos esses casos, é algo que põe, ou está prestes a desencadear um processo. Agostinho utiliza o termo co-

---

31. *In Ps* 94,4; *In Ps* 32, 2-3.
32. Migne, XLIII, cols. 15-122; sobre esse poema, veja os comentários de H. Vroom, "Le Psaume abécédaire de Saint Augustin et la poésie latine rythmique" (*Latinitas Christianorum Primaeva*, fasc. IV, Nijmegen, Dekken & van der Vegt, 1933); cf. também a resenha fortemente crítica de M. G. Nicolau, *Revue des Études Latines*, XII, pp. 457-8, 1934; Eugène Tréhorel, "Le Psaume abécédaire de Saint Augustin", *Revue des Études Latines*, XVII, pp. 219-61, 1939; H. Spitzmuller, *Poésie latine chrétienne du Moyen Âge*. Bruges: Desclée de Brower, 1971.
33. Cícero, *Orator*, XVII, 59; *Tusculanae disputationes*, I, 19; Quintiliano, *Institutiones oratoriae*, XI, III, 40.
34. Quintiliano, op. cit., XI, IX, 1.
35. Ibid., V, XIV, 6.
36. Ibid., VI, III, 1.

mo uma palavra-chave nas *Confissões*, quando, ao tratar do tempo, distingue entre *attentio animi*, que é a atenção genérica, ato de consciência que corresponde ao sentimento do presente, contraposta à memória (sentimento do passado) e à *expectatio* (sentimento do futuro); *extensio animi*, que indica a presença simultânea das três medidas temporais na alma; *intentio animi*, que é o ato com que a alma se põe em movimento (por exemplo: começando a cantar uma melodia) e com isso cria uma série temporal.[37]

A meu ver, o uso da palavra "intentio" foi sugerido a Agostinho pela teoria gramatical de sua época. O surgimento da prosódia qualitativa obriga os gramáticos a uma reorganização terminológica. Para eles, *intentio* não indica mais o acento melódico ou tom musical, e sim o acento tônico-intensivo moderno. Cledônio, que é professor de latim em Constantinopla mais ou menos na época de Agostinho, distingue três características do acento, que correspondem a três termos utilizados habitualmente como sinônimos: *tonus*, pelo som (timbre?); *accentus*, pela agudez (o acento melódico); *tenor*, pela *intentio* (o acento intensivo).[38] Outros autores repetem, como um lugar-comum da gramática, que "o acento é a alma da palavra". Pompeu, um gramático africano do fim do século v, desenvolve a imagem: como a alma domina o corpo, assim a sílaba acentuada domina a palavra. A exposição seguinte deixa claro que está se falando, aqui, do acento intensivo.[39]

Duração, acento melódico, intensidade: dos três elementos que caracterizam a prosódia da sílaba latina, este último é sem

---

37. *Confissões*, xi, xxviii, 1.

38. *Ars Cledonii romani senatoris Constantinopolitani grammatici*, Keil, *Grammatici latini*, v, p. 32; *Sergii explanationum in arte Donati liber i*, ibid., iv, pp. 525-6. A comparação desses dois textos deixa supor que talvez Cledonius entenda, por *tonus*, a aspiração da sílaba.

39. *Pompeii commentum artis Donati*, Keil, v, p. 126; *Diomedis artis grammaticae libri iii*, Keil, i, p. 430.

dúvida o mais difícil de quantificar. No momento em que se reconhece nele a faculdade de dar vida, direção e unidade à palavra, seja ela falada ou cantada, a redução da música à ciência pitagórica se torna impossível.

O *neuma*, traço sinuoso e enigmático que caracteriza a antiga escrita musical cristã, nasce da notação dos acentos. É ao mesmo tempo célula melódica e unidade rítmica. Substitui com um único sinal as alturas, antes marcadas por cifras, e as durações, que os antigos sinalizavam com pequenos traços. Não é uma duração calculada matematicamente nem uma proporção entre durações. Não é intervalo nem nota. É um grupo de dois ou mais sons produzidos por uma única emissão da voz e unificados por um único acento, uma única *intentio*.

Agostinho não chegou a conhecer essa forma de escrita musical, mas certamente conhecia as notações dos acentos que a gerou, desenvolvida por gramáticos alexandrinos da Antiguidade tardia. O que interessa, porém, é sua extraordinária capacidade de unificar todos os elementos da nova sensibilidade temporal numa síntese filosófica, que é também uma imagem literária de evidência imediata. Algo que, como um neuma, parece surgir de uma única emissão de voz.

É a descrição da Criação nos últimos dois livros das *Confissões*. Aqui se manifesta a *intentio* divina, não apenas porque Deus criou com um ato de vontade livre, mas também porque esse ato continua dando forma (isto é: tensão e direção) ao mundo. A história do mundo é a canção cantada por Deus. Sua forma melódica nos parece caótica porque não a conhecemos por inteiro. A música de Deus, como a música humana, só adquire sentido depois da última nota, quando será encerrada pelo Juízo Final, como por uma cadência, e ingressaremos realmente no sétimo dia, o dia do descanso.

Prefácio a *Vida de Rossini*

A Mérilde, que, há 170 anos, teve dez anos

Por algum tempo, Stendhal foi conhecido sobretudo como o autor de *Vida de Rossini*. O livro teve um sucesso editorial considerável, bem maior do que qualquer um dos romances do escritor. Publicado na primavera de 1824, em dezembro já estava na segunda edição, com modificações. Num prazo de tempo bastante curto, recebeu versões em alemão, inglês e italiano, mais ou menos resumidas ou ampliadas. Do dia para a noite, Stendhal se tornou uma autoridade em matéria de teatro lírico e ganhou uma coluna musical no *Journal de Paris*. No entanto, poucos livros parecem menos planejados. *Vida de Rossini* cresceu quase ao acaso, na confluência de vários projetos — como um diário de trabalho, ou um relato das discussões das quais Stendhal participava todo dia no apartamento da diva Giuditta Pasta. O próprio escritor confessa: o eu, nesse livro, é apenas uma simplificação para expressar a opinião coletiva de vários círculos de amadores. Stendhal, em outras palavras, quer e consegue ser o porta-voz de um gosto formado fora das academias, e que com as academias está entrando em choque, sobretudo em Paris, justamente por causa das obras de Rossini.

Reconstruir a gênese do livro significa reconhecer sua estrutura interior, tormentada e oblíqua. Em janeiro de 1822, Stendhal publicou, com o pseudônimo de Alceste, um artigo sobre Rossini numa revista inglesa editada na França, *The Paris Monthly Review*, para a qual colaborava regularmente. O tema era de atualidade, e o artigo foi retomado logo depois por duas revistas inglesas (*The Blackwood's Edinburgh Magazine* e *The Galignani's Monthly Review*) e pela *Gazetta di Milano*. As informações inexatas contidas no texto provocaram a resposta da ex-cantora Geltrude Righetti-Giorgi (*Cenni di una donna già cantante...*). Possivelmente, Stendhal tomou conhecimento desse texto, porque na *Vida* muitos dados biográficos foram alterados segundo as correções de Geltrude Righetti-Giorgi.

O sucesso do artigo levou Stendhal a escrever um *Essai sur l'histoire de la musique en Italie de 1800 à 1823*, que mandou traduzir para o inglês. O texto não foi publicado, mas em janeiro de 1824 apareceram em Londres as *Memoirs of Rossini*, uma primeira versão dos capítulos mais estritamente biográficos de *Vida de Rossini*. Claras e organizadas, as *Memoirs* são, na opinião do crítico Henri Prunières, o melhor livro sobre Rossini escrito até então. Mas a versão francesa, que Stendhal começa a redigir logo depois, cresce de forma desmedida. Notas e capítulos inteiros surgem de tudo aquilo que o escritor tem à mão: sua inédita *Histoire de la musique en Italie* fornece o material para uma longa introdução em quatro capítulos; um outro grupo de capítulos (XXVIII-XXXV, e seria possível acrescentar o XXI, sobre o sopranista Velluti) é uma espécie de tratado sobre a tradição italiana do bel canto e seu desaparecimento na época de Rossini; outras seções dizem respeito à formação do gosto musical em relação à época e ao ambiente (capítulos VI-VIII, XVII, XXIV-XXV, XLVI).

Quando Stendhal entra numa polêmica jornalística com Berton, compositor do Institut de France, não hesita em transcrever o texto integral de seus artigos numa interminável nota de rodapé. Se o Théâtre Italien passa por um período de crise, o autor acrescenta dois capítulos sobre o assunto: o XLIII, escrito em colaboração com o amigo Mareste, que contém um projeto de reorganização do teatro; e o XLIV, que descreve a arquitetura e as soluções técnicas dos teatros italianos. Mais ainda: no meio da análise do *Otelo* de Rossini, Stendhal insere, com um pretexto frágil, um longo *excursus* sobre o cantor e compositor Alessandro Stradella, na realidade um conto que poderia figurar mais adequadamente entre as *Crônicas italianas*. Pouco antes da publicação, acrescenta como último capítulo a carta de uma dama do século XVIII, Mlle. de Lespinasse, que defende o caráter intuitivo e eclético de suas escolhas estéticas. Prunières escreveu no prefácio à sua edição de *Vida de Rossini*, comparando-a às *Memoirs*, que Stendhal "conseguiu transformar um livro coerente num monstro; não nos queixemos", acrescenta; "esse monstro é uma obra-prima".

Prunières tem razão: quanto mais Stendhal divaga, mais acerta o alvo. A música, para ele, é a alma de um povo, a expressão mais radical de seu caráter. Seus sinais e causas se encontram em toda parte: nas paixões amorosas e na política, no estofado de uma poltrona ou na cenografia de um balé. Se uma fonte nasce de uma montanha (a metáfora é do próprio Stendhal), e eu não sei por que sua água é tão pura, tudo o que diz respeito à montanha me interessa. Ninguém como Stendhal soube criar ligações convincentes entre fatos aparentemente fragmentários e dispersos. Para reencontrar constelações parecidas, é preciso avançar até Walter Benjamin. *Vida de Rossini* é um labirinto de muitas saídas. As anotações que seguem pretendem apenas sugerir alguns percursos entre os infinitos que o texto sugere.

* * *

Em primeiro lugar, por que Rossini? A adesão do escritor ao compositor não é total. Demorou a apreciá-lo, a descobrir valores autênticos atrás do brilho ofuscante de sua música. Ainda na *Vida*, que sem dúvida é obra de um rossiniano, aparecem frases deste tipo: "Rossini parece feito para proporcionar êxtases aos medíocres. Todavia, se é ultrapassado de longe por Mozart no gênero terno e melancólico e por Cimarosa no estilo cômico e apaixonado, é o primeiro quanto à vivacidade, à rapidez, ao picante, e a todos os efeitos que dele derivam". Isso é tudo? Essas qualidades superficiais podem justificar uma defesa tão ampla e apaixonada? Por que um ouvinte não medíocre deveria se deliciar com Rossini?

Avanço em zigue-zague, contornando a montanha, como Stendhal sugere: dou uma olhada na cronologia. Nada de mais distante, oposto aliás, do que as vidas de Stendhal e de Rossini. O escritor é filho de um advogado abastado e conservador, que as autoridades da Revolução de 1789 julgaram oportuno prender por mais de um ano. Foi oficial de Napoleão e a vida inteira suspeito de conspirar contra as monarquias restauradas. Já Rossini era filho de um pobre trompista de aldeia simpatizante da Revolução, que também foi preso pela polícia pontifícia, mas por razões opostas. Entrou na história como músico da Restauração, trabalhando para Ferdinando IV de Nápoles, Carlos X da França e o barão de Metternich. Jamais se liberou da fama de reacionário. A ascensão de Rossini foi meteórica, mas interrompida bruscamente com a segunda Revolução Francesa, em 1830. Depois dessa data, nunca mais o compositor escreveu para o teatro, sobrevivendo quase quarenta anos à sua glória. Apesar de ser nove anos mais velho, Stendhal se impôs na cena literária com *O vermelho e o negro* em 1830, quando Rossini encerrava sua carreira. No mesmo ano, encontrou a tranquilidade econômica com o cargo de cônsul em Civitavecchia concedido pelo novo governo. A consagração, porém, se deu apenas em 1839, com *A cartuxa de Parma*. Morreu três anos depois, e sua fama foi em grande parte póstuma.

Simetria tão perfeita quase parece um desenho do destino. De fato, as personalidades de Rossini e Stendhal são, de certa forma, complementares: ambos nascidos em clima revolucionário e crescidos na sombra de Napoleão, viveram a desilusão da volta das monarquias e a passagem dos ideais universais à busca da felicidade pessoal. Prunières observou que os defeitos que Stendhal encontra em Rossini (negligência, excesso de repetições, falta de equilíbrio formal e quedas de gosto) são aqueles dos quais poderia ser acusado ele mesmo. É o próprio escritor, aliás, quem o confessa: "Escrevo isso e sempre escrevi tudo como Rossini escreve música; penso nisso escrevendo cada dia o que encontro na minha frente no libreto" (*Vie de Henry Brulard*). Mas Stendhal possui, em seu hedonismo, uma capacidade de reflexão teórica que o leva quase contra a vontade à melancolia — daí suas paixões infelizes (ou melhor, sua paixão pelas paixões infelizes); daí sua preferência por Mozart. O hedonismo autêntico e desabusado de Rossini o deixa de sobreaviso.

Para seduzir seu público, Rossini recorre à excitação física de ritmos acelerados e marcados, ao virtuosismo levado às últimas consequências, à quebra das convenções que gera surpresa, mas se presta a uma compreensão imediata. Tudo isso condimentado por uma ironia que permite multiplicar continuamente os planos de leitura, rompendo os limites dos gêneros e, ao mesmo tempo, comentando e caricaturando esses limites. Como em *O barbeiro*, quando Rossini encaixa um de seus famosos crescendos numa situação em que seria necessário o máximo de silêncio, com duas personagens desesperadas que tentam convencer os outros a falar mais baixo; ou em *O turco na Itália*, onde um dos cantores encarna um libretista que tenta inutilmente influenciar os eventos segundo as convenções do teatro lírico. Outros exemplos, mais musicais: na abertura de *Signor Bruschino*, quando frustra a expectativa de um tema cantábile, prescrevendo que os violinos batam o arco sobre as estantes em vez de tocar (revelando assim, com sinceridade nítida, o caráter essencialmente percussivo de suas melodias); no sexteto *"Siete voi? Voi Prence siete?"*, da *Cinderela*, quando transforma gradativamente o desnorteamento das personagens num gaguejar sem sentido, até o canto se fundir com os instrumentos, reduzindo a voz humana quase a um ruído.

Na primeira frase do livro, Stendhal põe Rossini em relação com Bonaparte: a comparação não é meramente retórica. O autor de *O barbeiro* se aproveita de uma circulação mundial que o império napoleônico inaugurou, e não é mais possível revogar. Seu público é composto de indivíduos que aprenderam a confiar em suas reações imediatas, fora das convenções de classe e de casta. De Napoleão, Rossini possui uma virtude fundamental: a rapidez. Suas orquestras tocam mais rápido, seus cantores cantam mais rápido do que os outros; os eventos correm mais rápido em suas obras. Essa qualidade não é apenas técnica, é tática: faz com que Rossini (como Napoleão) chegue sempre primeiro, antes que o público possa prever o próximo movimento e esboçar uma reação. Em sua música não há tempo para o ouvinte pensar: os afetos codificados da ópera setecentesca deixam lugar a estímulos, que exigem uma resposta nervosa imediata.

Stendhal insiste, em muitas páginas do livro, sobre o caráter francês (leia-se: parisiense) da música do compositor italiano. A Revolução de 1789 fez com que o espírito da cidade saísse dos salões e descesse para a rua. O escritor observa, num capítulo de importância capital na economia da obra (o XVII, "Sobre o público, em relação às belas-artes"), que um homem solteiro de 1820 janta trezentas vezes por ano no restaurante, frequenta diariamente o café e o teatro. Vive exposto, sujeito a encontros ocasionais, num cruzamento contínuo de castas e grupos sociais. Sua vida e sua carreira não são mais traçadas de antemão: dependem em grande parte de eventos imprevisíveis. Ele está permanentemente alerta. A música que parecia sedutora em 1780 o aborrece: tranquila demais, de uma elegância frágil e aconchegante, como uma conversa em família. Por outro lado, os grandes mestres (Mozart em primeiro lugar, depois Haydn e Cimarosa, na opinião de Stendhal) exigem um certo intervalo de meditação e de devaneio que nem sempre é possível. A música de Rossini, ao contrário, não pertence ao campo da reflexão, e sim ao do comportamento. Em teatro, permanece submersa por um certo prazo de tempo, quase acompanhando as conversas dos camarotes, e de repente explode com uma força de sedução (às vezes com uma violência) inesperada. Não exige compreensão: deixa o público eletrizado, pronto a retomar a conversa com a tez mais corada, os gestos um pouco mais soltos. A música operística, observa Stendhal pensando em Rossini, exige uma alternância de invenções arrebatadoras e momentos banais, onde o espírito possa encontrar repouso. É feita para uma atenção flutuante. De êxtases medíocres, sem dúvida. Mas esses momentos de desnorteamento parcial, mais físicos do que psicológicos, quebram a casca das convenções e deixam que um novo homem venha à luz.

Cinismo, ironia, desumanização da voz, mecanização do ritmo, deslocamentos contínuos da ópera séria à ópera bufa, do realismo à caricatura, enfim: perda da aura — com anos de antecipação sobre o conceito criado por Baudelaire para Constantin Guys, e com muito mais direito do que o desenhista francês, Rossini é um "artista da vida moderna". Paris está fadada a se encontrar com o músico que transformou a tradição napolitana e o classicismo vienense numa linguagem para o homem da rua e do restaurante. E isso acontecerá, de fato, poucos meses depois da publicação de *Vida de Rossini*, com a nomeação de Rossini para o posto de diretor artístico do Théâtre Italien. Embora a produção francesa do compositor seja limitada (três óperas apenas e versões modificadas de outras duas), sua influência foi enorme. Em termos estilísticos, derivam de Rossini duas das maiores contribuições francesas ao teatro lírico do século XIX: a opereta de Offenbach e o *grand opéra*. Dois gêneros, não por acaso, baseados mais nos efeitos arrebatadores do que na expressão dos sentimentos.

Há todavia, em Rossini como em Napoleão, um excesso de cinismo do qual o escritor não compartilha. Rossini é incapaz de amar. É mestre em desenhar personagens coquetes (Isabella da *Italiana em Argel*, Rosina de *O barbeiro*), mas falha quando a situação pediria um sentimento profundo (em *Otelo*, por exemplo, partitura que Stendhal admira, mas por outros aspectos). Ao viver o presente com intensidade, a música de Rossini encurta seu fôlego, expõe-se a um esgotamento rápido. Daqui a vinte anos, pergunta-se Stendhal, que será de *O barbeiro de Sevilha*? Exemplo mal escolhido, sem dúvida, já que se trata de uma das óperas mais longevas da história. Mas a interrogação vale para muitas outras obras do compositor (quase todas as óperas sérias, por exemplo).

A verdade é que Rossini, para Stendhal, é uma passagem necessária, não uma solução. Sua adesão ao compositor é limitada por duas nostalgias. Em primeiro lugar, a da tradição belcantística italiana, a técnica dos castrati do século XVIII, canto expressivo e afetuoso, *che coll'anima si sente* (que se sente com a alma; a frase é quase proverbial). Ao escrever em detalhes todas as ornamentações, Rossini subtrai aos virtuoses a liberdade de improvisar segundo a inclinação do momento. Elimina a inefabilidade do instante a favor de um repertório estandardizado de recursos. Perfeitos, talvez, mas mecânicos. A segunda nostalgia é mais sutil e se projeta para o futuro. "A música se levantará na França", escreve Stendhal, sempre no fundamental capítulo XVII, "graças às meninas de doze anos, alunas de Mlle. Weltz e de Massimino, e que passam todo ano oito meses na solidão do campo. Não é preciso vaidade entre irmãs e irmãos, e elas conhecem igualmente a graciosa roupa escocesa e vossa *Grande fantasia* para piano." Meninas, portanto, que conhecem a música e que dispõem de tempo e solidão suficiente para assimilá-la. Elas não estão na primeira linha, como o homem do café e do teatro; podem percorrer o caminho contrário, que do estímulo nervoso leva de volta à paixão.

Prestemos atenção nas datas: é o começo da década de 1820. Mais dez anos, e essas meninas serão as mulheres que guardam no seio, como uma relíquia, ampulhetas com os restos do café bebido por Liszt, ou confeccionam pulseiras com as cordas de piano que ele quebrou; serão as alunas de Chopin, as protetoras de Bellini. Mais do que isso: serão Maria Malibran, George Sand, Clara Schumann, Marie d'Agoult, a princesa Belgioioso. Uma dessas meninas, aliás, recebe uma misteriosa homenagem, quando, no último parágrafo do capítulo XVI, Stendhal observa que suas ideias soariam óbvias para Mérilde, que tem dez anos e gosta de Rossini, mas adora Cimarosa. Mérilde talvez seja um codinome de Bathilde, a filha da amante do escritor, condessa Curiel. Stendhal sentia um afeto profundo por essa criança, que de fato estudava música com Mlle. Weltz, por sua vez aluna de Massimino, e que tinha dez anos em 1824. Morreu aos treze, em 1827.

A lucidez com que o autor identifica duas facetas opostas do público do século XIX não é uma virtude secundária do livro: por um lado, há o homem do novo convívio social, concreto e positivo, livre para construir seu futuro, que procura na música uma excitação imediata e quantificável, superficial, medíocre talvez, mas indiscutivelmente eficaz; por outro, há a mulher que passa as férias em vila e os invernos nos salões urbanos, nervosa e sonhadora em seus microcosmos aparentemente familiares, mas que na realidade começam a influenciar a sociedade como uma força antes desconhecida. Para ela, a música é a possibilidade de outra realidade, profundamente inovadora, ainda que indeterminada e frágil. Desse tipo de mulher temos descrições já decadentes na Diotima de Musil ou, pior, na Mme. Verdurin de Proust. Mas julgá-las por esses retratos seria como avaliar a idade de ouro da cavalaria a partir de dom Quixote. De fato, a maioria das obras-primas românticas das décadas de 1830 e 1840 está ligada, de alguma maneira, a essas meninas de 1820.

A oposição, típica do romantismo, entre uma virilidade ostentada (as marchas, as danças húngaras, os prestos furiosos) e uma feminilidade mórbida (os noturnos, os interlúdios, os adágios em contínuo rubato) — essa oposição talvez encontre seu fundamento numa fratura, que já não é possível recompor, entre os elementos masculino e feminino do público. Ou, se se preferir: no surgimento de um público feminino com uma função não mais meramente ornamental. Quando Geltrude Righetti-Giorgi responde ao jornalista, para ela anônimo e inglês, do artigo publicado pela *Paris Monthly Review*, que hoje sabemos ser o primeiro esboço de *Vida de Rossini*, ela se orgulha de ser mulher e de falar de algo que interessa a todas as mulheres italianas: Rossini e sua música.

A última observação nos obriga a um novo desvio. Até agora vimos Rossini como um músico da vida moderna, provocador, eficaz, cínico, viril. Há todavia outra faceta, mais nuançada e nostálgica, exemplificada sobretudo pela obra-prima juvenil do compositor, *Tancredi* (1813). Essa é a fase da produção rossiniana que Stendhal mais ama: "na França", escreve (cap. VII), "se diz [...]: é um patriota de 89; eu confesso ser um rossinista de 1815". Em *Tancredi*, o protagonista é um contralto em roupas masculinas. O emprego de uma cantora vestida de homem para papéis heroicos (*contralto musico*) é tradicional na ópera italiana: Vivaldi já a utilizava como alternativa aos castrati. Mas em *Tancredi* esse protagonista sexualmente ambíguo é projetado numa situação menos artificial, mais atualizada. Nessa peça, Rossini inaugura um novo estilo, utilizando elementos formais da ópera bufa para acelerar a ação dramática. A famosa cavatina "Di tanti palpiti", que foi provavelmente a melodia mais popular da Europa no primeiro quartel do século xix, é o atestado de óbito da ária séria barroca, cheia de repetições e de ênfase. Stendhal, que está mais próximo dos eventos, salienta também que Tancredi é uma personagem capaz do sentimento da "honra moderna" — algo que um compositor italiano não poderia nem sequer conceber antes das campanhas napoleônicas. Num nível mais técnico: Rossini estabelece um novo padrão na relação entre canto e acompanhamento instrumental, num gênero (a ópera séria) em que Mozart não tinha tido muita influência. Com grande sutileza, Stendhal compara a função da orquestra em *Tancredi* à da descrição paisagística nos romances de Walter Scott: prepara a fala das personagens, criando o ambiente e a atmosfera adequados. Esse apoio da orquestra é bem mais robusto do que na ópera italiana anterior, mas não a ponto de competir com a voz, como acontece, segundo o autor, na ópera alemã. Graças a ele, os intérpretes não são obrigados a cantar o tempo todo: podem calar-se, deixar-se conduzir pela música e esperar o momento propício para colocar sua fala, que será tanto mais comovedora quanto mais preparada e contextualizada pelos instrumentos. Stendhal faz outra comparação reveladora: Rossini e Canova. Não a desenvolve, mas nós podemos fazê-lo: Canova retoma o desenho duro e marcado do neoclassicismo francês e o torna linha melódica; transforma uma estética prevalentemente moral em hedonismo; as esculturas saem de sua oficina perfeitamente polidas por uma multidão de colaboradores que já são, mais do que artesãos, técnicos especializados; e ele próprio é um artista que está prestes a se transformar em designer. No entanto, há em suas obras um conflito sutil. Apesar da pureza imaculada da pedra, aqueles corpos de hermafroditas já não conseguem permanecer num plano puramente literário, conceitual; falta muito pouco para se tornarem concretos, verdadeiros corpos. Mitologia e crônica estão próximas ao choque. As ideias começam a ter um apelo sexual explícito. Para encontrar Canova em Rossini, devemos olhar para *Tancredi*.

Desde sua estreia na ópera séria, portanto, Rossini exige um novo tipo de intérprete, capaz de silêncios tão expressivos quanto as melodias; dono de uma agilidade (não apenas vocal, mas física e mímica) comparável àquela de um *buffo*; em condições de encarnar papéis mais próximos de Walter Scott do que de Metastásio e Voltaire — não realistas, ainda, mas já menos simbólicos e convencionais, menos fisicamente distantes do que os castrati do século XVIII. Esse intérprete, Stendhal o encontra em Giuditta Pasta, a cantora a quem dedica um dos capítulos mais interessantes de *Vida de Rossini*. Giuditta tinha uma voz de ampla extensão, que lhe permitia passar tranquilamente dos papéis masculinos aos femininos: foi uma grande protagonista seja de *Tancredi*, seja de *Norma* de Bellini, e podia representar tanto Romeu quanto Julieta na ópera de Zingarelli. Isso não era incomum na época. Mas a cantora era extraordinária também por sua atuação na cena e pela forma com que utilizava até as regiões opacas de sua voz (defeito inevitável, numa extensão tão vasta) em função expressiva. Stendhal não hesita em compará-la aos maiores atores de prosa da época, Kean e Talma: com eles, Giuditta formaria uma tríade de fundadores da interpretação romântica.

Infelizmente, o encontro entre Rossini e Giuditta Pasta, tão bem preparado por *Tancredi*, não se realizou senão muito tarde, e de maneira efêmera: para Rossini, Giuditta criou apenas um papel de importância menor, a Corinna de *Viagem a Reims*

(1825). Enquanto a cantora construía sua lenda em Paris, o compositor estava em Nápoles, escrevendo papéis para uma outra prima-dona, Isabella Colbran, que foi sua mulher a partir de 1822. A antipatia de Stendhal por essa cantora é em grande parte injustificada, e talvez ditada por razões políticas (era uma protegida do reacionário rei de Nápoles, Ferdinando IV). Colbran foi uma das maiores cantoras de sua época. Sem dúvida, porém, ela representava o modelo oposto ao de Giuditta Pasta. Ambas eram meio-sopranos, mas Giuditta estendeu a voz no registro grave, ganhando grande capacidade de adequação a papéis diferentes; Isabella Colbran, ao contrário, se concentrou no registro agudo, onde alcançou uma extraordinária agilidade. Giuditta era uma atriz capaz de modificar sua atuação a cada noite, seguindo a inspiração do momento; Isabella, de aparência estatuária no palco (enquanto fora dele, segundo Stendhal, parecia uma vendedora de roupas), não tinha grande mobilidade e preferia papéis hieráticos de deusa ou de rainha. Além disso, um certo desgaste na voz, que começou a ficar evidente durante a estada de Rossini em Nápoles, a levava a multiplicar os floreios, para esconder a dificuldade em sustentar notas de longa duração. Rossini criou para ela um estilo vocal muito ornamentado, mais concertístico do que dramático. Essa, pelo menos, é a opinião de Stendhal, que decerto exagera o papel da cantora na evolução do compositor. Não há dúvida, porém, de que Rossini criou em Nápoles, concentrando-se sobre a ópera séria, um estilo perfeitamente adequado à estética da Restauração: grandiosidade, luxo, hieraticidade, que restauram a separação entre palco e plateia, entre nobre e burguês, entre cômico e sério — tudo aquilo que o próprio Rossini, na fase anterior, contribuíra para aproximar. E isso com uma técnica de composição, tanto vocal quanto instrumental, mais evoluída, mais poderosa, e por isso mesmo mais autoritária do que aquela de que dispunha o Antigo Regime. Nas óperas francesas de Rossini, sobretudo

Conde Ory e *Guilherme Tell,* haverá uma nova mudança de rumo. Mas, quando Stendhal escreve, Rossini tinha acabado de compor a *Semiramis.* A desconfiança do escritor, ainda que moderada pela apreciação positiva de algumas partituras (*Moisés,* por exemplo), é portanto justificada. O erro está, eventualmente, em atribuir a segunda maneira de Rossini a uma influência alemã. Stendhal não conhece o suficiente a música alemã de seu tempo, capaz de inquietações bem mais profundas.

Ao encerrar o livro com a carta de Mlle. Lespinasse, Stendhal evita habilmente tirar conclusões. Não há conclusões a tirar, de fato, na biografia de um homem que tem apenas 32 anos e ainda está em plena evolução. Mas a carta é indicativa também de outro ponto de vista: nela, a autora se recusa a escolher entre a severidade de Gluck e a leveza de Grétry, dois compositores que Stendhal, em outra parte do livro, indicou como definitivamente ultrapassados. Desenterrar essa polêmica, portanto, serve apenas para indicar a relatividade histórica do gosto. Discutir arte não leva a conclusão nenhuma, todavia a arte é feita para ser discutida. Retomando a metáfora da fonte: ao percorrer a montanha, não descobrimos a causa do sabor de sua água, porém conhecemos melhor a montanha, e a água talvez parecerá mais saborosa. Stendhal escreveu um dos livros sobre música menos técnicos e mais profundos do século XIX. Falando aparentemente de tudo, e muito pouco de música.

Verbetes

A ÉPOCA DO LIVRO

Os antigos quase não escreviam música. Limitavam-se a estabelecer regras e sistemas gerais, deixando o resto à improvisação do executor. Tudo o que conhecemos da música grega e romana deve sua sobrevivência ao acaso: um canto de louvor à vida esculpido no túmulo de um boêmio, a notação rudimentar de um cantor que não conseguia decorar uma passagem, um hino sagrado transformado em fórmula mágica. Para os cristãos, ao contrário, o canto era um elemento da liturgia, um repertório sagrado a ser preservado. Na época das invasões bárbaras, as diferentes comunidades religiosas não conseguiram manter entre elas um contato suficiente para garantir a homogeneidade dos ritos. Já no século VI, porém, o papa Gregório Magno mandou redigir novos livros litúrgicos e enviou seus representantes para divulgá-los em toda a Europa. Esses livros não continham melodias, mas a tradição atribuiu a Gregório também a reforma do canto, e o repertório oficial da Igreja passou a se chamar canto gregoriano.

Carlos Magno recolheu e aperfeiçoou a herança do papa Gregório, uniformizando o canto litúrgico ocidental. O imperador desconfiava do poder da Igreja e preferiu fortalecer um sistema religioso paralelo: uma rede de mosteiros e dioceses dotados de ricos feudos e fiéis a ele. Foi nessas instituições, responsáveis pela ortodoxia religiosa e política do Império, que se desenvolveram as primeiras escolas de canto e foram compiladas as primeiras coletâneas de melodias. O livro musical mais antigo que chegou até nós provém do mosteiro de Saint-Gall, na atual Suíça, e foi escrito no começo do século ix. Suas páginas são pouco maiores do que um cartão-postal e a capa é recoberta de entalhes em marfim. A notação é muito vaga se comparada à de hoje, mas para a época parece bastante detalhista e cuidadosa. Evidentemente, não era um livro destinado ao manuseio cotidiano dos cantores. Deveria ser guardado como um tesouro e consultado apenas em caso de dúvida.

É assim que as partituras surgem no Ocidente: livros sagrados, garantias da ortodoxia religiosa. No entanto, a escrita musical, desenvolvida para conservar a tradição, é também um instrumento poderoso de renovação. Nas bibliotecas dos conventos, ao lado dos livros oficiais, os copistas redigiam coleções de variantes, elaborações a partir das melodias sagradas — textos renovados para velhas melodias, ornamentações diferentes, às vezes uma segunda voz que se sobrepõe à primeira, num contraponto rudimentar. Seus autores são os regentes dos corais dos mosteiros, encarregados também do ensino da gramática e do cálculo. Monges intelectuais e criativos, amiúde impossibilitados de cumprir outras funções por alguma deficiência física: Notker, o gago, foi também um bom poeta; Hermannus, o raquítico, construía relógios.

Os trovadores, entre os séculos xi e xiii, foram os primeiros leigos a se apropriar da escrita musical. Aristocratas sem terra, que as Cruzadas acostumaram à vida errante e às sofisticações da cultura árabe, incluíam a poesia e a música entre as técnicas que um fidalgo deveria dominar. Um pouco mais tarde, a partir do século XII, quando a cultura urbana e o comércio voltam a florescer, a cultura medieval se organiza nas primeiras universidades. Nelas, a música é matéria de ensino básico, junto com a aritmética, a geometria e a astronomia. Assim, a iniciativa musical sai dos conventos e invade as salas de aula, onde os mestres tratam as questões musicais como problemas matemáticos e discutem contraponto citando Platão e Aristóteles. É um dos períodos mais complexos e cerebrais de nossa história musical. Corresponde à idade de ouro da arte gótica, com sua arquitetura arrojada, e ao auge da filosofia escolástica, com seus monumentais sistemas metafísicos. A música acompanha essa evolução, chegando a elaborações de ritmo e estruturas bastante cerebrais na fase da *Ars nova*, no começo e em meados do século XIV. Em seguida, o ensino universitário entra em decadência, mas seu esforço de racionalização deixa marcas indeléveis: os *magistri musicae* foram os primeiros a pensar a obra musical como algo unitário, baseado na montagem, contraposição e desenvolvimento de alguns elementos básicos. Em outras palavras, foram os primeiros a pensar a música como composição.

Com o declínio das universidades, a atividade musical se bifurca: de um lado, a composição renuncia a suas justificações filosóficas e se torna essencialmente técnica. As catedrais, sobretudo no Norte, criam escolas onde meninos cantores são transformados em compositores excelentes, capazes de satisfazer as exigências musicais de todas as cortes da Europa. São músicos práticos, em busca de soluções concretas: simplificam os ritmos, procuram uma harmonia mais elástica e suave, linhas melódicas mais cantáveis, polifonias mais transparentes. Levam a técnica do contraponto até um alto grau de perfeição. Os músicos dessa linha, geralmente chamada (com uma certa simplificação) de escola franco-flamenga, dominarão o cenário europeu até o século XVI.

Por outro lado, nos cenáculos humanistas ligados às cortes, a música é vista como uma atividade mais poética do que matemática. Toma-se como modelo a livre improvisação dos antigos ou, mais concretamente, o estilo aristocrático dos trovadores. Os príncipes italianos e franceses da Renascença fazem questão de possuir manuscritos ricamente ornamentados das obras dos mestres flamengos para uso nas cerimônias da corte. Entretanto, nos círculos mais íntimos, peças menos contrapontísticas e mais líricas são tocadas, quase sempre por um solista que se acompanha de um alaúde ou de um teclado. Música improvisada, ou pelo menos não escrita. Portanto, irremediavelmente perdida.

Apenas no começo do século XVI, quando se descobriu a maneira de imprimir música com o sistema de Gutenberg, essa produção cortesã vem à tona nas edições dirigidas aos amadores. As peças publicadas difundem um estilo mais expressivo, que anuncia o Barroco, com marcações rítmicas mais evidentes e polifonias mais simples. Mas as primeiras edições musicais prepararam a época barroca também em outro sentido: criam um público anônimo. A obra musical se desvencilha da relação imediata do autor com seus ouvintes e sai em busca de compradores desconhecidos. Começa a Idade Moderna, a idade do mercado.

A POLIFONIA

Num sentido amplo, é polifonia toda execução simultânea de duas ou mais linhas melódicas, com ou sem regras determinadas. Duas pessoas que cantam um mesmo motivo em registros diferentes criam uma polifonia rudimentar. Se um dos dois enfeitar a melodia com ornamentações, a polifonia se tornará um pouco mais complexa. Estas são práticas instintivas, que se encontram em todas as culturas e em todos os tempos. Se, porém, cantarmos um cânone, como o popular "Frère Jacques", nosso comportamento não será igualmente natural: deveremos começar no momento certo e manter uma velocidade constante; quanto ao resto, cada um cantará por sua conta, confiando que, se os outros fizerem o mesmo, o conjunto será harmonioso.

A rigor, dos três exemplos citados acima, apenas "Frère Jacques" é uma verdadeira polifonia. Nos dois primeiros casos, os executantes cantam a mesma melodia, mudando apenas de registro ou acrescentando detalhes. Em "Frère Jacques", ao contrário, a melodia é uma só, mas a defasagem das vozes faz com que os cantores nunca cantem a mesma coisa ao mesmo tempo. O resultado musical depende de um acordo prévio entre os executantes. É necessário estabelecer de antemão um esquema musical mais ou menos detalhado (em outras palavras: compor a música) e desenvolver um sistema que regule o encontro entre os sons (contraponto, do latim *punctum contra punctum*, nota contra nota).

Uma vez fixadas as regras, as possibilidades são praticamente infinitas: podemos executar a mesma melodia em tempos diferentes, como em "Frère Jacques"; ou cantar melodias diferentes, começando e acabando juntos; podemos executar a mesma linha melódica ao mesmo tempo, mas mudando a ordem das notas (movimento retrógrado, em que um ou mais executantes leem a melodia de trás para a frente; ou movimento inverso, em que a linha melódica é lida de cabeça para baixo, transformando os saltos ascendentes em descendentes, e vice-versa; ou retrógrado-inverso, que combina os dois anteriores); podemos começar juntos e cantar a mesma melodia na mesma ordem, mas variando a velocidade (cânone por aumento ou diminuição do valor das notas).

Por mais que as soluções sejam variadas, o princípio é o mesmo: a polifonia é uma forma sofisticada de produção musical que exige um projeto, um sistema de regras e um grupo de realizadores que ajam em equipe, com tarefas diferenciadas. Os pigmeus da África Central utilizam uma polifonia bastante complexa para representar ritualmente a caça ao elefante, atividade que demanda organização minuciosa e sincronismo perfeito. Por outro lado, as civilizações antigas do Mediterrâneo, sustentadas por um trabalho escravo massificado, nunca chegaram a desenvolver uma polifonia, apesar do alto grau de refinamento alcançado em outros campos.

As primeiras notações polifônicas da Europa aparecem em manuscritos do século IX. Trata-se, porém, de casos isolados, curiosidades de eruditos que não chegam a se articular numa linguagem autônoma. Na maioria dos casos, são tentativas de fixar no papel as bordaduras com que os cantores mais talentosos ornamentavam as melodias dos coros eclesiásticos, afastando-se um pouco da linha principal para logo voltar a ela. Uma verdadeira técnica polifônica, baseada em melodias independentes superpostas segundo regras determinadas, surge apenas nos séculos XII--XIII, nas cidades góticas onde as corporações de artesãos estavam criando um novo sistema produtivo. Nos afrescos e nos baixos--relevos das catedrais, as diferentes camadas sociais eram reproduzidas: o clero, os professores, os trabalhadores manuais. Na música sacra se reflete a mesma hierarquia: a Igreja custodia a tradição gregoriana, de onde se extraíam os tenores, melodias utilizadas como base de variações polifônicas; os mestres de música combinavam os tenores com outras melodias, de origem profana ou inventadas por eles, desenvolvendo as regras do contraponto e as estruturas rítmicas; os cantores, artesãos da voz, executavam as partituras. Os cantos profanos utilizavam também tenores religiosos, mas sua finalidade mais imediata era imitar e comentar atividades coletivas: caçadas, pescarias, batalhas, cenas de mercado; o moteto, gênero mais sofisticado em que cada linha melódica tinha um texto diferente, reproduzia amiúde as discussões eruditas dos professores. Em *O canenda*, de Philippe de Vitry (começo do século xiv), o tenor é um fragmento de cantochão que originalmente tinha por texto as palavras "Rei dos reis"; a segunda voz (*duplum*) canta um hino em louvor ao rei de Nápoles; a terceira (*triplum*) entoa uma invectiva contra os maus súditos. *Garrit gallus*, do mesmo autor, é formada por um tenor instrumental, um *duplum* que narra uma disputa entre os animais da floresta, metáfora da situação política do reino de França, e um *triplum* que, como um comentário crítico embutido na obra, exalta o gênero literário da alegoria, citando Ovídio. Em *Lasse! Comme oubliray*, moteto do poeta e compositor Guillaume Machaut (meados do século xiv), as três vozes partem de uma mesma personagem, uma mulher: no tenor, queixa-se dos maus-tratos do marido; no *duplum,* defende a virtude de um amor honesto, mesmo que seja extraconjugal; e no *triplum* relembra com nostalgia um namorado que foi obrigada a abandonar para se casar.

A música de Machaut é ainda medieval, em termos técnicos; do ponto de vista estético, porém, sua arte marca a transição entre Idade Média e Renascença. A psicologia sutil desse moteto é uma ótima testemunha disso. A polifonia gótica imitava as atividades coletivas. Na Renascença, a atenção se volta para o indivíduo, que já não possui a simplicidade linear de antigamente. O desenvolvimento dos instrumentos de teclas e de cordas, como o cravo e o alaúde, permite a um único executante controlar várias linhas melódicas ao mesmo tempo; a um cantor, criar seu próprio acompanhamento. O trabalho coletivo, por assim dizer, se interioriza. Surge uma polifonia pessoal, íntima. Em consequência, o ponto de vista muda, e a simultaneidade prevalece sobre a independência das vozes. Em vez de pensar a música como uma superposição de melodias, começa-se a trabalhar com sucessões de conjuntos de sons simultâneos, os acordes. Aos poucos, conferem-se a cada acorde uma função sintática e uma coloração emotiva particulares. Da sistematização das primeiras, surgirá a linguagem tonal; do aprofundamento das segundas, a doutrina renascentista e barroca dos "afetos", base da estética musical moderna.

BEETHOVEN E SCHUBERT, CLÁSSICOS E ROMÂNTICOS

Entre 1780 e 1830, Viena foi a capital musical do mundo. Nesse período relativamente curto, lá trabalharam quatro dos maiores compositores de todos os tempos: Haydn, Mozart, Beethoven e Schubert. Embora se admirassem reciprocamente, eles nunca formaram um grupo ou uma corrente. Donos de estilos absolutamente originais, mantinham um diálogo contínuo com as inovações dos outros, mas não se identificavam com nenhum modelo preestabelecido. Porém, a música deles comportava um corte tão radical com o passado que logo surgiu a necessidade de encontrar um termo para definir o novo estilo. No começo do século XIX, os críticos mais avisados começaram a falar de uma escola romântica, de que Haydn e Mozart seriam os fundadores e Beethoven, o representante mais recente e ousado. Por romântico, entendia-se algo que se afastava da elegância um pouco frágil do estilo rococó, até então dominante, procurando uma maior expressividade, uma escrita mais densa, estruturas mais amplas e dramáticas. Graças a uma gama mais ampla de recursos, a música podia se engajar, pela primeira vez, em questões filosóficas de grande alcance. Obras como *Don Giovanni* e *A flauta mágica*, de Mozart, os oratórios de Haydn, a produção madura de Beethoven testemunhavam o novo estatuto intelectual dos compositores.

O termo "estilo clássico" surgiu mais tarde, por volta de 1830. O primeiro a utilizá-lo parece ter sido o filósofo hegeliano Amadeus Wendt. Para ele, como para Hegel, o adjetivo "clássico" indica o ponto de equilíbrio perfeito entre todos os elementos de uma linguagem artística. Esse instante privilegiado se dá quando uma forma de expressão coincide perfeitamente com o estágio de evolução do espírito humano. A música, linguagem espiritual e introspectiva, é a arte do período romântico, assim como a escultura, corporal e objetiva, foi a expressão por excelência da Antiguidade. E, como a escultura grega representa o ápice, o momento "clássico" do classicismo antigo, assim a música da escola vienense representaria o momento "clássico" do período romântico. Em termos mais específicos, o estilo vienense realizou um equilíbrio perfeito entre as técnicas de desenvolvimento, que garantem a evolução do discurso, e os princípios de estabilidade formal, baseados em simetrias e repetições, herança do período barroco. Nos clássicos, movimento e estabilidade, expressão dramática e sentido da forma se completariam sem entrar em contradição. Os compositores da geração seguinte (Schumann, Chopin, Liszt, Wagner etc.) acentuarão o movimento e o drama, mas renunciarão à clareza formal. Esses autores passarão então a encarnar o romantismo, embora eles mesmos se considerassem descendentes diretos dos grandes vienenses.

A periodização de Wendt faz sentido, e de fato acabou prevalecendo. Mas, como todas as sistematizações a posteriori, criou também vários problemas. O principal deles diz respeito à distância entre Haydn e Mozart, de um lado, e Beethoven e Schubert, de outro. A plenitude estética à qual Wendt se refere se encontra ainda no estilo dos últimos dois vienenses? A tensão dramática de Beethoven, o lirismo sonhador de Schubert não quebram o equilíbrio, criando formas mais intensas, porém mais precárias? Há um fator que não pode ser esquecido: Haydn e Mozart chegaram à maturidade antes da Revolução Francesa; Beethoven e Schubert, depois dela. Os dois primeiros ainda são homens de formação iluminista. Para eles, por mais que um problema seja complexo ou uma emoção intensa, é sempre possível uma análise serena, que leve em consideração todos os elementos em jogo e encontre uma solução racional. A perfeita dosagem dos instrumentos nos quartetos de Haydn e Mozart é expressão de uma sociedade que acredita no diálogo, e para a qual não há argumento que não possa ser objeto de uma conversa civilizada. A Revolução mostrou quanto de ilusório havia nessa visão. A natureza humana não era tão lógica assim, a História não era tão linear. Falar à razão já não era suficiente.

Beethoven sofreu a influência da música revolucionária francesa — música heroica, grandiosa, intensamente expressiva, ainda que primária em comparação à vienense. Tentou enxertar elementos desse estilo em suas composições, sem renunciar à sofisticação formal que aprendera com Haydn e Mozart. Reforçou a orquestração, utilizou uma harmonia mais tensa e dissonante, inseriu na forma sinfônica elementos estranhos à tradição vienense. No desenvolvimento dos temas e na sequência das modulações, multiplicou as surpresas, os desvios, as interrupções. Em suas obras, a lógica do discurso é continuamente abalada e todavia, quase aos tropeços, o autor mantém o controle da forma até o fim. É que a lógica, para Beethoven, não está nas coisas, mas no esforço humano que as organiza. A racionalidade do mundo não é um fato natural, mas um ato de vontade. Todo homem, na medida em que luta contra a ameaça constante da catástrofe, é um herói, um Napoleão.

A arte de Schubert não possui o caráter público e oratório da de Beethoven. Por toda a sua breve existência, Schubert foi um autor cultuado por pequenos grupos, ainda que suas coleções de *Lieder* tivessem grande circulação. Sua música era tocada em casa, entre amigos. Nessa época, um público sofisticado de amadores começou a se interessar pela poesia e pela música popular. Na visão dos filósofos do pré-romantismo, como Rousseau e Herder, a arte popular é a expressão mais direta, e por isso mais autêntica, do espírito de um povo. É nela que se encontram os traços originários de uma nação ou cultura. Nas melodias aparentemente singelas de seus *Lieder*, Schubert procurava justamente essa simplicidade primordial. Mas melodias desse tipo não podem ser desenvolvidas segundo técnicas meramente racionais: qualquer modificação poderia destruir o frescor, a espontaneidade. Diante dessas linhas melódicas, o importante não é argumentar, mas sentir.

Como conciliar essa nova sensibilidade com o sentido formal e arquitetônico dos clássicos? Em suas sonatas e sinfonias, Schubert cria uma constelação de motivos e tonalidades. Nenhuma deriva propriamente da outra, por uma relação de causa/efeito, mas todas têm a ver com todas, por algum elemento comum. Não há hierarquia entre elas, apenas parentesco. É por isso que as composições instrumentais de Schubert não parecem concluir, como se encerrassem um assunto — elas acabam, mas poderiam continuar ao infinito. No entanto, a rede de analogias que o autor estabelece entre os temas e entre as tonalidades proporciona um rigor formal tão poderoso quanto o de Beethoven, embora mais oculto.

Enfim, Beethoven e Schubert foram clássicos ou românticos? Clássicos, porque acreditaram numa forma musical projetada como uma arquitetura, com elementos que se complementam e se equilibram — enquanto para os românticos a forma surge naturalmente do crescimento espontâneo, orgânico, do material escolhido. Mas são também românticos, porque para eles o equilíbrio formal não é um fato adquirido, mas um esforço subjetivo a ser renovado constantemente, uma ordem que se opõe ao devaneio. Foram os primeiros músicos a intuir o elemento inconsciente, irracional da linguagem musical. Os últimos que tentaram dominá-lo com os instrumentos da razão iluminista.

NACIONALISMO E COSMOPOLITISMO

Na primeira metade do século XVIII, existiam na Europa pelo menos três escolas musicais: a alemã, a italiana e a francesa. Nenhuma delas, no entanto, era propriamente uma escola nacional. Exigia-se de todo bom compositor, qualquer que fosse sua origem, a familiaridade com os três estilos. E era comum que uma coletânea de peças, por exemplo uma suíte, reunisse material de proveniência diferente: alemanda germânica, sarabanda espanhola, corrente italiana, giga inglesa, minueto francês. Essa mistura de estilos refletia perfeitamente seu público, uma classe aristocrática cosmopolita.

A questão nacional, política e culturalmente, surgiu com a crise dessa aristocracia — não na França, pátria da Revolução, mas na Alemanha, um país que alcançará a unidade política apenas em 1870. A Revolução Francesa foi fundamentalmente iluminista e, portanto, ela também cosmopolita. Seu sonho era uma sociedade universal dominada pela razão. Os alemães, ao contrário, em parte por reação ao expansionismo francês, cultivaram a ideia de que a extensão de um Estado deveria coincidir com uma tradição histórica e cultural unitária, uma única língua, uma maneira específica de expressar os próprios sentimentos. Na base desses princípios, começaram a coletar cantos populares, a buscar estímulos no folclore, a criar uma rede de instituições musicais capazes de consolidar e divulgar o repertório nacional. Além disso, reconstruíram uma história coerente de sua cultura musical, modelo de todas as histórias da música futuras.

Em suas formulações iniciais, portanto, o romantismo foi um estilo nacional — o estilo nacional alemão. Bem diferente, porém, dos movimentos nacionalistas da segunda metade do século. Para os românticos da primeira fase, cada povo tinha seu próprio caminho, histórica e culturalmente determinado, rumo ao desenvolvimento pleno do espírito humano. Mas o Espírito em si era algo absoluto, comum a todas as nações. Assim, o primeiro romantismo foi nacionalista nos meios, mas universalista nos fins. Sua arte ambicionava unificar o mundo, tanto quanto o neoclassicismo iluminista. De fato, por volta de 1840, o estilo alemão já se tornara um esperanto, falado por artistas de todas as nações europeias.

As escolas nacionais do romantismo tardio partiam de objetivos mais limitados: reivindicar a dignidade nacional de regiões até então consideradas periféricas ou culturalmente amorfas. Em sua grande maioria, não tinham a pretensão de inventar uma linguagem radicalmente nova. Apenas buscavam adequar o estilo e a técnica de Wagner ou de Brahms ao repertório nacional. Havia uma dificuldade nisso: o folclore europeu deriva, quase sempre, do canto gregoriano ou do coral protestante. Uma vez estilizados em função de uma elaboração erudita, cantos de diferente origem se tornam bastante parecidos. Compositores como o norueguês Grieg, o tcheco Dvořák, o boêmio Smetana, o finlandês Sibelius, os brasileiros Nepomuceno e Miguez pertencem, no fundo, à escola romântica alemã. As obras deles, muitas vezes de excelente qualidade, marcam a derradeira expansão territorial do estilo alemão, mais do que o nascimento de uma nova tradição.

Há, porém, exceções: a primeira e mais importante é a escola russa. A penetração da música ocidental naquele país era recente, remontando apenas à segunda metade do século XVIII, e não conseguira silenciar a tradição milenar, estranha ao Ocidente, do canto da Igreja ortodoxa. Além disso, um grupo importante de intelectuais opunha ao racionalismo e ao historicismo romântico uma visão mística da história e da psicologia humana — a mesma que permeia os romances de Dostoiévski e Tolstói. Os músicos russos mais ousados conseguiram sintetizar esses caracteres numa linguagem amiúde imperfeita, mas inegavelmente original. Peguemos uma das páginas mais conhecidas dessa escola, a "Promenade" de *Quadros de uma exposição*, de Mussórgski. Cada nota da melodia é acompanhada por um acorde, mas não sentimos a alternância de tensões e distensões típica da harmonia ocidental. No fundo, a "Promenade" é uma composição a duas vozes, como os cantos bizantinos. As notas entre o baixo e a melodia não formam propriamente um acorde, mas apenas um recheio tímbrico, como aquele produzido pelos registros de um órgão. A linha melódica também é atípica: não forma um arco, como todas as melodias derivadas do gregoriano, alcançando um clímax para voltar a um ponto de repouso. É baseada sobre a repetição e a alternância de intervalos mais ou menos simétricos. Desdobra-se como um friso decorativo, sem pontos culminantes nem quedas. Se eliminarmos ou repetirmos um compasso qualquer, o sentido geral da composição não será alterado.

O pai da escola russa, Mikhail Glinka, passou seus últimos anos estudando o folclore espanhol. É um fato significativo, porque na Espanha surgiu a segunda escola nacional realmente original. A escola russa afrouxara as relações tonais com seu estilo martelado e tímbrico, feito de grandes manchas sonoras contrapostas, de origem greco-oriental. A espanhola suspendia a tonalidade com suas linhas melódicas intermináveis, cheias de alterações, acompanhadas por ritmos esdrúxulos e harmonias indefinidas — o modelo, nesse caso, é árabe ou cigano. O caráter maciço e inarticulado da música russa evocava um povo possuído por uma alma coletiva, anterior ao individualismo. As bizarrices e os floreios das melodias espanholas remetiam a uma individualidade instintiva e selvagem, que resiste à socialização. As duas formas de expressão negavam, ou pelo menos relativizavam fortemente o modelo de uma subjetividade livre e consciente, mas articulada numa coletividade, elaborada pelo pensamento centro-europeu.

Não por acaso, o líder da reação musical antirromântica, Claude Debussy, procurou inspiração nessas duas escolas. Trabalhando além do sujeito, no plano do inconsciente coletivo, o impressionismo (ou, se preferirmos, simbolismo) de Debussy unificou os fermentos existentes na música russa e espanhola numa nova linguagem universal. Stravinski fez algo similar, pouco depois, apoiando-se diretamente no estilo russo. Como num movimento periódico de sístole e diástole, as sínteses debussista e stravinskiana serão, por sua vez, ponto de partida para uma nova diáspora de estilos nacionais, cada um com suas caraterísticas específicas: De Falla, Villa-Lobos, Bartók. Mas essa é outra história, que já pertence à música moderna.

ÓPERA ROMÂNTICA ITALIANA

Para a maioria do público, Gioacchino Rossini é sobretudo um compositor de óperas cômicas. No entanto, o autor de *O barbeiro de Sevilha* revolucionou todos os gêneros operísticos, e o teatro musical do século XIX deriva dele quase por inteiro. Formara-se sobre as partituras de Haydn e de Mozart, fato bastante raro para um compositor italiano da época. Simplificou a escrita harmônica de seus modelos, mas ampliou a orquestração e levou as partes vocais a um alto grau de virtuosismo. Acelerou os ritmos, potenciou o volume sonoro, trazendo para a música uma exaltação nervosa desconhecida até então. *Tancredi*, escrito aos 21 anos, é uma ópera séria que possui a mesma rapidez, a mesma espetacularidade, o mesmo caráter de puro entretenimento das óperas cômicas. O êxito foi imediato, e o autor tornou-se, da noite para o dia, uma celebridade mundial. Talvez tenha sido o primeiro fenômeno de massa da história da música.

As óperas cômicas de Rossini se concentram sobretudo na

década de 1810, de *A italiana em Argel* (1813) a *Cinderela* (1817). Em seguida, o compositor se dedicou ao gênero sério, com óperas bastante complexas, em que coro, orquestra e efeitos cênicos têm bastante peso. Sua obra-prima nesse campo é *Guilherme Tell* (1829), que é também sua última composição operística: depois dela, com apenas 36 anos, Rossini deixou o teatro. Ninguém, até hoje, conseguiu explicar satisfatoriamente a razão dessa renúncia.

Da verve cômica de Rossini deriva o estilo endiabrado das operetas de Offenbach. De suas últimas óperas sérias nasce o gênero francês do *grand opéra*. Na Itália, porém, os jovens talentos procuram outros caminhos. Vincenzo Bellini, nove anos mais moço, obteve seu maior sucesso com *Norma*, em 1831, quando o silêncio de Rossini ainda não parecia definitivo. As melodias bellinianas são amplas e melancólicas, apoiam-se sobre harmonias flutuantes e vagas — o contrário do estilo rossiniano, feito de motivos curtos e ritmos marcados. O caráter delicado e sonhador das composições de Bellini foi bem recebido pelos românticos norte-europeus e chegou a influenciar compositores como Chopin. No entanto, para que suas grandes linhas melódicas pudessem se desenvolver plenamente, Bellini foi obrigado a voltar para uma ação cênica mais lenta, por grandes blocos estanques.

O outro grande representante da primeira escola romântica italiana, Gaetano Donizetti, era menos original do que Bellini, mas muito mais aparelhado em termos técnicos. Foi mestre nas cenas de ação e nos conjuntos vocais — o sexteto que fecha o segundo ato de *Lucia de Lammermoor* é exemplar nesse sentido. Praticou todos os gêneros: a ópera cômica (*Don Pasquale*, 1843, é o último sucesso duradouro no gênero), a comédia sentimental (*Elixir de amor*), o drama romântico (*Lucia de Lammermoor*), o *grand opéra* (*Don Sébastien*). Foi ele, mais ainda do que Bellini, o fundador do estilo romântico italiano.

Rossini permaneceu inativo de 1830 até a morte. Bellini morreu em 1835, aos 34 anos de idade. Em 1845, Donizetti foi imobilizado por uma paralisia cerebral. Em meados da década de 1840, a cena lírica italiana teria ficado vazia se não fosse a rápida ascensão de um jovem compositor que empolgara o público com peças de dramaticidade e realismo quase brutais. O compositor era Giuseppe Verdi; as óperas, *Nabucco, Os lombardos, Ernani.* Verdi não possuía a elegância de Bellini, nem o domínio técnico de Donizetti. Tinha porém, em altíssimo grau, sensibilidade cênica e ritmo narrativo. Durante suas óperas era impossível desgrudar os olhos do palco, e isso, para um público acostumado a conversar nos camarotes, era uma novidade. Verdi sabia disso: costumava dizer que, no teatro lírico, o importante não é nem a partitura nem o libreto, mas a "palavra cênica", isto é, a maneira como palavras e música se realizam no palco em função de uma história. Seu principal modelo não era um músico, mas um dramaturgo: Shakespeare.

Com *Rigoletto* (1851), *Il trovatore* e *La traviata* (ambas de 1853), o estilo verdiano chegou a um primeiro ponto de equilíbrio. As cenas ainda são estruturadas segundo a tradição, em recitativo, ária, cabaleta etc., mas o fluxo da narração e o realismo das personagens não são afetados por essa segmentação. Em seguida, Verdi trabalhou mais lentamente, produzindo partituras mais elaboradas — entre elas, *A força do destino* (1863), *Don Carlos* (1867) e *Aida* (1871). Há ainda um derradeiro estilo verdiano, o de *Otelo* (1887) e *Falstaff* (1893). A divisão das cenas em peças musicais independentes torna-se mais sutil e às vezes desaparece, em favor de um tecido musical mais elástico e contínuo. O diálogo entre vozes e orquestra é mais denso, as melodias são menos simétricas. Falou-se então de um Verdi wagneriano, com certo exagero. Mas essas partituras, compostas por um homem de quase oitenta anos, superavam em modernidade e força inovadora todas as obras da jovem guarda operística surgida na década de 1870: Boito, Ponchielli, o brasileiro Gomes.

Por outro lado, as últimas óperas de Verdi abrem caminho à escola verista de Mascagni, Leoncavallo e Puccini, que começa a despontar em 1890. Puccini é de longe o melhor dos três. Possui uma veia melódica belliniana, herdada pela mediação do *opéra lyrique* de Massenet e Gounod. Mas é também dono de uma cultura musical de primeira ordem. Conhece bem as partituras de Wagner, e mais tarde se interessará por Debussy, Stravinski e até Schoenberg. Aproveita as novas linguagens em suas partituras, mas sempre numa ótica popular e realista, como recursos descritivos ou efeitos particulares. É capaz de escrever cenas de grande complexidade, como o segundo ato de *La Bohème*, quando os protagonistas se movimentam e se entrecruzam dentro de uma praça barulhenta, mas nunca deixa que o público se distraia da ação para prestar atenção nas sutilezas da partitura.

Puccini não tem o fôlego dramático de Verdi. No fundo, é um sentimental, atraído irresistivelmente pelas situações patéticas. Em termos musicais, no entanto, é o compositor mais sofisticado surgido na cena italiana depois de Rossini. Compõe devagar, corrigindo continuamente suas partituras. Ser elaborado na escrita e simples nos sentimentos é um contínuo tour de force, que o obriga a malabarismos cada vez mais acrobáticos. Música popular e música erudita estão se tornando duas linguagens diferentes. A ópera que deixou inacabada, *Turandot*, é uma derradeira tentativa de conciliação. Foi encenada em 1926, numa versão póstuma. Três anos depois, surgirá o cinema falado. O público popular vai mudar de sala.

A ÓPERA ROMÂNTICA FORA DA ITÁLIA

Desde a época barroca, a ópera francesa estabelecera ligações estreitas com o poder. A corte bancava todas as despesas e utilizava as encenações como instrumento de propaganda. Depois de 1789, os governos revolucionários mantiveram a mesma política, mudando apenas os conteúdos e as fórmulas. Compositores do recém-fundado Conservatório de Paris, liderados por Luigi Cherubini, trabalharam para definir os padrões da ópera revolucionária, buscando um estilo rigoroso, heroico, sem ornamentações. Essas experimentações foram interrompidas pelo advento de Napoleão, que desconfiava do rigor revolucionário de Cherubini, preferindo o estilo grandiloquente e espetacular de outro italiano, Gaspare Spontini. As óperas de Spontini (*A vestal, Fernando Cortez*) foram os antecessores diretos do *grand opéra*, gênero que recebeu sua codificação definitiva pelo alemão naturalizado Jacob Meyerbeer (*Os huguenotes, A africana*). O *grand opéra* é caracterizado por enredos complexos, quase sempre sobre temas históricos, longa duração (cinco atos, contra os três da ópera italiana), grandes cenas de massa, efeitos espetaculares (batalhas, incêndios, aparições) e a presença de pelo menos um balé (ausente, de regra, na ópera italiana). As melodias são amiúde previsíveis e pouco expressivas, mas a harmonia costuma ser bastante arrojada e as orquestrações são quase sempre engenhosas.

Em meados do século XVIII surgiu na França outro tipo de representação, simples e popular, que misturava números musicais e diálogos recitados: o *opéra comique*. Os enredos não eram necessariamente cômicos — prevalecia, ao contrário, o tom melancólico e sentimental —, mas a estética classicista então dominante considerava comédia qualquer peça baseada em personagens burguesas e ambiente contemporâneo. A Revolução aproveitou o caráter realista do *opéra comique* para encenar acontecimentos do dia, acompanhados por comentários edificantes. *Leonore*, por exemplo, base do *Fidelio* de Beethoven, era inspirada num fato verídico. No século XIX, enquanto o *grand opéra* deixava a mitologia para se ocupar de história, o *opéra comique* se especializava em temas exóticos ou fantásticos. Quando a peça obtinha sucesso, era transformada em ópera séria, com a substituição dos diálogos por recitativos. O caso mais famoso é a *Carmen*, de Bizet, cujos recitativos foram compostos por Ernest Guiraud.

Na segunda metade do século, o teatro francês criou outros dois gêneros: a opereta e o *opéra lyrique*. A opereta é expressão perfeita do clima hedonista da Paris do Segundo Império. Seu maior representante foi Jacques Offenbach, alemão imigrado como Meyerbeer. Em seu teatro nos Champs-Elysées, Offenbach punha em cena paródias escrachadas e hilariantes de óperas representadas nos teatros oficiais (como *Orfeu no inferno*, sátira ao *Orfeu*, de Gluck), ou cenas e personagens da vida pública (*La Vie parisienne*). Musicalmente, seus pontos de força são os ritmos endiabrados (Offenbach é o pai do cancã) e a escrita vocal toda baseada na leveza e na agilidade. O *opéra lyrique* surgiu um pouco mais tarde, como gênero intermediário entre o *opéra comique* e o *grand opéra*. De tom sentimental e verista, caracteriza-se por linhas melódicas doces e elásticas, derivadas da melodia de salão, e por uma orquestração sutil e intimista. Seu melhor representante é Jules Massenet, contemporâneo de Puccini, com quem apresenta muitos pontos de contato.

Se os franceses multiplicaram os gêneros operísticos, os alemães procuraram a fusão de todos os gêneros na obra de arte absoluta. No século XVIII, o único gênero original alemão era o *Singspiel*, mistura de recitação e canto, como o *opéra comique*. Mozart foi o primeiro a conferir-lhe dignidade de arte, com *O rapto do serralho* e, sobretudo, com o verdadeiro ponto de partida da ópera alemã: *A flauta mágica*. Nela, os românticos encontraram uma construção teatral arrojada, capaz de conciliar enredo fantástico e conteúdo filosófico, além de uma escrita orquestral bem mais trabalhada do que aquela da ópera italiana e francesa, os instrumentos contribuindo ativamente para definir o ambiente e para conduzir a ação.

Beethoven tentou transformar o *Singspiel* em conto filosófico na ópera *Fidelio*, alegoria da liberdade e do dever, ambientada no espaço angustiante de uma prisão. Ampliou os recursos musicais, incluindo cenas de massa, coros e até o raro melodrama (recitação sobre um fundo musical). Operação muito sofisticada, talvez demais — não houve seguidores. Mais influentes foram os *Singspiele* de Carl Maria von Weber (*Freischutz*, *Oberon*), que acentuavam o lado fantástico já presente em Mozart. *Freischutz*, em particular, baseado numa lenda alemã e repleto de melodias folclóricas, foi eleito o modelo da ópera nacional.

Weber morreu em 1826. Outros operistas (Hoffmann, Spohr, Marschner) não foram além de sucessos esporádicos, até a ascensão de Richard Wagner, que se tornou a principal personalidade do teatro alemão depois do sucesso de *Rienzi*, em 1842. Wagner declarava ser descendente direto de Weber e Beethoven, mas na realidade suas influências são mais cosmopolitas. Nas obras juvenis oscilam entre Weber (*As fadas*), Bellini (*A proibição de amar*), Meyerbeer (*Rienzi*). Traços do *grand opéra* meyebeeriano são ainda detectáveis nas chamadas óperas românticas (*Navio fantasma*, *Tannhäuser* e *Lohengrin*), que porém já são bastante inovadoras. Nelas, Wagner abandona gradativamente a segmentação da narrativa em peças musicais independentes, em favor de uma linha melódica contínua, apoiada numa rede de motivos em evolução constante (leitmotiv). As obras da maturidade (dramas musicais) incluem *Tristão e Isolda*, *Os mestres cantores de Nuremberg*, a colossal tetralogia *O anel dos nibelungos*, o hierático e diáfano *Parsifal*. *Tristão* costuma ser considerado o marco inicial da música moderna, devido à sua harmonia arrojada. *O anel* é sem dúvida o mais ambicioso projeto operístico já realizado.

Muitos compositores de outras nacionalidades tentaram o caminho da ópera, mas apenas a escola russa conseguiu firmar uma tradição comparável às francesa, alemã e italiana. Mussórgski foi o mais radical: seu *Boris Godunov* influenciou compositores como Debussy e Bartók pelas melodias moldadas na prosódia da língua, pela harmonia estática, baseada em acordes justapostos, pela orquestração por grandes manchas sonoras, pelo caráter simbólico e não realista da representação. Mas a contribuição russa não se restringe ao *Boris*: o belíssimo *Eugene Onegin*, de Tchaikóvski, por exemplo, é mais tradicional em aparência, mas no fundo igualmente moderno e inovador, antecipando elementos do *opéra lyrique* francês e do verismo italiano.

WAGNERISMO

Tristão e Isolda, de Wagner, estreou em 10 de junho de 1865. Segundo uma opinião quase unânime, esse dia marca o início da música moderna. O sistema tonal, que dominara a música do Ocidente por mais de dois séculos, chegaria então a seu limite. No entanto, entre *Tristão* e a primeira composição francamente atonal, *Sinfonia de câmara*, de Schoenberg (1906), passaram-se quarenta anos. O que aconteceu nesse ínterim? Os músicos não conseguiram abandonar uma linguagem que já se revelara insatisfatória, mas que ainda não oferecia alternativas?

Em parte, foi exatamente o que aconteceu. Hoje, sabemos que a tonalidade é um sistema historicamente determinado; em meados do século XIX, ela era considerada uma verdade, baseada cientificamente em princípios naturais. Abandoná-la significaria renunciar a compor música compreensível e cair numa espécie de neurose subjetiva — tese, aliás, ainda hoje defendida por certa crítica conservadora.

Por outro lado, seria demasiado evolucionista interpretar o

período entre *Tristão* e a sinfonia de Schoenberg apenas como um impasse, sem levar em conta a extraordinária riqueza desse momento de crise. O próprio Wagner não repetiu as ousadias harmônicas de *Tristão* nas óperas posteriores — obras fundamentais, aliás: *O anel dos nibelungos, Os mestres cantores, Parsifal.* Isso não significa que suas últimas obras sejam conservadoras. Simplesmente, tendo explorado até o limite certos aspectos da linguagem tonal em *Tristão,* o compositor tentou mais tarde outras soluções, também inovadoras.

O tonalismo baseia-se essencialmente em dois tipos de recurso. O primeiro tipo tem a função de indicar a tonalidade em que nos encontramos em cada momento da composição, ou seja, quais notas funcionam como pontos de referência e de repouso naquele contexto — em linguagem técnica, isso se chama "confirmar a tonalidade". Outros recursos funcionam como elementos de transformação, dando a sensação de movimento harmônico entre um centro tonal e outro — em linguagem técnica, "modulação". No estilo barroco prevalecem acordes ou sequências de acordes do primeiro tipo. Daí a impressão de transparência e estabilidade. Já o romantismo privilegia as estruturas harmônicas de movimento, utilizadas não apenas funcionalmente, para mudar de tonalidade, mas também em função ornamental ou expressiva.

A grande novidade de *Tristão* foi a abolição quase total das fórmulas harmônicas que garantem a estabilidade e indicam com clareza os centros tonais. Todos os encadeamentos de acordes são modulantes. Dessa forma, a articulação de cada acorde com o sucessivo pode ser entendida tonalmente e proporciona a sensação de movimento típica da tonalidade, mas o esquema geral não é tonal, porque os pontos de referência foram abolidos. *Tristão* é movimento sem lugar, como a paixão que põe em cena. Tonalismo sem tonalidade.

Nas óperas que sucedem a *Tristão,* Wagner inverte o processo. A base tonal reaparece, tornando-se, aliás, muito estável. Em cima dela, porém, o compositor empilha elementos que nem sempre são tonais. Em *Os mestres cantores* recorre ao contraponto medieval, onde a dissonância é mais um acidente do que um elemento funcional. Em *Parsifal*, utiliza melodias gregorianas ou polifonias renascentistas, de caráter mais modal do que tonal. Resultado: agora reconhecemos claramente a tonalidade em que estamos, mas, para entender o que acontece dentro dessa tonalidade, já não é suficiente acompanhar o movimento harmônico. Devemos levar em conta a superposição de estilos diferentes, prestar atenção no jogo dos timbres, completar os saltos abruptos com nossa fantasia.

A geração imediatamente posterior a Wagner apoiou-se numa ou outra fase de seu estilo maduro. Alguns intensificaram o cromatismo de *Tristão*, conferindo ao movimento harmônico uma rapidez vertiginosa. Para manter a lógica do discurso, compensaram a ausência de um mapa tonal com um contraponto rigoroso, em que cada nota derivasse da repetição mais ou menos modificada de poucos intervalos fundamentais. Reger, Bruckner e o jovem Schoenberg podem ser incluídos, pelo menos em parte, nessa corrente. Outros, seguindo o exemplo de *Parsifal*, simplificaram ulteriormente a base tonal, mas foram ainda mais ecléticos quanto ao material que poderia ser superposto a ela.

Richard Strauss e Gustav Mahler são os maiores representantes dessa tendência. São, no entanto, compositores bastante diferentes quanto à poética. Strauss encarna o domínio perfeito de um enorme leque de recursos técnicos, o triunfo do virtuosismo compositivo capaz de todo tipo de malabarismo. Seu estilo pode ser aproximado à arquitetura eclética, que também se desenvolve nessa época. Para Mahler, ao contrário, a música é uma forma de autoanálise. Todos os tipos de expressão têm espaço em suas obras, do mais vulgar ao sublime, porque todos são, com igual direito, sintomas. A interioridade romântica revela-se pela última vez nele, porém de forma indireta, por atos falhos, lapsos, cacoetes. A música de Strauss reflete a sociedade industrial da época de ouro da forma como ela se via em nível consciente. A música de Mahler, pela forma como se revelava inconscientemente. Nem é preciso dizer que Strauss foi muito mais popular do que Mahler, na época.

Por estranho que pareça, o impressionismo musical, surgido em oposição ao wagnerismo, também deriva de Wagner. O mais genial de seus representantes, Claude Debussy, aproveita a superposição de estilos e linguagens que caracteriza *Os mestres cantores* e *Parsifal*, mas dispensa o baixo tonal. Para Debussy, como para Baudelaire, o mundo é um sistema de correspondências. Mas essas associações de superfície não remetem a uma interioridade profunda, ainda que inalcançável. A vida é uma colagem de experiências.

Debussy e Schoenberg estão na origem da música moderna. Na obra do primeiro, a música tende a renunciar à interioridade e tornar-se mera decoração de superfície. Na do segundo, torna-se uma estrutura profunda, difícil de enxergar na superfície. Nos dois casos, a unidade de sensação imediata e expressão subjetiva, típica do romantismo, já não é possível.

O declínio de dom Juan

Em 1615, na cidade alemã de Ingolstadt, representou-se uma peça teatral em que um tal conde Leonzio, discípulo direto de Maquiavel, passeava por um cemitério dando pontapés numa caveira, para depois convidá-la para jantar. Conhecemos essa peça pelo resumo do teólogo jesuíta Paul Zehetner, em sua obra *Promontorium malae spei impiis periculose navigantibus propositum* [Promontório contraposto à má expectativa dos ímpios, que navegam perigosamente], publicada em 1643. A obra é mais ou menos contemporânea de *O burlador de Sevilha*, de Tirso de Molina, escrita por volta de 1613 e publicada em 1630, que costuma ser indicada como a primeira versão do mito de dom Juan. Se a destaco aqui, embora a conheça indiretamente, é porque ela me parece conter de forma bastante explícita uma série de elementos que pretendo desenvolver neste artigo.

Em primeiro lugar, a descendência de dom Juan da linhagem da cultura humanista, expressa pela relação Maquiavel/dom Leonzio. Entre os séculos XVI e XVII se verifica a passagem de uma produção cultural pulverizada em pequenas cortes às grandes instituições culturais e religiosas da Igreja contrarreformista e dos Estados nacionais. Todos os campos da cultura, da religião à ciência e à arte, passam por um processo de reorganização, racionalização e aprimoramento técnico. Setores importantes da cultura renascentista não podem ser absorvidos facilmente pelas novas instituições: a astrologia, a alquimia, as teorias políticas de Maquiavel, as alegorias do maneirismo, as dissonâncias dos madrigais, os mitos pagãos, tudo isso é reutilizável em parte, mas não em seu significado original. No entanto, todas essas expressões culturais não são expulsas de uma vez, e sim transferidas para uma espécie de terra de ninguém, onde gozam de uma precária tolerância e de onde podem até chegar a influenciar, em momentos particulares, a cultura oficial. Esse território ambíguo, indeterminado e flutuante, torna-se então terreno de cultura das temáticas libertinas. Podemos vislumbrar uma metáfora sua em duas imagens complementares do relato de Zehetner: o espaço indefinido do cemitério, onde as caveiras estão espalhadas como pedras e o libertino pode ultrapassar o limite da vida e jantar com os mortos, é análogo ao espaço indefinido do mar, onde o ímpio navega perigosamente, segundo o título do livro que nos transmitiu essa história. Quebrando as regras do mundo dos vivos, o libertino se lança em alto-mar e corre o perigo de ser engolido pelo abismo.

Além do mar e do cemitério, há um terceiro lugar onde as regras são suspensas e o libertino encontra seu reino: o teatro — o teatro lírico, em particular, no qual não só se ultrapassa o limite entre realidade e ficção, mas desrespeitam-se até as normas clássicas que mantêm o mundo da ficção nos eixos de uma aparência de realidade: a verossimilhança, a unidade de tempo, de lugar, de ação etc. Partindo das representações altamente ritualizadas da Renascença, o teatro musical barroco se transforma aos poucos num espaço onírico, aparentemente anárquico e alógico.

Talvez seja bom começar do começo: a ópera surge na última

década do século XVI, do cruzamento do teatro religioso com a poesia elegíaca. Não se sustenta a tese, defendida por muitos historiadores, segundo a qual a ópera seria uma tentativa de reproduzir a tragédia grega, que se imaginava cantada. Os temas tratados pelas primeiras peças derivam todos da tradição arcádica e pastoral, não da tragédia: Orfeu, Apolo e Dafne, Plutão e Prosérpina são todos mitos solares, que em geral pressupõem uma morte (ou uma descida ao Inferno) e uma ressurreição. Em outros casos, o desfecho do drama é uma metamorfose (de Dafne em louro, de Calisto em constelação, das Piérides em gralhas etc.). Por essa via, a representação operística se aproxima do mistério religioso, no qual são narradas a morte e a ressurreição de Cristo, ou são encenadas as transfigurações e os milagres de Cristo, de Nossa Senhora, dos santos. Em particular, o mito de Orfeu, herói civilizador que ensina a arte aos homens e à natureza, sofre algumas modificações (sobretudo o final feliz, com a volta de Eurídice à vida) e se torna exemplar por seu conteúdo simbólico. Encenado por ocasião de núpcias reais, prenuncia a volta à idade de ouro sob o governo do casal recém-formado. Graças à identificação Orfeu/príncipe, o poder é justificado por sua missão civilizadora, ou, mais exatamente, estética: a transformação do Estado em obra de arte, segundo a feliz expressão de Burckhardt. Nessa primeira fase, portanto, a ópera se caracteriza como grande liturgia política, oposta mas análoga à liturgia religiosa dos mistérios.

O modelo se perpetua no teatro barroco, mas seu caráter ritual se dissolve junto com o projeto político-estético que o sustentava. Na ópera *L'Orfeo*, de Antonio Sartorio (1673), a analogia entre Parnaso e corte permanece, tornando-se, aliás, mais explícita: Orfeu é um príncipe e Eurídice, uma princesa, os pastores são cavalheiros e as ninfas, damas. No entanto, o comportamento das personagens está longe de prometer uma volta à idade de ouro. Eurídice é insidiada pelo irmão de Orfeu, Aristeu. Louco de ciúme, Orfeu ameaça matá-la. Numa cena bastante grotesca, corre atrás dela, com uma faca na mão, gritando: "Vou te pegar, nem que seja no Inferno" (*Sin colá negli Abissi ti seguirò*). Enquanto isso Antínoe, amante abandonada por Aristeu, se disfarça de cigana e se dirige ao castelo de Orfeu, para se vingar. No caminho, encontra Aquiles e Hércules adolescentes, que se apaixonam por ela e abandonam a escola do centauro Quíron para segui-la. Erinda, a velha ama de Aristeu, se apaixona pelo jovem pastor Orillo, que se deixa seduzir por dinheiro. Mais tarde, Orfeu contrata Orillo para matar Eurídice. E assim por diante. Entre o primeiro, o nobre Orfeu de Jacopo Peri (1600), e este Orfeu de Sartorio há evidentemente uma subversão de valores, uma dessacralização sistemática, que não deixa porém de se apoiar numa continuidade paradoxal. No teatro lírico barroco, os conteúdos e as convenções da ópera renascentista sobrevivem, mas mudam de lugar e de significado.

Há um momento decisivo nessa transformação: durante o Carnaval de 1637, em Veneza, um grupo de cantores aluga um teatro de máscaras da commedia dell'arte e encena a primeira ópera para público pagante. O teatro lírico passa de espetáculo de corte, destinado a ocasiões especiais, à estrutura empresarial, sustentada pelo preço dos ingressos e pelas assinaturas dos camarotes. É significativo que isso aconteça na república veneziana, num teatro de máscaras e durante o Carnaval. Na época da Contrarreforma, Veneza se torna uma espécie de zona franca de tolerância religiosa e moral. Situa-se, literal e metaforicamente, fora da terra firme dos Estados nacionais e das Igrejas; território, justamente, do Carnaval e das máscaras, onde o maquiavelismo sobrevive como intriga amorosa e como *burla*. Durante todo o século, será a principal produtora de óperas, espetáculo que permanece ligado, até o século XIX, à temporada do Carnaval. Veneza, a máscara e o Carnaval concorrem a delimitar um espaço onde a utopia renascentista se transforma na representação de um mundo às avessas, onírico, transgressivo, ambíguo. Nele, a subversão dos valores se manifesta a partir da ruptura dos princípios clássicos de realidade:

a) *Unidade de tempo, de lugar e de ação.* No teatro clássico (e, mais tarde, no classicismo de influência francesa), as ações eram ficcionais, mas o espaço e o tempo em que se desenvolviam eram reais: *este* espaço presente, *este* tempo atual. Nas encenações renascentistas, a unidade de lugar e de tempo era quebrada por influência dos mistérios processionais ou, no caso do teatro cômico, pela vontade de transpor para a cena um novo gênero literário, a novela. No entanto, o tempo representado, se não coincidia mais com o tempo real, permanecia um tempo cíclico, racional, compreensível por analogia. Quando o ciclo solar não estava embutido no mito, como no caso de Orfeu, era representado alegoricamente, por atores que simbolizavam a noite ou as horas do dia. Da mesma forma, o espaço não era sempre unitário, mas na maioria das vezes se reduzia a uma oposição dualística (Parnaso-Inferno, no caso de Orfeu). Por outro lado, o espaço operístico barroco (como aquele do teatro elisabetano ou espanhol, mas de forma ainda mais acentuada) é um espaço em transformação contínua, que acaba se tornando o somatório de todos os espaços, portanto, lugar nenhum. O mais genial dos cenógrafos do século XVII, Giacomo Torelli, inventa cenários que correm sobre trilhos e podem ser mudados instantaneamente, com o movimento de uma única leva. Não há mais relação entre tempo e espaço, e as cenas se sucedem por mera associação de ideias. A dissociação entre tempo e espaço permite, por sua vez, a dissociação da narração em recitativo, em que a ação se desenvolve, e ária, em que a ação é bloqueada para ser comentada musicalmente.

b) *Verossimilhança.* Era o outro princípio básico que fornecia um fundo de realidade ao teatro clássico. Verossimilhança não é, evidentemente, realismo. Diz respeito a como as coisas deveriam ser, se a realidade fosse racional. Por exemplo: não é verossímil que uma alma nobre traia os amigos. A ópera renascentista se limitava à representação da idade de ouro porque apenas nessa época feliz era verossímil que os homens falassem cantando. Na ópera barroca, ao contrário, o tema é muitas vezes histórico, e reis, generais, criados cantam nas situações mais triviais. A associação de cenas realistas, e às vezes cruamente realistas (usava-se sangue verdadeiro), com a convenção do canto é um dos mecanismos principais mediante os quais o teatro barroco introduz o espectador numa atmosfera de irrealidade.

c) *A unidade da personagem.* Aqui estamos muito perto de um dos focos principais da ópera barroca, que é também um dos pontos pelos quais a ópera entra em contato mais direto com a temática libertina. A unidade da personagem não é uma regra explícita da dramaturgia clássica, mas um corolário indispensável do princípio da verossimilhança, segundo o qual a personagem deveria agir conforme seu tipo, e do princípio da unidade de ação, pelo qual esse caráter é posto à prova numa situação determinada e circunscrita. Ao contrário, o princípio que governa o comportamento das personagens líricas barrocas é a metamorfose. Como as cenas de Torelli, elas mudam constantemente, por movimentos repentinos. O Orfeu de Sartorio manda Orillo matar Eurídice e, na espera, começa a ensaiar a lamentação fúnebre. Orillo volta anunciando a morte acidental da princesa, que pisou numa serpente enquanto fugia de Aristeu. Orfeu se desespera e canta uma lamentação, dessa vez sincera. Logo porém se consola e encontra conforto no sono. Em sonho, Eurídice aparece e o acusa de abandoná-la aos demônios. Orfeu acorda, desespera-se de novo e parte para o Inferno. Não acredito que haja uma intenção satírica nesse comportamento esquizofrênico. Orfeu age por impulsos momentâneos, que não superam a duração de uma ária, e não segundo um projeto coerente, porque a substância do teatro musical barroco não está na coerência narrativa, mas na degustação do instante.

No romantismo, a percepção do instante se tornará um dos temas centrais da reflexão filosófica sobre a música. De fato, são instantâneas seja a sensação imediata, pré-racional, seja a intuição metafísica, suprarracional. A união inseparável dessas duas experiências é o que caracteriza a música para grande parte da estética pós-hegeliana. Voltaremos a esse tema ao falar das leituras românticas do *Don Giovanni*, de Mozart. Mas, por enquanto, parece-me possível identificar um primeiro embrião dessa concepção do instante musical na personalidade fragmentária dos heróis líricos barrocos. Sem dúvida, a carnavalização do tempo na ópera do século XVII ainda não comporta as implicações metafísicas ou psicológicas da suspensão temporal romântica. Mas já descostura a sucessão natural dos eventos, enfraquece as relações de causa e efeito, e com isso cria uma alternativa ao tempo mecânico, inexorável, que novos instrumentos de mensuração estavam implantando na Europa inteira. O tempo renascentista fora sobretudo articulação harmônica do discurso, construção de enredo. Na Idade Barroca, a experiência temporal se polariza em dois extremos irredutíveis um ao outro: o tique-taque inumano do relógio e a flutuação irracional da ária — tempo do trabalho e tempo do gozo. Na cadência da ária, sobretudo, quando o castrato suspendia no penúltimo acorde uma série infinita de variações melódicas, frases que, graças à potência de seus pulmões e à leveza de suas cordas vocais, podiam ter um comprimento extraordinário — enquanto a orquestra se calava, sem saber quando poderia retomar o discurso interrompido e resolver finalmente a dissonância no último acorde —, nesse momento o público barroco devia acompanhar a música como se fosse performance erótica e êxtase místico, realização de um prazer sensual absoluto, fora do tempo.

A suspensão do fluxo temporal é, porém, apenas um aspecto da sedução lírica barroca. Mediante a prática do travestimento, os cantores mudam constantemente de sexo. Um caso recorrente é o da velha ama, como a Erinda do *Orfeu* de Sartorio, que na verdade é um cantor disfarçado de mulher e que, via de regra, tenta seduzir um adolescente (como Orillo), que é uma cantora disfarçada de homem. Na *Calisto* de Francesco Cavalli (1651), o transformismo é levado até um alto grau de complexidade. Calisto é uma sacerdotisa de Diana, votada à castidade. Júpiter se apaixona por ela e, para seduzi-la, se transforma em Diana. Calisto, que é virgem como todas as ninfas de Diana, é possuída por Júpiter sem suspeitar que ele seja um homem. Acredita estar amando Diana, mas quando a encontra é rejeitada por ela. A deusa, por sua vez, é secretamente apaixonada por um jovem pastor, que encontra Júpiter disfarçado e o confunde com Diana etc. O libreto é escrito de maneira que um mesmo cantor possa criar os papéis de Júpiter (ao natural e disfarçado de Diana) e da própria Diana. Esse cantor capaz de transitar com naturalidade de um sexo ao outro é, de novo, o grande objeto de desejo da época barroca, o castrato. Fusão de Orfeu e Eurídice, do poeta e da ninfa, ele representa a conciliação da fratura entre masculino e feminino, conciliação que inaugura uma liberdade infinita. Na terra de ninguém instaurada pelo teatro musical barroco, o castrato é o centro e o rei. Ele é o corpo que não está em lugar nenhum, e portanto está em todos os lugares.

Algumas produções mais sofisticadas, já na primeira metade do século xvii, esboçam uma reflexão sobre a nova linguagem teatral e tentam criar, a partir desse mundo às avessas, uma espécie de moral negativa. Entre essas produções, merecem um destaque particular as obras da última fase de Monteverdi. Ele foi o maior compositor de sua época e o autor da melhor ópera renascentista, o *Orfeo*, encenado em Mântua em 1607. Mas foi também um homem irrequieto, refratário ao papel submisso do músico de corte. Estudou alquimia, entrou em polêmicas teóricas em que anuncia novas práticas musicais, fez experiências revolucionárias com a combinação de vozes e instrumentos. Na última parte de sua carreira, deixou Mântua e se tornou mestre de capela na basílica de São Marcos, em Veneza, trabalhando também para os teatros e para as festas da aristocracia veneziana. Por essas ocasiões escreveu obras singulares como *O baile das ingratas*, pequena cena lírica em que Plutão, a pedido de Vênus e Cupido, chama do Inferno e mostra ao público as sombras danadas das mulheres que se recusaram ao amor, ou a belíssima *Carta amorosa*, uma longa e elaboradíssima descrição dos cabelos da amada, que Monteverdi escreve "sem compasso", isto é: sem pulso, num tempo flutuante e suspenso. Mas esses exemplos, apesar de sua originalidade, ainda podem ser inscritos no universo da poesia cortesã renascentista. É diferente o caso das óperas destinadas ao teatro empresarial, e sobretudo da última, *L'incoronazione di Poppea*, composta poucos meses antes de sua morte, em 1643, quando o músico tinha 76 anos.

O libretista da *Incoronazione* é também personagem singular: Giovanni Francesco Busenello, advogado rico e nobre, membro da misteriosa Academia dos Incógnitos. Escreveu pouquíssimos libretos, todos bastante originais. Sua *Didone*, por exemplo, quando abandonada por Eneias, não se mata: desmaia, tenta o suicídio, mas afinal casa com Jarbas, um pretendente grosseiro e desengonçado, tratado até então como uma personagem cômica. Outra ópera, ainda mais curiosa, chama-se *A prosperidade infeliz de Júlio César ditador* (1646) e narra a última fase da vida de César, das guerras contra Pompeu até a morte (de 49 a 44 a.C.). O exército de César é representado como um bando de ladrões, preocupados sobretudo em encher os bolsos, e a narração é uma sucessão de traições e vinganças sangrentas.

O libreto escrito para Monteverdi é também uma "obra de tese": Popeia é a amante dissoluta de Nero, e sua coroação é o triunfo do amor sensual sobre as convenções morais. No prólogo alegórico são mostradas a Fortuna e a Virtude, disputando o domínio do mundo. Logo porém aparece o Amor, e as outras duas divindades se ajoelham submissas. A narração que segue é uma exemplificação dessa alegoria inicial: Sêneca, retrato da Virtude, é obrigado a matar-se; Otávia, a nobre e poderosa imperatriz que exemplifica a Fortuna, é repudiada e exilada; a belíssima Popeia triunfa na cena final, quando é coroada imperatriz. Trata-se de um final feliz, segundo as convenções da ópera? Talvez seja. As vítimas são vistas sem nenhuma simpatia — sobretudo Sêneca. Duas sentinelas de Nero falam dele como de um "velho abutre, uma raposa esperta, um ímpio arquiteto que constrói sua casa sobre o túmulo dos outros" (talvez uma referência à justificação estoica do suicídio). Quando tenta consolar Otávia, dizendo que as provações são uma ocasião de pôr à prova nosso caráter, a resposta da imperatriz é cortante: "Desculpe, Sêneca, mas esses são argumentos vazios e sofísticos, artifícios rebuscados, remédios inúteis para os infelizes". E o criado de Otávia é ainda mais agressivo:

> Senhora, com sua permissão, eu vou descarregar a raiva que me provoca esse filósofo astuto, esse enrolador de Júpiter, esse cinzelador de belos conceitos. Não posso ficar tranquilo enquanto ele encanta os outros com palavras douradas, meras invenções de seu cérebro que revende como mistérios, e são canções.

Até quando Sêneca se suicida na frente de dois discípulos e da mulher, suas reflexões morais a favor da morte voluntária recebem uma resposta inesperada. Seus interlocutores cantam, em ritmo de dança, um coro de que transcrevo o refrão e uma estrofe:

Não morra, Sêneca, não.
Eu, por mim, não vou morrer.
Esta vida é muito doce
Este céu é muito sereno
Toda aspereza, todo veneno
Afinal é um pequeno incômodo.

O filósofo rígido e estraga-prazeres, que tenta inutilmente se opor à força do amor e que por isso é submetido a fortes humilhações ou até à morte, é uma personagem recorrente na ópera desse período, quase uma vítima sacrificial do ritual carnavalesco. No *Orfeo* de Sartorio, por exemplo, o preceptor Quíron tenta inutilmente manter seus alunos Hércules e Aquiles longe das paixões amorosas, com longos sermões que o pastor Orillo se diverte em ridicularizar. Finalmente, volta sozinho ao seu antro, sem ter conseguido nada. Em geral, esses filósofos rígidos e impotentes eram baixos profundos, e suas linhas melódicas, cheias de grandes saltos descendentes, se reencontram na personagem do Comendador do *Don Giovanni*, de Mozart. De fato, ao interromper o jantar de dom Giovanni, o Convidado de Pedra apresenta aos libertinos uma conta de quase dois séculos de humilhações. No libreto de Busenello, todavia, há algo mais do que o deslocamento e a paródia da moral tradicional em época de Carnaval. O enfoque da narração e a escolha dos temas indicam que o autor pretende dizer algumas verdades universais sobre a relação entre moral e história. Seria certamente anacrônico atribuir-lhe uma intenção de crítica social, transformando-o numa espécie de Bertolt Brecht do século XVII. Mas sem dúvida há, nele, uma veia cínica que em alguns pontos roça a blasfêmia (por exemplo, quando indica o amor sexual com a expressão com que Dante se refere ao amor divino: "Amor que move o céu e as outras estrelas").

A peça seria portanto amarga e sombria se Monteverdi não conferisse à sensualidade de Popeia uma força musical e uma evidência cênica extraordinárias. Toda a composição é centrada numa série de duetos vertiginosos em que Nero e Popeia entrelaçam suas vozes, como corpos, em motivos de pequenos intervalos, com movimentos preguiçosos e macios. Na fusão das duas vozes, que se aproximam sempre mais, como se se beijassem, é possível ler o mesmo mito hermafrodita que se encarna no corpo do castrato.

O crítico literário Claude Reichler divide a época libertina em três fases: a primeira é aquela francamente transgressiva e carnavalesca em que se insere o estilo operístico que acabei de descrever; a última é a do libertinismo filosófico e revolucionário do século XVIII, o mais conhecido. A fase central corresponde mais ou menos ao reinado de Luís XIV e é chamada por Reichler de época do "libertino honesto". Na corte de Luís XIV, a ideologia libertina parece triunfar e, ao mesmo tempo, desmanchar-se. O mundo é teatro. Os princípios morais são convenções que se dobram à busca do prazer. Mas esse mundo profanizado encontra um novo centro no desejo do rei, vértice de todos os desejos e espelho de todos os prazeres. As convenções sociais devem ser respeitadas não porque tenham fundamento, mas porque provêm do desejo absoluto do monarca. O corpo sagrado do rei, que a cena lírica carnavalesca mostrara entregue à paixão sexual, se ressacraliza justamente como corpo sexual, hipersexualismo, aliás. Luís XIV se cerca de amantes tão oficiais quanto seus ministros, até numa idade em que, como nota Montesquieu nas *Cartas per-*

sas, não deveria mais precisar delas. Nos retratos, aparece coberto de meias de seda, cetins, veludos, grandes perucas. É um corpo teatral, que imita o dos *castrati*. Dessa forma, o poder incorpora o Carnaval e o transforma em seu instrumento.

Imitando o rei, o libertino multiplica os sinais exteriores de sexualidade, transformados em sinais de status. No *Don Juan* de Molière, um camponês descreve estupefato a vestimenta do protagonista: ele tem cabelos que se separam da cabeça, mangas em que entrariam confortavelmente duas pessoas e, no lugar das cuecas, um guarda-roupa inteiro (ato II, cena I). No entanto, é no ato v que Molière costura magistralmente o mito de dom Juan ao pano de fundo da sociedade francesa contemporânea. Depois de jantar com a estátua do Comendador, o libertino se arrepende, se reconcilia com o pai, promete uma vida honesta. Na realidade, é uma mise-en-scène, mas, como explica dom Juan ao criado Sgaranello, o respeito exterior à convenção é o complemento perfeito da liberdade interior do vício. A comédia poderia se interromper aqui, ainda que Molière acrescente a cena tradicional em que o protagonista é engolido pelo Inferno, talvez porque, como empresário teatral, soubesse que um *Don Juan* sem demônios teria poucas probabilidades de pagar as despesas.

A transformação do "libertinismo honesto" em instrumento de poder segue uma estratégia rigorosa, num percurso pontilhado por festas de cortes e representações teatrais. A invasão simbólica do território livre do melodrama se dá durante a monumental festa de corte *Les Plaisirs de l'Isle enchantée*, em maio de 1664. Nessa ocasião, o jovem rei, fantasiado como o guerreiro cristão Rogério e acompanhado por representantes da alta aristocracia, ingressa na ilha da feiticeira Alcina, construída para a ocasião numa piscina do parque de Versalhes — enredo inspirado no *Orlando furioso* de Ariosto, mas também alusivo aos amores do próprio rei por Marie Mancini. Quando Luís XIV deixa de participar em pessoa dos balés da corte, a Académie de Musique, dirigida por Lully e controlada diretamente pelo soberano, se encarrega de produzir óperas que o representem metaforicamente, nas figuras de heróis ou divindades clássicas. Nessas óperas enobrecidas pela presença do rei (metafórica no palco, real no camarote central), não há mais espaço para a comicidade e o escracho. O teatro lírico, portanto, se desdobra. Na ópera séria, há representação de enredos em que o amor triunfa como ato político: o príncipe que se apaixona por uma escrava e liberta um povo inteiro, ou por uma sacerdotisa de Diana que a própria deusa dispensa do voto de castidade, e assim por diante. Por outro lado, surgem (inicialmente nos intervalos da ópera séria) representações cômicas, de conteúdo burguês. Aqui, o sedutor se transforma num jovem solteiro pronto a arrepender-se e casar-se, com a reserva implícita de que, casado, vai se conceder suas liberdades — eventualmente com a criada, como o Almaviva das *Bodas de Fígaro*. Em outras palavras, dom Juan perde o lado demoníaco e se torna homem de Estado ou de família, dependendo de seu nível social e do gênero operístico.

A comicidade e a amoralidade são separadas, dessa forma, da encenação dos temas heroicos, para que não os contaminem, e circunscritas à representação das classes inferiores. A ópera-cômica, no entanto, acaba funcionando como um casulo onde se desenvolve, livre de intervenções exteriores, uma nova moral, sentimental e realista: a do teatro burguês. Quando os *philosophes*, em meados do século XVIII, saem em defesa dos bufos italianos contra a tradição da ópera francesa, o estrago já está feito. O libertinismo teatral muda mais uma vez de signo, assume de novo uma conotação transgressiva — mais perigosa, dessa vez, porque ligada à insatisfação de uma classe social inteira.

Já se tentou ligar o *Don Giovanni* de Mozart a esse clima, aproveitando algumas passagens avulsas: a ária de Leporello na introdução ("Não quero mais servir"), ou a exclamação de dom Giovanni na cena da festa, "Viva a liberdade!", que no revolucionário século XIX estendeu-se ao coro e foi cantada, às vezes, pelas inflamadas plateias dos teatros. Essas frases, porém, se explicam no contexto da narração, e não têm um sentido político. Ao escrever sua versão do mito, em 1787, Mozart e Da Ponte não se preocuparam em encenar uma peça com um conteúdo filosófico ou de atualidade. Nesse sentido, o *Don Giovanni* é muito menos "clássico" ou "moderno" do que *As bodas de Fígaro* e *Cosí fan tutte*, as outras duas grandes produções cômicas da dupla. Escrevendo às pressas, preocupado com a redação de outros libretos mais importantes (o *Axur*, de Salieri, este sim obra polêmica), Lorenzo da Ponte reaproveitou um material em grande parte popular, originário do teatro de feira e da commedia dell'arte. Nessas produções humildes sobrevivia, fossilizada e simplificada, a transgressão carnavalesca do teatro lírico e dramático da primeira fase barroca. Pela música de Mozart todo um mundo semiesquecido torna a viver, porém na forma oblíqua, fantasmática, inquietante, que tanto impressionou os românticos.

A primeira cena, por exemplo, é muito parecida com a primeira da *L'incoronazione di Poppea*, que Mozart certamente desconhecia. Na ópera de Monteverdi, como em todas as óperas barrocas, a cena mostrava uma perspectiva central com uma porta no fundo. Essa porta estava exatamente na frente do camarote das autoridades, formando com ele um eixo, ou um raio de visão em volta do qual se organizavam todos os movimentos teatrais. Havia, portanto, uma situação de espelhamento que era confirmada, geralmente, quando da porta central da cena saía a personagem do Rei ou da Divindade, indo ao encontro do rei verdadeiro, que assistia do camarote central. No caso da *Incoronazione*, a porta é a do palácio de Popeia; é noite e Popeia está com Nero. Na frente dela, estão duas sentinelas, que lamentam serem arrastadas, ambas e Roma inteira, pela paixão do imperador, e Otávio, ex-amante de Popeia, que não consegue esquecê-la e volta àquela porta, em suas próprias palavras, "como uma linha a seu centro" — por uma necessidade da perspectiva, portanto. Dessa forma, sabemos que atrás da porta está se consumando um ato sexual e que esse ato é o centro de gravidade de toda a ação cênica. Da porta sairão, logo depois, os dois amantes, cantando o primeiro dos grandes duetos da ópera. O sexo, como união de masculino e feminino na fusão hermafrodita da soprano e do castrato, oferece à autoridade do camarote central a provocação de um espelho deformante, mas ao mesmo tempo revelador. Na primeira cena do *Don Giovanni* também é noite, também há uma fachada de palácio onde dom Giovanni entrou, disfarçado de dom Otávio, para seduzir a prometida deste, dona Ana. Também há um criado, Leporello, que reclama ser arrastado nas aventuras do patrão. Mas algo dá errado: em vez de sair duetando com dona Ana, dom Giovanni sai lutando com ela. As duas vozes, baixo-barítono e soprano, longe de se fundir, se chocam. Dona Ana foge e em cena ficam dom Giovanni, Leporello e o Comendador, pai de dona Ana, que acorrera para defendê-la. Três vozes de baixo: as mesmas que, no final da ópera, protagonizarão o jantar fatídico. A fusão hermafrodita não é mais possível: dom Giovanni está sob a ameaça constante de ser absorvido pelo mundo masculino que detesta e que acabará por engoli-lo. Ao matar o pai de dona Ana, o sedutor obtém um adiamento, mas não abole seu destino. Com extraordinária intuição teatral, Mozart caracteriza a morte do Comendador como um momento de calma absoluta, num trio em tempo quase de barcarola, durante o qual dom Giovanni e Leporello contemplam estupefatos a agonia da vítima, e o velho fidalgo se observa calmamente morrer — um momento de imobilidade e de mágica suspensão, que serviu de modelo a Beethoven para o primeiro movimento da "Sonata ao luar".

Lorenzo da Ponte construíra o libreto a partir de uma versão italiana em um ato, que ampliara até dois atos acrescentando uma série de episódios descosturados. Mozart reorganiza musicalmente a narração dividindo-a em dois níveis: a primeira cena, até a morte do Comendador, e a última, quando a estátua do Comendador vem para levar dom Giovanni ao Inferno, formam uma unidade: o Comendador morre sobre um acorde dissonante (uma 7ª diminuta: Si-Ré-Fá-Lá bemol) que fica em suspenso para reaparecer justamente no último ato (com uma grafia modificada: Si-Ré-Fá-Sol#), quando a estátua entra em cena, e por fim resolver num acorde em Lá maior. Dentro dessa grande moldura tonal, as cenas se encadeiam de forma alógica, como num delírio — a descontinuidade narrativa e a mistura contínua de elementos cômicos e trágicos são, aliás, os dois elementos estruturais da peça que mais a afastam do sentimento clássico e a aproximam de uma fabulação barroca. Teoricamente, tudo acontece na mesma noite, e portanto haveria um respeito à unidade de tempo, bastante raro nas óperas. Mas os eventos que se desenrolam na cena parecem contradizer essa unidade: dom Giovanni foge da cena do crime e encontra Elvira, sua ex-mulher, que veio a Sevilha para procurá-lo. Foge de Elvira e cai num casamento de camponeses (mas não era noite? Não estávamos na cidade?). Manda Leporello afastar o esposo e tenta seduzir a esposa, Zerlina, porém de novo é interrompido por dona Elvira. Foge e encontra dona Ana e dom Otávio, que não o reconhecem. Chega de novo dona Elvira, que o desmascara. Foge... Após essas e muitas outras peripécias, incluindo uma festa de baile com três orquestras e uma caça ao sedutor pelas ruas da cidade, encontramos dom Giovanni no muro do cemitério, olhando tranquilo para a noite clara e dizendo a si mesmo: "São duas horas, ainda. Ainda há muito tempo, muitas mulheres a serem seduzidas". Sabemos que não é verdade e que o protagonista, entrando no cemitério, está se encaminhando para o desfecho. Essa simples indicação temporal pronunciada de passagem, em recitativo, tem portanto um valor narrativo importante: marca a volta ao tempo real e o fim do tempo que dom Giovanni, fugindo, roubou à morte. A hora do destino será selada definitivamente, como vimos, pela resolução do acorde que estava em suspenso desde o começo do primeiro ato.

Se Fausto, o outro grande mito da modernidade, é o homem que quer parar o instante ("Continua, momento fugaz! És belo!"), dom Giovanni, ao contrário, é o homem que não pode parar um instante, que não pode permanecer um instante igual a si mesmo. Embora seja o protagonista, canta apenas três brevíssimas árias solo. Em duas delas, está disfarçado de Leporello; apenas na primeira, a famosa "ária do vinho", ele realmente expressa a si mesmo. Mas nessa ária não aparece nenhuma interioridade, ou melhor: a interioridade de dom Giovanni revela-se apenas um movimento frenético, compulsivo — movimento que busca a si mesmo, movimento que foge à morte.

A subversão onírica e carnavalesca que a sociedade barroca ainda tolerava no perímetro circunscrito e controlado do teatro encontra sua última encarnação nesse sedutor afobado e oco. Nele, o espaço público da transgressão libertina se mostra em cena pela última vez como abismo interior, para retirar-se, logo depois, a uma camada da alma onde já não é possível algum discurso. Søren Kierkegaard, o melhor leitor que *Don Giovanni* já teve, escreveu que a obra-prima de Mozart não é apenas a melhor ópera já escrita: é a única ópera que tem um conteúdo verdadeiramente musical. Dom Giovanni, para ele, é a própria música: um impulso sensual inapreensível, irrefreável, que corre inevitavelmente para sua morte, para a cadência final. Um movimento que é quase linguagem, mas que nunca chega a articular-se em significados. Dessa maneira, dom Giovanni se identifica não tanto com a música em geral, mas com a música romântica, como expressão de uma interioridade ainda mais profunda da interioridade psicológica que a literatura pode exprimir.

Don Giovanni inaugura um espaço interior que ainda hoje é nosso. Mas esse espaço foi, num determinado momento da história, um espaço real, onde atuaram atores em carne e osso e onde se entrava pagando ingresso. Mozart e Da Ponte trabalharam sobre uma história popular, marginal em relação às grandes questões da época. Talvez não dessem a ela muita importância. Mas a recuperação do tema do sedutor pôs em movimento algo enterrado nas camadas profundas da forma operística, algo que ainda estava presente, embora invisível. Reaparecem, com a violência repentina de um insight, o caráter demoníaco de certa música, a associação de música e sensualidade, de música e irracional, enfim: todas aquelas inquietações que o classicismo de Luís XIV e, mais tarde, o Iluminismo pareciam ter resolvido.

Projetado no romantismo, *Don Giovanni* torna-se mito. Melhor dizendo, torna-se um gerador de mitos — o mito do herói eternamente insatisfeito, o mito da música como expressão de um fluxo vital, o mito de Mozart como músico supremo, revelador de verdades inefáveis. Tudo isso entrou em nossa cultura com *Don Giovanni*. Nenhuma outra partitura conseguiu tanto.

REFERÊNCIAS BIBLIOGRÁFICAS

BEAUSSANT, Philippe. *Versailles, Opéra*. Paris: Gallimard, 1987.

BIANCONI, Lorenzo; PESTELI, Giorgio (Orgs.). *Storia dell'opera italiana*. Turim: EDT, 1987. Parte II: I sistemi.

FUBINI, Enrico. *Gli enciclopedisti e la musica*. Turim: Einaudi, 1971.

KIERKEGAARD, Søren. *Ou bien... ou bien...* Paris: Gallimard, 1988.

MILA, Massimo. *Lettura del "Don Giovanni" di Mozart*. Turim: Einaudi, 1988.

REICHLER, Claude. *L'Âge libertin*. Paris: Minuit, 1987.

A pequena frase de Vinteuil

No segmento mais onírico de *Em busca do tempo perdido*, a primeira parte de *O caminho de Guermantes*,[1] o narrador permanece alguns instantes sozinho no quarto de Saint-Loup, em Doncières. O tique-taque de um relógio, cuja origem não consegue situar, chama sua atenção. Identifica a fonte do som (o relógio em cima da mesa), e o tique-taque parece fixar-se num lugar, ou melhor, se associa a uma impressão visual que está num ponto determinado do espaço — porque os sons em si, observa Proust, não têm lugar. Esse pequeno episódio introduz uma longa reflexão sobre as experiências auditivas e suas alterações possíveis. Ligamos os sons "a movimentos e assim têm eles a utilidade de nos prevenir a respeito destes, de parecer que os tornam necessários e naturais".[2] Pouco mais adiante, reconstruindo a vivência de um surdo integral:

---

1. Marcel Proust, *Em busca do tempo perdido*. Trad. de Mario Quintana. Porto Alegre: Globo, 2007. v. 3: *O caminho de Guermantes*.
2. Ibid., p. 83.

Como o ruído era para ele, antes da surdez, a forma perceptível sob a qual jazia a causa de um movimento, os objetos movidos sem rumor parecem movidos sem causa; despojados de toda qualidade sonora, mostram uma atividade espontânea, parecem viver; agitam-se, imobilizam-se, incendeiam-se por si mesmos.[3]

Se, portanto, os sons não possuem lugar no espaço, governam porém a sucessão causal entre as imagens espaciais, criam entre elas conexões necessárias. No silêncio da surdez, o leite posto a ferver pode vazar a qualquer momento, e no quarto vazio aparece, como por mágica, um visitante que nenhum ruído anunciou.

Esse trecho pode ser relacionado a outros momentos dos *Guermantes*, em que Proust recorre a imagens mitológicas para descrever um plano de experiência diferente do usual — em todos eles, o ponto de partida é uma defasagem entre sensações auditivas e visuais. No episódio da representação de *Fedra*, em que o narrador é cumprimentado pela primeira vez pela duquesa de Guermantes, o contraste entre os ruídos vulgares da plateia, onde o narrador se encontra, e as conversas que se desenrolam nos camarotes, que ele pode apenas reconstruir mentalmente, faz com que os aristocratas pertençam, no teatro, a um elemento diferente, aquático, como um cortejo de sereias e tritões. A ausência de som extrai o espaço em que os camarotes se inscrevem do fluxo das necessidades casuais, e assim o eterniza. A duquesa de Guermantes continua divina porque permanece muda, como nos vitrais da igreja de Combray.

O segundo episódio, oposto e complementar, é o do telefonema de Doncières: a voz da avó, separada de sua imagem, é para o narrador uma prefiguração da morte. Sem a presença de um

---

3. Ibid., pp. 85-6.

corpo que lhe garanta um lugar fixo, a avó é reduzida a puro som, mera sucessão temporal, votada à extinção. Aqui também Proust recorre à mitologia, infernal dessa vez (as telefonistas como Parcas, a imagem da descida ao Hades), para indicar um universo possível que uma alteração das relações normais entre visão e audição tornou por um momento real.

Esse universo paralelo mantém, sem dúvida, uma relação estreita com o mundo dos sonhos. Mas é significativo que a avó do narrador, cuja morte foi anunciada no telefonema por uma voz sem corpo, reapareça em sonho, na segunda viagem a Balbec e depois da morte de Albertine, como um corpo sem voz, como o visitante no quarto do surdo. E a mudez parece indicar que a morta, embora continue vivendo na memória, está em algum lugar fora do tempo, indiferente às conexões casuais que constituem a substância do som.

O silêncio (não como ausência de movimento, mas como movimento do qual foram subtraídas as sensações auditivas) é portanto um dos meios para alcançar a dimensão da eternidade (o paraíso do surdo, contraposto ao inferno do telefonema). Mas é um meio apenas negativo, cujo valor é o de desarticular o tempo e esconder a sucessão, na dimensão semiconsciente da ilusão, da enfermidade ou do sonho. Existe outra possibilidade, a de encontrar no próprio som a substância do tempo, esvaziada de qualquer conteúdo. Haverá então a percepção do puro fluxo temporal, espécie de transitoriedade imóvel.

O pássaro que, no parque de Swann em Combray, tenta encurtar o dia com sua nota prolongada, e com isso mesmo o imobiliza, é uma percepção desse tipo. A substância daquela nota é temporal, mas ela não pertence totalmente ao tempo, ao contrário: reveste-o, delimita-o — ou melhor, tem, diante do tempo-movimento, a função de ponto de referência, sem ser ela mesma movimento. Se nada muda ao seu redor, como acontece no parque de Swann, o tempo fica suspenso; mas esse tempo suspenso se apresenta à percepção (e não é, portanto, ausência de tempo) porque o canto do pássaro cria uma tensão, uma sensação de espera. De fato, ele introduz, na economia narrativa do romance, o ingresso em cena de Gilberte.

Uma belíssima descrição de suspensão temporal está no fim do mesmo volume, quando Swann é surpreendido pela pequena frase de Vinteuil, no salão da sra. de Saint-Euverte:

> o violino subira a notas altas onde permanecia como para uma espera, uma espera que se prolongava sem que o instrumento cessasse de as sustentar, na exaltação em que estava de já perceber o objeto da sua espera que se aproximava, e com um desesperado esforço para durar até sua chegada, acolhê-lo antes de expirar, manter-lhe ainda um momento com todas as suas derradeiras forças o caminho aberto para que ele pudesse passar, como se sustenta uma porta que sem isso se fecharia.[4]

O que as notas prolongadas introduzem não é mais, aqui, uma personagem, mas outro evento sonoro. A melodia do violino mantém aberta a porta pela qual ela mesma vai entrar. É objeto da percepção temporal, portanto é transitória. Mas é também o agente que transforma essa percepção em intuição do tempo, pois revela sua substância espiritual, feita de expectativa e memória. Swann percebe a suspensão preparatória do violino apenas a posteriori, quando aparece a pequena frase que a justifica, assim como, no parque, é o ingresso de Gilberte que confere ao canto do pássaro sua função de prelúdio. Mas o caso do concerto é mais complexo e rico, porque o que é esperado não é

---

4. Id., *Em busca do tempo perdido*. Trad. de Mario Quintana. Porto Alegre: Globo, 2006. pp. 414-5. v. 1: *No caminho de Swann*.

de natureza diferente da própria tensão da espera. Há aqui, como no canto do pássaro e como em qualquer outro som, mas em forma mais pura e mais evidente, uma vontade de duração, uma dimensão afetiva que pertence ao próprio evento e que, portanto, não é psicológica. Nessa veste, a melodia vai além da transitoriedade: não é apenas uma forma no tempo, é uma tensão geradora que antecede logicamente o tempo e o produz, como sucessão necessária.

A narração proustiana também pretende carregar a "forma do tempo". Estabelece-se assim uma relação, que corre ao longo de todo o romance, entre a estrutura narrativa do texto e a forma musical das obras imaginárias de Vinteuil. Núcleo central é o paralelismo entre a vocação do narrador, de que o romance é a história, e a evolução da pequena frase, desde sua primeira aparição na sonata até o septeto de *A fugitiva* — evolução, cabe dizer, que não é apenas musical, mas determinada pelas significações sempre mais complexas de que a frase é carregada, como uma personagem ou um lugar, na medida em que adquire uma história.

Quando a pequena frase aparece pela primeira vez no romance, já tem um passado. Nós a encontramos numa redução pianística, em casa dos Verdurin, mas Swann já a conhecera havia um ano, na versão original para violino e piano. A forma com que, naquela ocasião, o futuro pai de Gilberte se apropriou da melodia é significativa: a primeira impressão é confusa, mas, observa Proust, é das únicas "puramente musicais, inextensas, inteiramente originais, irredutíveis a qualquer outra ordem de impressões".[5] Porquanto a consciência tente transformá-la num desenho (isto é,

5. Ibid., p. 262.

numa forma espacial), as notas correm demasiado rápidas para que possam ser fixadas. Todavia permanece um esboço provisório, que permitirá reconhecer a frase quando se apresentar de novo. Depois da segunda exposição, Swann tem "diante de si essa coisa que não é mais música pura, que é desenho, arquitetura, pensamento, tudo o que nos torna possível recordar a música".[6] A terceira repetição já é esperada, de certo modo já possuída, e por isso não causa o mesmo prazer. A descrição detalhada de como uma impressão se transforma aos poucos em conhecimento é tanto mais relevante enquanto a impressão musical é impressão pura, *sine materia*. Graças a essa experiência, se oferece a Swann, cuja vida é fútil apesar do brilho aparente, uma possibilidade de renovação — não pela beleza em si do trecho musical, mas pela intuição momentânea do processo pelo qual as impressões se formam na consciência, processo que a pequena frase revela. Porque, de um lado, todas as nossas ideias, em suas formas mais puras, são música, isto é, mera sucessão temporal sem conteúdo; de outro lado, não é a forma musical em si, o desenho, que proporciona a intuição temporal, mas essa tensão indistinta que é igualmente matriz do tempo e da música. Se o compositor tivesse a possibilidade de fixar a intuição temporal numa forma, haveria uma predominância de um ato voluntário sobre a memória involuntária, o exato contrário da intuição proustiana do tempo. A suspensão do tempo cronológico não poderia se verificar porque o presente prevaleceria sobre o passado. O músico, como o narrador, pode apenas criar as condições, oficiar o rito para que a intuição apareça.

Por isso, é irrelevante estabelecer qual peça musical Proust utilizou como modelo da sonata de Vinteuil. Aliás, o próprio au-

6. Ibid., p. 263.

tor esclareceu a questão de uma vez por todas, numa carta a Jacques de Lacretelle:

Dans la mesure où la réalité m'a servie, mesure très faible, à vrai dire, la petite phrase de cette sonate, et je ne l'ai jamais dit à personne, est (pour commencer par la fin) dans la soirée Saint-Euverte, la phrase charmante, mais enfin médiocre, d'une sonate pour piano et violon de Saint-Saëns, musicien que je n'aime pas.[7]

O tom com que Proust fala da pequena frase, tão importante na economia do romance, lembra a reflexão com que se encerra, para Swann, a paixão por Odette: "E dizer que eu estraguei anos inteiros de minha vida [...] por uma mulher que não me agradava, que não era o meu tipo!".[8] É que a frase musical em relação à intuição que proporcionou, assim como Odette em relação ao amor de Swann, é apenas um conteúdo contingente. Esse conteúdo pode ser dominado por meio da análise formal (que decompõe a melodia em cinco notas, duas delas repetidas etc.). Mas a frase de Swann, permanece latente no espírito dele, como uma "noção sem equivalente"[9] (comparável às noções de luz, som, relevo). Voltam, portanto, as impressões "inteiramente originais, irredutíveis" que Swann provara à primeira escuta e que fora encoberta, já durante aquela primeira execução, pelo desenho melódico que parecia ser sua causa, e que talvez não fosse mais do que a forma com que ela

---

7. "Na medida em que a realidade me serviu, medida muito fraca, é verdade, a pequena frase dessa sonata, e eu nunca o disse a ninguém, é (para começar pelo fim) no serão Saint-Euverte, a frase encantadora, mas enfim medíocre, de uma sonata para piano e violino de Saint-Saëns, músico que não aprecio." Apud Jacques Benoist-Méchin, *La Musique et l'immortalité dans l'œuvre de Marcel Proust.* Paris: Simon Kra, 1926. p. 18.
8. Proust, op. cit., p. 455. v. 1.
9. Ibid., p. 420.

pode ser traduzida para o mundo da inteligência. Não volta, porém, da mesma forma: agora carrega todas as significações que Swann lhe atribuiu e se apresenta não mais como emoção *sine materia*, mas como a emoção específica do amor dele por Odette. É verdade que o amor de Swann não foi mais do que um desdobramento daquela emoção inicial, a tentativa de tornar efetivo algo que já existia virtualmente em seu espírito, e que a melodia revelara. Mas a execução em casa da sra. Saint-Euverte lhe revela que foi uma tentativa na direção errada, no plano dos conteúdos objetivos, enquanto deveria ter procurado mais além, naquele núcleo intuitivo que as notas apenas revestem.

Há um trecho relativo a essa execução que me parece necessário transcrever integralmente:

> Swann não se enganava, pois, em crer que a frase da sonata realmente existia. Humana desse ponto de vista, pertencia no entanto a uma ordem de criaturas sobrenaturais que nunca vimos mas que apesar disso reconhecemos enlevados quando algum explorador do invisível chega a captar uma delas, a trazê-la, do mundo divino a quem ele tem acesso, para brilhar alguns instantes acima do nosso. Era o que fizera Vinteuil com a pequena frase. Sentia Swann que o compositor se contentara, com os seus instrumentos de música, em desvelá-la, torná-la visível, em lhe seguir e respeitar o desenho com mão tão sensível, tão prudente, tão delicada e tão segura que o som se alterava a todo momento, esfumando-se para indicar uma sombra, revivescendo quando era preciso seguir um contorno mais ousado. E uma prova de que Swann não se enganava ao acreditar na existência real daquela frase era que qualquer amador um pouco atilado logo se aperceberia da impostura se Vinteuil, com menos poder para divisar e transmitir as suas formas, houvesse procurado

dissimular as lacunas de sua vista ou a inabilidade de seus dedos, acrescentando-lhe aqui e ali alguns toques de sua própria invenção.[10]

A frase de Vinteuil possui, portanto, mais do que uma existência, uma vida própria, que seu autor não pode modificar. Observe-se que essa mesma vida interna das coisas é alcançada, na pintura de Elstir, só indiretamente, por uma transposição metafórica. Já que a pintura lida com as percepções espaciais, que possuem para a inteligência uma estabilidade ilusória, o primeiro passo para alcançar a verdadeira essência delas é necessariamente negativo, a destruição dessa estabilidade. Ou melhor, como escreve Proust nas últimas páginas do romance: para Elstir, para Chardin (e para o narrador também, enquanto procura revelar, abaixo do conteúdo narrativo contingente, a essência do tempo), é preciso renunciar ao que se ama para conseguir refazê-lo. Ao contrário, as sucessões sonoras, que são o conteúdo da música, não possuem estabilidade, e se situam portanto no limiar entre forma objetiva e impressão subjetiva. Elas não podem ser apreendidas senão a posteriori, com os recursos da memória. Por isso, como está escrito em *À sombra das raparigas em flor*, com uma associação reveladora, se assemelham à vida.

Se a narrativa de *Em busca do tempo perdido* é a reconstrução de uma vida enquanto memória, presença atual do passado no presente, a música, que é existência real do tempo como esforço de duração, contraposto à marcação abstrata do tempo cronológico, representa sua imagem mais pura. Mas a narrativa vai além disso: engloba também o mundo objetivo da inteligência, que a música não alcança, e o transfigura revelando as impressões sucessivas que constituem sua essência. Nisso, a escrita se aproxima à pintura. Entre a figura fantasmática de Vinteuil, que, mesmo

10. Ibid., p. 421.

como personagem, quase não pertence a este mundo, e aquela concreta, terrena, de Elstir, que sobre o mundo, do centro de seu ateliê, parece exercer um domínio discreto mas seguro, o narrador se põe como ponto de equilíbrio e de síntese. Do pintor aprenderá a servir-se da metáfora, para obrigar as coisas a mostrar o que realmente são; do músico, a suspender o tempo da frase e da narração, para que esta revele, atrás da sucessão cronológica, uma das infinitas sucessões temporais possíveis.

A notação gregoriana:
gênese e significado

NOTAÇÃO E FORMA MUSICAL

A tarefa de transcrever notações antigas costuma ser ingrata: no esforço de destrinçar as complexas partituras góticas, ou de interpretar a escrita aparentemente sumária da monodia gregoriana, sempre permanece a sensação de que algo de essencial se perde e de que a música transcrita não seja, na substância, a mesma música.

Com efeito, a notação musical não é mero instrumento de registro e transmissão de um conteúdo já plenamente articulado no campo da audição: ela traduz o evento sonoro em símbolos visuais, mas também o interpreta segundo um certo modelo, certa hierarquia de valores. Como bem sabem os etnomusicólogos, toda transcrição comporta a seleção de elementos sonoros considerados significativos, e a exclusão de outros considerados irrelevantes — seleção que, em grande parte, não é anterior à escrita. A partir de um único evento sonoro é possível escrever partituras diferentes, e cada uma representa uma forma musical diferente, não apenas uma transcrição diferente da mesma forma. A notação, portanto, é um elemento formador das obras, influi sobre ela e é por ela influenciada.

A escrita, tanto musical quanto verbal, funciona sempre como uma espécie de filtro: os aspectos do evento sonoro que ela inclui passam a ser considerados significativos; os que exclui tornam-se contingentes e irrelevantes. Mas a língua falada trabalha com unidades sonoras já cristalizadas num código, e para transcrevê-las no papel é suficiente encontrar um código visual correspondente. Esse código dará conta não tanto do som da fala quanto dos aspectos que a língua já selecionou nele como elementos significativos. No caso da música, ao contrário, todos os aspectos do som podem virtualmente ser considerados significativos, e a seleção se realiza diretamente no plano da escrita; além disso, os elementos de base de uma peça musical não possuem um significado em si, dependendo totalmente do contexto; por isso, cada inclusão ou exclusão comporta uma redefinição do sistema simbólico como um todo.

Toda transcrição ou tradução pressupõe obviamente um conteúdo comum entre a versão original e a transposta. A gravura que reproduz um quadro tenta se manter fiel ao desenho e ao claro-escuro, enquanto as relações de cor são substituídas por relações entre tipos diferentes de retículas. Um texto traduzido respeita o significado denotativo do original e, na medida do possível, suas conotações, sua organização sintática e sonora. Mas o que exatamente uma partitura antiga tem em comum com sua transcrição moderna? A resposta mais óbvia é: permanece o evento sonoro a ser realizado, enquanto mudam os caminhos pelos quais o intérprete chega a essa realização. Se, por exemplo, acrescentamos a uma partitura de Palestrina as linhas de compasso, ausentes no original, as durações das notas não mudam, mas o intérprete moderno poderá medi-las por um sistema que lhe seja mais familiar.

No entanto, a linha de compasso não é apenas um instrumento neutro de medida: ela estrutura o texto musical em células métricas fixas, células que eram absolutamente estranhas ao pensamento musical renascentista. Palestrina concebia as frases musicais como linhas contínuas e indivisíveis, e não como conjuntos de células. O intérprete moderno, portanto, se não quiser violentar o texto, deverá esquecer os compassos para tentar reconstruir a fluência da curva melódica — num certo sentido, deverá trabalhar contra a transcrição, extraindo dela, mentalmente, a escrita original.

Esse esforço de reconstrução, porém, pode não ser suficiente, sobretudo no que diz respeito às notações mais antigas. O que muda, nesse caso, não é apenas a maneira de organizar o material, mas também as unidades mínimas de que esse material é constituído: a notação gregoriana, por exemplo, não se baseia na nota isolada, mas em signos (neumas) que representam certo tipo de movimento melódico, sem indicar alturas ou durações determinadas. O transcritor moderno é obrigado a segmentar esses signos em sequências de notas de altura definida, sinalizando eventualmente, com ligaduras, a distribuição original das notas nos neumas. Mas os neumas não eram conjuntos de notas: eram descrições de movimentos, indicando onde a voz deveria tomar impulso, onde encontraria repouso etc. Essas informações são impossíveis de ser reproduzidas na transcrição.

Na tradição ocidental, cada geração, e quase cada autor e cada obra, redefinem os limites e as estruturas da notação. Isso é evidente até em tempos recentes, quando a notação passa a se basear num código relativamente estável: quando Rossini resolveu escrever por extenso as cadências de suas árias, ou quando Chopin encontrou uma grafia para seus *rubati*, elementos já presentes na prática, com função decorativa ou expressiva, tornaram-se significativos no plano da composição. O *affetto* musical deixou de ser claramente distinto da estrutura e passou a influir sobre ela, determinando-a e sendo por ela determinado. Os trechos "em notas pequenas", um tempo meramente decorativo, passam a ser fundamentais para a definição formal da obra, gerando uma oscilação estrutural, e não apenas contingente, entre o tempo regular do compasso e o tempo livre das cadências e dos *rubati*. Um transcritor do futuro, que quisesse reduzir todas as notas a durações exatamente definidas, perderia evidentemente o sentido profundo dessa oscilação, tipicamente romântica. Reproduziria, então, o aspecto exterior do evento sonoro, mas não seu significado.

A interação contínua entre composição, notação e interpretação parece ser uma característica própria da música ocidental a partir da era cristã. Tanto a notação musical antiga quanto a maior parte das notações extraeuropeias utilizam notações alfabéticas, em analogia com a escrita. Os manuscritos musicais gregorianos a partir do século VIII, e os bizantinos, que remontam mais ou menos ao mesmo período, são os primeiros exemplos de notações baseadas em critérios totalmente diferentes, que não encontram paralelos imediatos fora da esfera musical. É necessário então analisar a natureza desses critérios, e sua funcionalidade em relação aos princípios musicais correntes na época.

ÍNDICES E ÍCONES

Em seu ensaio sobre a origem da notação ocidental,[1] Leo Treitler aproveita uma distinção semiótica para classificar tipos

---

1. Leo Treitler, "The Early History of Music Writing in the West". *Journal of American Musicological Society*, XXXV, n. 2, pp. 237-79, 1982.

diferentes de notação. Segundo essa distinção, introduzida por Charles Pierce, um signo se relaciona com seu objeto como símbolo, ícone ou índice.

O símbolo não mantém nenhum tipo de relação formal com a coisa significada. Baseia-se numa convenção que pode não ser totalmente arbitrária, mas que em todo caso não é estabelecida a partir de semelhanças formais. O símbolo é particularmente adequado, portanto, quando a coisa significada é abstrata, ou, mesmo sendo concreta, não é visível. Exemplos típicos são as letras do alfabeto, que representam simbolicamente fonemas.

O ícone, ao contrário, possui uma analogia formal com seu objeto. A cruz é um símbolo quando representa o cristianismo, mas se torna um ícone quando posta numa estrada para sinalizar um cruzamento.

O índice é algo mais complexo. Ele se relaciona com seu objeto por uma certa cadeia sequencial. Essa relação pode ser a de um efeito com sua causa (índice descritivo; por exemplo: a fumaça é índice do fogo, ou o rastro de um animal é índice de sua passagem); ou pode ser a de uma ordem com sua execução (índice imperativo): as cores de um farol são índices imperativos porque determinam uma ação.

A escrita musical moderna admite os três tipos de signos. As harmonizações de música popular, nas quais os acordes são representados por letras e/ou números, são simbólicas. Por outro lado, as grades que reproduzem esquematicamente o braço do violão ou do alaúde, tanto nos manuais modernos como nas antigas tablaturas, carregam marcas que sugerem a posição dos dedos para cada som a ser obtido: são, portanto, índices imperativos.

A notação em pauta, por outro lado, possui um estatuto ambíguo. Ainda que se destine à execução, ela não é indiciária, porque a maioria de seus signos se refere diretamente a sons, e apenas indiretamente aos gestos necessários para produzi-los. É simbólica, em parte, porque nela a relação entre signo e significado é arbitrária por muitos aspectos. A duração proporcional dos sons, por exemplo, é indicada pela forma das notas, que são totalmente convencionais. Os signos dinâmicos também são símbolos, na medida em que utilizam letras ou outras cifras para significar variações de volume ou de ataque.[2] O parâmetro das alturas, ao contrário, não é representado por um vocabulário de signos específicos, mas pela posição dos signos (notas) no espaço. A altura é indicada pela posição da nota, não por sua forma, e uma sequência de notas ao longo da pauta forma um desenho que consideramos intuitivamente como a reprodução de uma "linha" musical. Entre as notas tomadas singularmente e a linha que elas formam no conjunto há portanto uma diferença substancial: aquelas são *símbolos* dos sons, esta é um *ícone* da forma melódica. Os contornos que a escrita traça, no entanto, não existem senão a partir dela, porque os sons, em si, não produzem linhas. A rigor, a passagem de um som a outro não é um movimento, mas uma transformação. A notação, portanto, não se limita a reproduzir movimentos no espaço sonoro: ela cria a intuição desse espaço e desses movimentos.[3]

2. As linhas divergentes ou convergentes que indicam acréscimo ou decréscimo progressivo da dinâmica poderiam ser consideradas icônicas porque, uma vez aceita a analogia fundamental (variação do espaço entre as linhas-variação de volume), há nelas um certo isomorfismo com a coisa representada. Tal isomorfismo, no entanto, permanece apenas esboçado e se cristaliza rapidamente em símbolo.
3. K. Levy ("Byzantine Rite, Music of the", in *New Grove* iii) utiliza os termos digital/analógico no lugar de simbólico/icônico, alternativa que o próprio Treitler admite como possível. Ainda no *New Grove* (xiii, verbete "Notation"), Ian Bent propõe a oposição fônico/gráfico com o mesmo sentido. Em geral, a distinção da notação em dois grupos parece ser aceita pela maioria dos autores, embora haja grande variação nas definições e na terminologia. Talvez os termos utilizados por Levy e Bent sejam mais precisos tecnicamente em relação aos de Treitler/

O caráter icônico da escrita musical moderna se baseia em duas analogias preliminares: o correr do tempo é representado no papel por um movimento da esquerda para a direita; a oposição grave/agudo é realizada graficamente pela oposição baixo/alto. Essas correspondências são arbitrárias, portanto simbólicas. Todavia, não são signos, mas apenas convenções que permitem a criação de um campo de representação. A primeira delas é bastante óbvia, porque deriva do movimento da escrita. A segunda é mais problemática e mais recente. Com efeito, a música grega adotou por muito tempo a relação invertida, como testemunham os nomes das notas: *hypate hypatón* (a mais alta das altas) era o nome grego do Si, nota mais grave do tetracorde mais grave do sistema (abaixo dela havia ainda o Lá, chamado *proslambanomenos*, nota acrescentada, porque não pertencia a nenhum tetracorde); o Lá', nota mais aguda, era chamada *nete huperboláion* (a mais baixa das notas acrescentadas). Segundo a maioria dos pesquisadores, essas denominações derivavam da prática da lira, que era segurada em posição oblíqua, com as cordas mais graves para o alto. Sachs observou, porém, que a mesma analogia se encontra em outras culturas, e talvez se deva à simples observação de que instrumentos maiores (mais altos) produzem sons mais graves.[4]

De qualquer maneira, a relação entre a frequência de uma nota e uma certa posição no espaço era, para os gregos, apenas contingente. Numa época indeterminada (provavelmente nos tempos de Aristoxenos), a analogia foi invertida e se adotou a

---

Peirce, mas preferi manter a oposição simbólico/icônico devido à relação mais transparente que ela permite estabelecer com outros sistemas de escrita e outras formas de expressão ou de organização cultural.

4. Curt Sachs, *La Musica nel mondo antico*. Florença: Sansoni, 1981, pp. 61 e 226 (título original: *The Rise of Music in the Ancient World. East and West*, 1943); cf. Gustave Reese, *La Musica nel Medioevo*. Milão: Rusconi, 1990, p. 32 (título original: *Music in the Middle Ages*, 1940).

disposição ainda hoje em uso, sem que a inovação merecesse algum tipo de comentário por parte dos teóricos.[5]

A questão, de fato, era irrelevante naquele contexto, porque os gregos nunca tentaram desenvolver um modelo espacial do movimento musical. Para eles, as frequências eram atributos específicos de cada som, mais do que funções de uma linha melódica. Formas espaciais, predominantemente geométricas, podiam ser aproveitadas para esclarecer o cálculo dos intervalos nos tratados científicos,[6] mas nunca para pôr no papel uma composição específica. Para esta última tarefa era suficiente marcar por um símbolo, em geral uma letra do alfabeto mais ou menos modificada, a altura da nota a ser cantada ou executada. Se não fosse possível deduzir diretamente a duração pelas sílabas do texto, podia ser acrescentado um sinal específico: nada para a sílaba breve (um tempo), um traço horizontal para a longa (dois tempos), um traço e um ponto para uma longa prolongada (três tempos), e assim por diante. Nem todas as notas, aliás, eram escritas: algumas permaneciam subentendidas porque, analogamente às durações, a acentuação do texto as tornava óbvias. O início da segunda estrofe do primeiro hino délfico (138 a.C.) apresenta o seguinte aspecto no original grego.[7]

---

5. Os nomes dos *tropoi*, escalas de transposição que constituem o fruto tardio do sistema musical grego, já identificam o mais grave com o mais baixo: por exemplo, a *mesé* do tropos hipofrígio (abaixo do frígio) é de uma quarta mais grave, a do hiperfrígio (acima do frígio) de uma quarta mais aguda em relação à *mesé* do frígio.

6. Tais figuras eram, aliás, apenas reproduções estilizadas de instrumentos, normalmente do monocórdio, com linhas recurvas que marcavam os lugares a ser pressionados para obter os intervalos desejados.

7. A transcrição completa do hino, com a notação original superposta à moderna, encontra-se em Panos Doutzaris, "La Rythmique dans la poésie et la musique des Grecs anciens". *Revue des Études Grecs*, XLVII, pp. 338-40, 1934.

FIGURA 1

Das dezessete sílabas desse fragmento (descontamos as duas primeiras, que faltam no documento original), a notação grega marca a altura exata de apenas oito, aquelas cuja entoação podia prestar-se a equívocos: a subida para o Lá bemol do segundo compasso e a modulação (*metabolé*) do quarto. Se esse tipo de notação não visa reproduzir a melodia em sua integridade, muito menos se preocupa em estabelecer com ela algum tipo de isomorfismo. Em compensação, é exata quanto à definição das alturas, e por isso continuou a ser utilizada na Idade Média, com modificações superficiais, para fins teóricos e científicos.

A notação grega é funcional a uma concepção determinada do evento sonoro e, mais em geral, de todos os estímulos sensoriais. Para Aristóteles, a sensação era uma alteração instantânea, ou seja, uma alteração que não passa por um processo de geração. O instante da sensação, todavia, não é um ponto sem extensão: é um *plenum*, uma unidade indivisível. Aristoxenos, discípulo direto de Aristóteles, elaborou um sistema de definição das alturas e das durações baseado nos dados sensíveis, em aberta polêmica com os pitagóricos. Ele introduziu, inclusive, uma unidade indivisível de medida métrica, o *chronos protos*, que descende com toda evidência da concepção aristotélica do instante. O evento sonoro era portanto, na Grécia pós-aristotélica, uma corrente de sensações instantâneas, cada uma possuindo qualidades próprias que, não sendo geradas por um processo, independiam das qualidades do evento como um todo. A tarefa da notação, portanto, era estabelecer signos que definissem com exatidão essas qualidades, assim como as letras do alfabeto definem as qualidades dos fonemas, independentemente do significado que elas virão a assumir no contexto.

O conceito aristotélico de sensação instantânea entraria em crise, junto com o sistema musical antigo, no início da era cristã. Para um cristão, o instante não é um *plenum*, não tem existência própria: ele só se justifica como parte de um movimento que tem seu alvo alhures, no verdadeiro Ser, imutável e eterno. O problema da sensação é transferido do plano imanente ao plano transcendente, de um instante pleno fora do tempo à tensão para um futuro que também se situa fora do tempo.[8] O que conta, então, já não é o evento sensível em si, mas o movimento espiritual que se manifesta ao longo de uma sequência de eventos. E a notação tentará reproduzir justamente esse movimento.

Veja-se, por exemplo, a notação gregoriana correspondente às palavras *Confiteantur Domino* do gradual *Misit Domino*:

FIGURA 2

Confi - te - an - tur Domino

Esse fragmento deriva de um manuscrito confeccionado no mosteiro de Saint-Gall na segunda metade do século IX. Saint-Gall, na atual Suíça, foi um dos principais centros de elaboração da notação e da música gregoriana, e seus manuscritos são par-

---

8. Tentei descrever essa transição, sobretudo no que se refere ao pensamento agostiniano, em *Santo Agostinho, a música e o tempo* (tese de doutorado, Faculdade de Filosofia da Universidade de São Paulo, 1998).

ticularmente cuidadosos e detalhados.[9] Na verdade, o fragmento citado acima é bastante indeterminado sobre alguns aspectos da melodia que hoje nos parecem essenciais, como a altura exata das notas, mas é, por outro lado, muito preciso quanto a nuanças que a notação moderna não reproduz senão vagamente. No início da melodia, por exemplo, sobre as quatro primeiras sílabas do texto, a notação limita-se a sinalizar que as duas primeiras notas são graves (dois *puncta*, pontos ou traços horizontais),[10] que a terceira é alcançada por um intervalo ascendente (*virga*, traço oblíquo ascendente da esquerda para a direita) e que em seguida há um grupo composto de um movimento ascendente e um descendente (*clivis*, traço curvo que reproduz esse movimento).[11] O copista não indica a altura da primeira nota da melodia nem a extensão dos intervalos seguintes, mas se preocupa em marcar uma letra *c* (*celeriter*: rapidamente, ou em velocidade

---

9. O *Gradual Triplex* de Solesmes transcreve a versão de Saint-Gall, em tinta vermelha, abaixo da notação gregoriana moderna, colocando acima da pauta a notação de Laon, quando houver, em tinta preta. Não há notação de Laon para *Misit Dominus*. Sobre a importância da produção de Saint-Gall para a história da notação nemática, cf. Eugène Cardine, *Primeiro ano de canto gregoriano e semiologia gregoriana*. São Paulo: Palas Athena/Attar, 1989. p. 26 (título original: *Première Année de chant grégorien et Sémiologie grégorienne*, 1970).

10. Segundo alguns pesquisadores, há uma diferença entre os pontos e os traços horizontais, os segundos indicando um prolongamento das notas. No que diz respeito a esse documento, tal interpretação não é aconselhável para os *puncta* isolados, que são escritos sem exceção como traços horizontais. Quanto aos neumas compostos, porém, ela parece ter fundamento, como veremos ao falar do último neuma desse trecho.

11. Treitler (op. cit., p. 248) salienta que a classificação dos neumas em formas fixas, cada uma com um nome específico, se encontra nos manuscritos apenas a partir do século XI, época em que começa a se firmar uma escrita mais regular, inclusive com o uso de pautas. Tal classificação corresponde, portanto, a uma fase em que os neumas começam a se cristalizar num sistema de cifras, perdendo parte de seu caráter icônico a favor de uma nova ordem simbólica.

normal) acima do *clivis*, para sinalizar que o cantor deve executar imediatamente o salto descendente, sem apoiar sobre a nota aguda. Na *tristropha*[12] seguinte, o último signo é completado por um pequeno traço horizontal embaixo, para significar um leve prolongamento da última nota. O prolongamento se justifica, aliás, pelo signo que segue, uma cruz oblíqua que muito provavelmente é uma *teleia*, um sinal de pontuação de origem bizantina, que marca a conclusão de uma frase ou membro de frase.[13] Repare-se que, na *distropha* sobre as sílabas *(Do)mino*, o traço horizontal é eliminado, sendo transferido para cima do *clivis* seguinte, indicando prolongamento da primeira nota deste (episema, ou traço superior). Dessa forma, a notação indica aqui, como nas três *tristrophae* anteriores, uma série de três notas com prolongamento da terceira. A única diferença é que, nesse caso, a série está no início de um segmento melódico e se articula de imediato com a nota seguinte, enquanto anteriormente colocava-se no fim do segmento (dois primeiros casos) ou estava muito próxima dele (terceiro caso).

Voltando ao início da melodia: o *punctum* que segue a primeira *teleia* é muito mais espesso. É possível que essa característica não seja casual e indique um apoio mais marcado sobre essa nota, apoio que pode consistir tanto num aumento de intensidade quanto em maior duração ou, mais provavelmente, em ambos. Essa interpretação poderia parecer forçada, se traços desse tipo não aparecessem nos manuscritos de Saint-Gall em contextos mais complexos, onde a diferenciação deles é claramente intencional. Por exemplo, nesta passagem do gradual *Salvum fac* (gt 355):

---

12. *Distropha, tristropha*: grupos de duas ou três notas iguais, marcadas por apóstrofos.
13. A *teleia* pertence a um sistema de signos chamados *ekphonésis*, do qual voltaremos a falar.

FIGURA 3

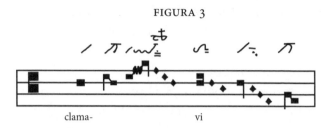

Aqui há dois grandes neumas: um de seis notas, no ápice do arco melódico, e um de quatro, próximo do fim.[14] No primeiro, a nota a ser acentuada e prolongada é a mais aguda, um Fá, como a notação prescreve, com uma redundância que sugere um apoio muito marcado: um episema e duas letras significativas (*tb* = *tenete bene*, manter bastante). O segundo neuma é composto de uma *virga* e três *puncta*, sinalizando um intervalo ascendente seguido de uma escala descendente de três notas. A *virga* não carrega episema, a primeira das notas descendentes é marcada por um traço espesso e realçado na borda direita, as outras duas por pontos simples. Nesse caso, não resta dúvida de que a nota a ser acentuada e prolongada é a segunda.

Prosseguimos a análise do gradual *Misit Domino*: a notação gregoriana moderna, que se apoia em manuscritos medievais mais recentes e melodicamente inequívocos, marca um Ré, nota mais aguda desse trecho, depois da segunda *tristropha*. O manuscrito de Saint-Gall não assinala nada disso, limitando-se a pôr aqui dois *clives*, perfeitamente iguais aos outros. Em compensação, põe entre os dois neumas a letra significativa *t* (*tenete*), que provavelmente indica algo diferente dos episemas, utilizados em situações parecidas: um acréscimo de duração mais consistente, ou um ral-

---

14. A classificação dos neumas a partir do número das notas é, naturalmente, moderna: originariamente, os neumas eram movimentos contínuos, e não somatórios de alturas distintas.

lentando distribuído ao longo de todas as notas dos neumas. É possível que na notação posterior, mais esquemática, a perda inevitável dessa nuance tenha sido compensada por uma nova disposição das alturas, transformando um acento intensivo-quantitativo em acento melódico.

O segundo Ré da composição aparece no neuma Ré-Dó, no início do melisma sobre a sílaba (*Domi*)*no*. Como no caso anterior, se tivéssemos de nos basear apenas no manuscrito de Saint-Gall, nada impediria de ler esse *clivis* como um Dó-Lá, em analogia com os *clives* anteriores. Nesse caso, porém, a *distropha* seguinte também seria rebaixada e haveria uma mudança bastante atípica da corda de recitação. Em oposição aos dois *clives* anteriores, este carrega a letra significativa *c* (*celeriter*), e portanto deve ser cantado rapidamente, ou na mesma velocidade das notas próximas. O signo embaixo, entre o *clivis* e a *distropha*, é também uma letra significativa, *st* (*statim*, imediatamente), que prescreve que não haja solução de continuidade entre os dois neumas. O *clivis* em questão, portanto, deve ser interpretado como uma ornamentação passageira, sem acentuação nem prolongamento, enquanto os anteriores, marcados por um *t* (*tenete*), deveriam ser salientados no canto.

A notação gregoriana moderna não possui instrumentos para expressar essa distinção com a ênfase devida. O resultado é uma linha melódica bastante frouxa, que apresenta dois ápices seguidos sobre a mesma nota. A notação antiga, ao contrário, parece mais apropriada para identificar o ponto de maior tensão do arco melódico (não necessariamente o ápice melódico, ou não apenas isso), que cai evidentemente no lugar marcado pela letra *t*, depois de dois impulsos ascendentes interrompidos pela *teleia*.

O último segmento de nosso exemplo marca um espaçamento das durações, quase um rallentando final: três *clives* e duas *virgae* carregam episemas. A *virga* do último neuma composto é cantada *celeriter*, mas os dois *puncta* que seguem são diferenciados na escrita: o primeiro é um ponto, o segundo é um traço horizontal, que nesse caso com certeza indica um prolongamento.[15]

A estruturação da melodia como uma série de impulsos melódicos direcionados, que apontamos como o princípio básico da música gregoriana, é realizada com clareza muito maior na escrita original do que em qualquer tipo de transcrição moderna. Em compensação, elementos como altura, duração e intensidade são nessa fase nuances de um movimento melódico unitário, mais do que parâmetros distintos e relativamente autônomos, como na música moderna, e a diferenciação deles na escrita é, portanto, apenas embrionária.

É verdade que, no trecho considerado, a notação não reproduz o movimento do arco melódico como um todo, mas apenas cada um dos impulsos que o compõem, tomados singularmente. O movimento geral da melodia deve ser reconstruído mediante as letras significativas, que são elementos simbólicos, e não icônicos. Em parte, isso é devido ao caráter do trecho escolhido, que é um recitativo ornamentado. Nesse mesmo gradual, quando a melodia é mais livre, a notação tende a reproduzi-la, deslocando os neumas no espaço. Por exemplo, no fim da segunda frase da antífona:

FIGURA 4

---

15. O sinal abaixo do terceiro *clivis* desse segmento é outra letra significativa, *i* (*inferius*, mais baixo), a única de nosso exemplo a possuir significado melódico. Ela é posta justamente na articulação entre o recitativo e a cadência.

Esse tipo de recurso é comum nos manuscritos medievais, e a escrita que o utiliza é chamada diastemática (da palavra grega "diastema", intervalo). Embora os tratados de paleografia costumem distingui-la da notação não diastemática, como se fossem duas famílias separadas, na verdade a *diastematia* apenas desenvolve um princípio que já estava embutido na forma dos neumas, e que Treitler propõe definir como princípio de direcionalidade (*directionality*).[16] Em outras palavras, em ambos os tipos de escrita, a forma e a disposição do signo reproduzem, e não apenas simbolizam, o movimento sonoro. Na notação não diastemática, o isomorfismo funciona apenas no interior de cada neuma, enquanto na diastemática ele se realiza também na disposição relativa dos neumas entre si; mas o princípio é fundamentalmente o mesmo.

Não é possível estabelecer uma prioridade cronológica porque exemplos de ambos os tipos se encontram nos documentos mais antigos. Mas a escrita diastemática é mais complexa e é aquela que deu origem à notação moderna. De qualquer forma, o termo "diastematia" é impróprio para a fase que aqui nos interessa porque a preocupação principal de toda escrita neumática, qualquer que seja sua disposição no espaço, é a direção da melodia, e não a representação dos intervalos.

GÊNESE DO ESPAÇO MUSICAL GREGORIANO

A progressão desenhada nas páginas a seguir será mais lógica do que cronológica. Sistemas claramente simbólicos, próximos à notação grega, podem ter sido desenvolvidos na mesma época ou até depois da escrita neumática. A notação em pautas recupe-

---

16. Treitler, op. cit., p. 250 e nota.

rou muitos elementos simbólicos que a escrita neumática menosprezara, mas que continuaram a evoluir paralelamente, nos tratados teóricos ou na tradição oriental. Além disso, com exceção dos documentos gregos e de outras poucas fontes, todo o material remanescente que nos interessa remonta à mesma época, entre os séculos IX e XI, durante a qual todas as notações já apresentam grau muito avançado de sofisticação. A reconstrução da gênese delas, portanto, é altamente hipotética.

Outra observação: enquanto existiram e ainda existem sistemas de notação meramente simbólicos, como o grego antigo, um sistema de notação puramente icônico é provavelmente impossível. Os fatores a ser considerados no evento sonoro são demasiado numerosos e complexos para que seja possível reproduzi-los exaustivamente por meio de linhas sobre uma superfície. Até as notações neumáticas mais livres, portanto, procuram completar o quadro com elementos francamente simbólicos, como as letras significativas e os signos ecfonéticos, ou com figuras originariamente icônicas, mas que tendem a se cristalizar em símbolos, como o *punctum*, a *virga*, o episema. Todavia, o que distingue a notação gregoriana dentro da evolução de nossa escrita musical é, de um lado, a acentuação marcada dos elementos icônicos da escrita, os quais não existiam antes dela e que nunca mais desaparecerão totalmente; por outro lado, a interação contínua de elementos simbólicos e icônicos, sem uma distinção clara entre os parâmetros a ser representados de uma ou outra forma, o que sugere uma concepção do evento sonoro como um todo unitário e relativamente indiferenciado. De todas as escritas musicais, a gregoriana é a que mais se aproxima ao desenho. Ela é, como lembrava Cardine, um "gesto escrito".[17]

17. Cardine, op. cit., p. 13.

A passagem da escrita musical antiga à neumática não é apenas uma mudança de formas e de métodos, mas também uma mudança de objeto: a notação grega procura simbolizar as qualidades sonoras de cada som, tomado individualmente; a notação neumática busca reproduzir os movimentos melódicos, dinâmicos e agógicos entre os sons, enquanto o som singular, nela, tem importância muito reduzida. Em outras palavras: enquanto a notação musical grega indica as características objetivas do som, a notação neumática lida com uma forma musical entendida como movimento através de e mediante os sons. Ao tentar traçar a linha evolutiva que leva de um sistema a outro, buscaremos dar conta dessa transição fundamental.

Por volta de 180 a.C., o gramático Aristófanes de Bizâncio elaborou um sistema de signos fonéticos destinados a unificar a pronúncia da língua grega no universo expandido da *koiné* helenística. Tais signos eram chamados de *prosódiai* (literalmente: para o canto, traduzido em latim por *ad cantum = accentus*) e estão na origem de muitos sinais ortográficos modernos. Eles incluíam os acentos agudo e grave (*oxeia, bareia*), chamados *tonoi* (tons), e os sinais de sílaba longa e breve (*makrá, brakheia*), chamados *khronói* (tempos) — todos eles na grafia que conservaram até hoje. Havia ainda os *pneúmata* (respirações), que correspondem aos sinais de aspiração da grafia grega moderna (*daseia*: aspiração áspera; *psylé*: aspiração suave). A última categoria era a dos *páthe*, termo que poderíamos traduzir como afetos. Essencialmente, esse grupo era baseado num único signo, o atual apóstrofo (*apóstrophos*), que, dependendo da posição, podia indicar efeitos expressivos particulares ou ajudar no estabelecimento da *distinctio*.[18] Por exemplo, quando o *apóstrophos* era colocado acima de uma linha de texto, conferia àquele trecho uma ênfase acentuada; quando se encontrava entre duas palavras, marcava uma separação; se estava abaixo da linha de texto, deitado, unificava duas palavras como uma ligadura, marcando continuidade na pronúncia.

O sistema das *prosódiai* tinha principalmente uma finalidade gramatical. Todavia, a distância entre gramática e música era tênue no mundo grego, na medida em que durações de sílabas e acentos melódicos determinavam em larga parte seja a declamação, seja o canto.[19] No mundo bizantino, a notação prosódica, enriquecida por signos suplementares, passou a ter uma significação mais propriamente musical, sendo utilizada na recitação dos salmos. Esse novo sistema de escrita em geral é indicado como *ecfonético*.[20] Além da *oxeia* e da *bareia*, acentos agudo e grave, a *ekphonésis* inclui a *sirmatiké*, uma linha ondulada que indica uma recitação oscilante, como um *tremolo*; a *kathiste*, que prescreve um rebaixamento da voz como a *bareia*, mas sem acentuação; a *kremaste*, subida para o agudo com acentuação marcada; e assim por diante. O apóstrofo passa a indicar

---

18. As escritas grega e latina não possuíam sinais de pontuação. A divisão do texto em períodos, frases e incisos era tarefa do leitor e uma arte específica, chamada *distinctio* e ensinada nas escolas de gramática.

19. A declamação antiga deveria soar muito musical para os ouvidos modernos, pelo menos em sua fase pós-clássica. Por volta de 30 a.C., Dionisio de Halicarnasso recomendava que o orador não se afastasse do tom normal da fala mais de uma quinta no agudo ou no grave (*De compositione verborum*, cap. xi; apud Egon Wellesz, *A History of Byzantine Music and Hymnography* [1949]. Oxford: Clarendon, 1961. p. 250). Uma extensão maior daquela de grande parte de repertório gregoriano.

20. O termo é recente, introduzido pelo teórico grego Ioánnis Tzetzes em 1885. Para os sistemas de notação bizantinos, seguiremos sobretudo a descrição de Wellesz, op. cit., caps. x e xi.

um tom médio-baixo sem acentuação particular, embora mantenha também, provavelmente, o significado de breve respiração antes da nota.

Contudo, a característica mais peculiar da notação ecfonética é que ela nunca se refere a uma única nota ou sílaba, mas sempre a trechos mais ou menos extensos de texto. Tais trechos eram delimitados, em seus começos e em seus fins, por dois signos iguais (duas *oxéiai*, duas *baréiai* etc.), que indicavam genericamente o tipo de recitação a ser adotado. Como exemplo, transcrevo um fragmento de uma leitura das Matinas de Páscoa:[21]

FIGURA 5

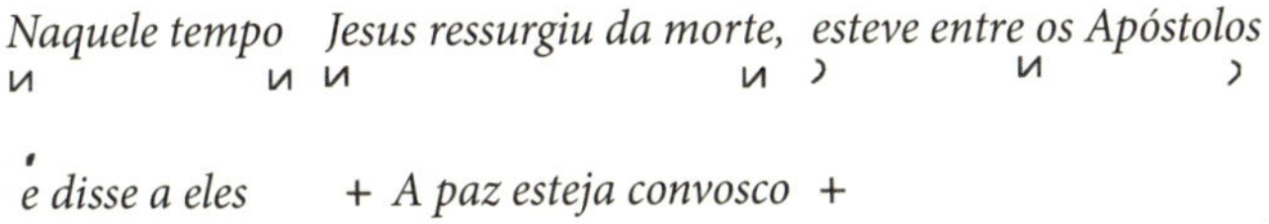

Naquele tempo   Jesus ressurgiu da morte,   esteve entre os Apóstolos

e disse a eles   + A paz esteja convosco +

Os signos semelhantes a N invertidos são *kathistai* e indicam uma recitação plana e grave (o termo vem de *kathistemi*, que significa ser estável, ficar em repouso). A frase "esteve entre os Apóstolos" permanece no mesmo tom, mas os apóstrofos no começo e no fim indicam que deve ser delimitada por pequenas pausas. A frase seguinte, "e disse a eles", é marcada por um *oxeia* sobre a primeira palavra — e portanto, deve ser declamada num tom mais agudo. A bênção de Cristo está entre duas cruzes: são *teléiai*, que já encontramos na notação gregoriana e que aqui também indicam pausas mais amplas.

Como resulta evidente por esse trecho, a notação ecfonética bizantina é essencialmente oratória, e sua finalidade principal é

---

21. Estando a notação ligada ao sentido do texto, e não à sua prosódia, utilizamos a tradução em português no lugar do original grego. O exemplo é reproduzido em Wellesz, op. cit., p. 254, a partir de um manuscrito do século IX.

dramatizar o texto, tornando-o mais expressivo. No início do século XX, o padre Jean-Baptiste Thibaut, na base de semelhanças formais, avançou a hipótese de que os neumas gregorianos derivariam dos signos ecfonéticos. A tese gozou de certo prestígio naquela época, mas em seguida foi quase totalmente abandonada. Com efeito, a escrita ocidental tomou emprestados muitos signos ecfonéticos, como o apóstrofo e a *teleia*, mas os princípios básicos das duas notações são muito diferentes.[22]

Pela mesma razão, a influência do *taamin* judaico sobre o gregoriano deve ter sido limitada. Com toda probabilidade, o sistema judaico, utilizado para a recitação dos salmos, evoluiu paralelamente à *ekphonesis* bizantina, a partir da raiz comum dos signos prosódicos alexandrinos. No *taamin*, no entanto, os signos não representam notas, intervalos ou tipos de emissão, mas fórmulas melódicas completas. Encontramos algo parecido na recitação salmódica gregoriana, nos signos (*punctus*) que indicavam as fórmulas para as *flexae*, os *metra* e as terminações de frase afirmativas e interrogativas; mas os símbolos judaicos são muito

22. A tese foi defendida por Jean-Baptiste Thibaut em *Origine byzantine de la notation neumatique de l'Église latine* (Paris: Picard, 1907). Veja a refutação dessa tese em Gregory M. Suñol, *Introduction à la paléographie musicale grégorienne*. Paris: Desclée, 1935. pp. 10-3 (título original: *Introducción a la paleografía musical gregoriana*, 1925). Um dos documentos mais antigos da notação neumática ocidental parece à primeira vista confirmar a tese da origem oriental dos neumas, mas na verdade acaba reforçando a tese contrária: é um *Gloria in excelsis* escrito em duas colunas, a esquerda em grego (mas com letras latinas), a direita em latim. Sobre o texto grego, a melodia (também grega, como atestam vários manuscritos bizantinos) é notada em neumas paleofrancos, uma escrita muito simples, anterior à de Saint-Gall. No entanto, os neumas já apresentam uma disposição claramente diastemática, estranha à notação oriental, e figuras mais indeterminadas e cambiantes. Uma reprodução desse documento se encontra em Carl G. Parrish, *The Notation of Medieval Music* [1950]. Nova York: Pendragon, 1978. Figura I.

mais numerosos. De qualquer maneira, os *punctus* salmódicos são um caso à parte na escrita gregoriana e, mesmo que nesse caso haja uma influência do *taamin*, ela não seria extensível ao resto da notação.

Além da *ekphonesis*, limitada à notação do recitativo, os bizantinos dispunham de um método alternativo de escrita, utilizado para os outros gêneros de canto. Essa notação lembra de perto a escrita neumática ocidental na modalidade não diastemática, mas é muito mais precisa quanto à definição das alturas. Não há documentos dessa notação antes do século x, e portanto ela parece ser cronologicamente contemporânea ou posterior à notação gregoriana. Mas ela se mantém mais próxima da tradição grega, e por isso a consideramos aqui como um nível intermediário, de um ponto de vista meramente lógico.

Na notação bizantina do segundo tipo, que chamaremos neumática em oposição à ecfonética, cada signo indica não uma altura absoluta, mas um intervalo. Começa-se com um *ison* (literalmente: o mesmo), um traço vertical levemente realçado na esquerda, semelhante ao *punctum planum* ocidental. O *ison* era utilizado também quando uma nota repetia a altura da anterior. Havia seis signos para a segunda ascendente, cada um indicando um tipo diferente de execução: em glissando, com *élan*, em staccato etc. O signo principal para esse intervalo, no entanto, era o *oligon* (literalmente: pouco, ou pequeno), cuja forma lembra a da *virga* gregoriana. Os signos que indicavam a segunda descendente derivavam do *apóstrophos* alexandrino (literalmente: virado ao contrário). Os saltos de terça e de quinta, ascendentes e descendentes, também dispunham de signos específicos. O resto era indicado por signos compostos.

Na medida em que não visa representar alturas, mas relações entre alturas, a notação neumática bizantina representa um importante passo rumo à definição de uma forma do movimento sonoro em si, independente das características físicas dos sons que o compõem. No entanto, seus signos permanecem símbolos, cada um com um significado claramente delimitado e separado dos demais. Nenhum parece buscar uma analogia formal com o intervalo simbolizado, a não ser talvez o *ison* e o *oligon*, cujo isomorfismo, em todo caso, seria muito embrionário:[23]

FIGURA 6

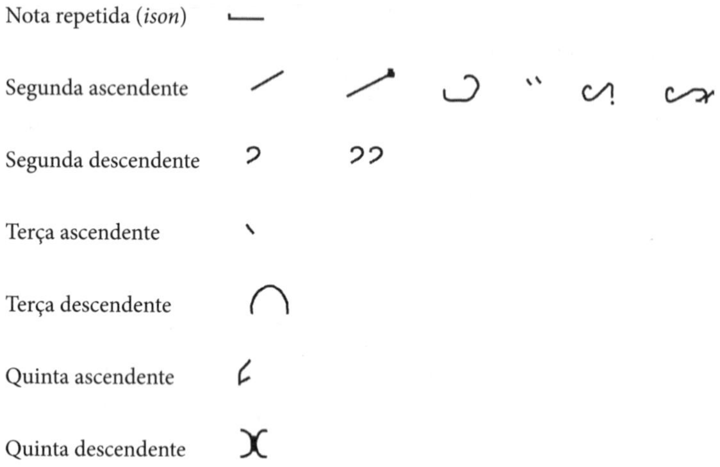

Nota repetida (*ison*)	
Segunda ascendente	
Segunda descendente	
Terça ascendente	
Terça descendente	
Quinta ascendente	
Quinta descendente	

Em contraste com Kenneth Levy,[24] para quem a notação bizantina é de caráter digital (simbólico), Egon Wellesz fala a esse respeito de "formas que imitam, mais ou menos, o movimento da melodia produzida pelas vozes humanas e, por consequência, os movimentos das mãos do regente".[25] No canto bizantino, como também no gregoriano, a prática de reger o coro com movimentos da mão era uma técnica complexa, chamada *quironomia*, que os

23. Tabela extraída de Wellesz, op. cit., p. 289.
24. "Byzantine Rite, Music of the", *New Grove* III.
25. Wellesz, op. cit., p. 287.

textos afirmam ser bastante antiga.[26] Provavelmente, é impossível estabelecer se os neumas bizantinos derivam dos movimentos quironômicos ou vice-versa. Além disso, não há nenhuma evidência para decidir se esses movimentos imitavam os movimentos da voz, ou se se limitavam a simbolizá-los. A comparação com a escrita parece favorecer a segunda hipótese.

A citação utilizada por Wellesz para descrever a prática da quironomia aponta, a nosso ver, na mesma direção:

> Após o *Canonarca* ler os versos do *Troparion* no livro, ele se põe na frente de todos como regente e, com movimentos variados da mão direita, com gestos ora verticais, ora horizontais, ora extensos, ora limitados, e com combinações de dedos, substitui os caracteres musicais ao indicar as diferentes figuras do canto e inflexões da voz; e assim os outros, olhando atentamente essa guia do canto, acompanham, por assim dizer, a estrutura inteira da melodia.[27]

Num contexto diferente, Helmut Hucke[28] cita outro trecho da mesma testemunha, em parte análogo, em parte complementar a este:

---

26. Pela precisão, a quironomia teria sido introduzida na época dos hinógrafos Kosmas de Jerusalém e João Damasceno, entre os séculos VII e VIII.

27. "*Post* kómmata troparíon *a Canonarchâ è libro suggesta, cantus moderatorem in omnium conspectu, variis manus dextrae motibus et gestibus, erectis nimirum, depressis, extensis, contractis, aut combinatis digitis diversas cantus figuras et vocum inflexiones characterum musicorum vice designare: atque ita hunc cantus ducem reliqui attente respicientes, velut totius modulationis regulam sequuntur.*" A citação é tirada do *Euchologion sive rituale Graecorum*, publicado em Paris em 1647 por Jacques Goar, um dominicano que visitou Constantinopla entre 1631 e 1637.

28. Helmut Hucke, "Towards a New Historical View of Grégorien Chant". *Journal of American Musicological Society*, XXXIII, n. 3, p. 448, 1980.

Assim como os gregos raramente leem ao declamar no púlpito, ainda mais raramente os músicos dirigem ou ensinam o canto pela notação escrita. Consideram essas faltas suficientemente compensadas, se um ministro, cuja voz possa ser ouvida facilmente pelos demais, ler no livro e sugerir aos dois coros os *incipit* dos versos a serem cantados; e, entre um e outro, utilizar sobretudo sinais para o conhecimento e a prática do canto, recorrendo a movimentos variados da mão direita e dos dedos, por contração, flexão, dilatação etc. (em Teófilo, Cedrenos chama isso de *quironomia*), como signos que expressem as diferentes notas e as fórmulas do canto.[29]

Essas descrições sugerem uma série de gestos codificados, capazes de indicar os intervalos melódicos um por um. Se confiarmos nesse testemunho, e não há motivo para não fazê-lo, devemos acreditar que os músicos bizantinos não apenas reproduziam melodias já conhecidas a partir dos gestos do regente, mas também as aprendiam por esse meio. Isso, de fato, seria perfeitamente possível se os gestos da quironomia correspondessem aos neumas: uma vez cantada a nota inicial, cada signo indicava o intervalo seguinte, até a melodia se esgotar. A quironomia bizantina, que é sem dúvida mais precisa do que qualquer tipo de regência ocidental, é ainda um sistema de símbolos. Em relação à notação grega, muda o objeto simbolizado: não mais sons simples, mas intervalos com caracterizações expressivas e/ou rítmicas, segmentos de movimento melódico. Esses segmentos, no entanto,

---

29. "*Nam cum raro e libris in pulpito recitent Graeci, rariusque item musices notis exaratis cantum dirigant at instruant. Defectibus his consultum satis putaverunt, si minister quivis voce quae commode a reliquis audiretur, membratim per cola huic et alteri choro e libro suggereret, quicquid occurreret canendum: dum interim cantus notitia et usu magis insignes variis dextrae digitorumque motibus, contractione, inflexione, extensione etc. (quironomia vocavit Cedrenus in Teophilo) tanquam signis ad varias voces modulosque exprimendos uterentur.*"

perdem toda a sua fluidez ao serem transportados no plano da representação, seja gestual, seja gráfica. Extraídos do contexto, cristalizam-se num vocabulário e tornam-se, eles próprios, objetos sonoros independentes.

A teoria musical, por outro lado, atribuía aos neumas significados particulares, e isso reforça o caráter simbólico deles. Sobre esse ponto, Wellesz se apoia em dois tratados teóricos bizantinos: a *Arkhé*, de Michael Blemmides, e o anônimo *Papadike*. Nesse último tratado, o *ison* é assim definido:

> O *ison* é princípio, meio, fim e totalidade [*systema*] de todos os signos da arte musical. Sem ele, nenhum canto pode ter êxito. É chamado de *áphonon* não porque seja destituído de som, mas porque não é considerado uma nota: é cantado, mas não é medido. Enquanto o canto permanece na mesma altura, o *ison* é cantado. Quando a voz sobe, canta-se o *oligon*; quando desce, o *apóstrophos.*[30]

Michael Blemmides desenvolve esses princípios:

> O início vale por si mesmo, e sem ele não é possível estabelecer uma nota [*phoné*], nem ascendente nem descendente. É necessário que, se houver uma nota, haja ele também: de fato, ele tem um som [*phoné*], mas certamente não possui uma quantidade medida [ou seja: um valor fixo de intervalo ou de duração]. Eis um evento sonoro [*akouson ti*]: uma nota qualquer é a inicial [*apodeiktiké*; literalmente: a que apresenta, traz ao conhecimento, inaugura]. Mas não é possível identificar a nota de outro jeito, se o *ison* não é posto desde o começo.[31]

30. Wellesz, op. cit., p. 288, 2n.
31. Ibid., p. 290, 2n.

Do ponto de vista da notação, o *ison* é a nota principal porque é a nota inicial, a partir da qual todos os intervalos seguintes são calculados. Todas as notas da melodia se referem a ele, enquanto ele não se refere a nenhuma nota anterior. Do ponto de vista melódico, não era exatamente isso o que acontecia: antes do primeiro *ison*, que correspondia à primeira sílaba do texto, havia uma fórmula convencional de introdução, cantada sobre sílabas sem significado (*Aneanes, Neeanes*, e outras combinações parecidas), marcadas à parte com uma notação estenográfica. Por exemplo:[32]

FIGURA 7

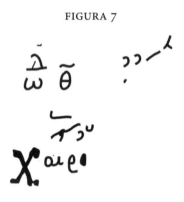

As letras *delta* e *ômega* são uma abreviação da palavra "odé", hino; o *theta* com til é o número 9. Esse é, portanto, o nono hino do livro, um manuscrito da primeira metade do século XII. Geralmente, havia aqui outra letra, indicando o modo. Nesse caso é omitida, porque todos os hinos dessa seção do manuscrito são em primeiro modo, segundo o sistema grego de numeração (a cifra correspondente seria a'). O grupo de neumas no alto à direita é a fórmula de entoação. O ponto indica o final do modo, que é Ré,

32. Ibid., p. 312.

como no primeiro modo gregoriano (a classificação modal bizantina é igual à ocidental). Os dois apóstrofos acima do ponto, porém, prescrevem que ela seja alcançada por uma linha descendente de uma certa extensão. Em sua transcrição, Wellesz[33] sugere uma escala descendente por graus conjuntos, do Lá, *tenor* do modo, até a *finalis*. Os outros dois signos são uma *oxeia* e um *hypsele*. O *hypsele* marca um salto de quinta ascendente. A *oxeia*, quando sozinha, indica uma segunda ascendente acentuada; combinada com outro signo, perde o valor de intervalo e mantém apenas o de acento dinâmico (torna-se muda, *aphoné*, segundo a terminologia bizantina). A fórmula introdutória, portanto, completa-se com um salto de quinta ascendente, uma volta ao Lá, com acento sobre esta última nota. A primeira sílaba do texto carrega dois signos: o superior é um *ison* e indica a repetição do Lá; o inferior é uma *hypostases*, sinal marcado abaixo do signo intervalar, com valor expressivo. Esse, em particular, é um *kratema* e prescreve uma ênfase marcada sobre a nota correspondente. Sobre a sílaba seguinte há um *apóstrophos* (segunda descendente: Sol) e um outro signo (*tzakisma*) que indica um prolongamento rítmico correspondente a uma metade de tempo.[34]

Esse fragmento minúsculo pode proporcionar uma ideia da complexidade extrema e da precisão milimétrica desse tipo de notação. O que nos interessa salientar aqui, no entanto, é sobretudo o estatuto da fórmula introdutória, que no gregoriano se reveste de uma função determinante na construção do arco melódico, en-

---

33. Ibid., p. 313. As pp. 311-6 contêm uma descrição e uma transcrição argumentada da melodia inteira.

34. Nessa peça, prolongamentos desse tipo se encontram em fim de palavras, em correspondência a acentos circunflexos no texto ou logo antes de prolongamentos maiores, que Wellesz indica com fermatas. Eles parecem corresponder às oscilações agógicas que encontramos no gregoriano, com a diferença de que aqui tudo é minuciosamente medido.

quanto na Igreja oriental é mantida à margem da composição. Ela permanece atrelada à sua função pragmática (é o *incipit* que o regente canta antes da quironomia), mas nunca chega a ser parte integrante da melodia. Virtualmente, está fora da música.

O canto propriamente dito começa com o estabelecimento do *tenor*, que é também a primeira aparição do *ison*, "início, meio, fim e totalidade dos sons". Dessa forma, a nota representada pelo *ison* se coloca conceitualmente numa posição mais próxima da antiga *mesé*, centro da melodia grega antiga, do que do *tenor* gregoriano, que é apenas um dos polos da tensão melódica. No entanto, na passagem da tradição pagã à cristã, a referência central do sistema torna-se transcendente: o *ison* não pertence à ordem das notas porque as notas, para um bizantino, são essencialmente intervalos. Ele não tem duração medida nem valor expressivo específico. Se combinado com outro signo, este se torna mudo (perde seu valor intervalar) e empresta ao *ison* seu significado rítmico e/ou expressivo.

A partir do *ison*, são geradas as notas, divididas em dois grupos: os Corpos (*sómata*) e os Espíritos (*pneúmata*). Os Corpos são os movimentos por graus conjuntos, baseados no *oligon* e no *apóstrophos*; os Espíritos são os saltos maiores. Um tratado musical anônimo explica: "Sem os Corpos, os Espíritos não poderiam vir à existência. Sem os Espíritos, os Corpos não poderiam ser postos em movimento".[35]

Com o *ison*, o *oligon* é o único signo que não possui duração ou valor expressivo próprio. Portanto, esses dois signos não po-

---

35. Ms 811 da Biblioteca Patriarcal de Constantinopla, apud Wellesz, op. cit., p. 289. Sobre esse ponto, a terminologia bizantina é oposta àquela transmitida por Plutarco, segundo a qual o corpo da harmonia era constituído pelos intervalos harmônicos de 4ª, 5ª e 8ª (cf. acima, 4.1.3., n. 27).

dem ser combinados, já que um não acrescentaria nada ao outro. Isso dá ao *oligon* um estatuto particular: ele é o único que não se submete ao *ison*, como um servo a um patrão: "O *oligon* é como um outro Si em relação ao *ison*, e não é possível comandar a si mesmo", explica Michael Blemmides.[36] Junto com esses dois signos, o *apóstrophos* forma a tríade das notas soberanas (*tonoi kyrioi*), as únicas que podem ser combinadas com todas as outras. O *apóstrophos*, no entanto, ocupa uma posição levemente inferior porque pode se tornar mudo em determinadas combinações.

Na medida em que avançamos no exame do sistema de notação bizantino, uma cosmologia de tipo neoplatônico se desenha atrás dele, com traços sempre mais marcados: *ison*, *oligon* e *apóstrophos* (o Mesmo, o Pequeno Intervalo e a Inversão) parecem desempenhar o papel das três hipóstases plotinianas (a Unidade, a Díade Inteligência-Ser, a Alma). Esse caráter esotérico deriva provavelmente da tradição musical gnóstica, que no Oriente foi muito mais sólida e duradoura do que no Ocidente. Os gnósticos, seita filosófico-religiosa que fundia doutrina cristã, neoplatonismo e mistérios pagãos em complicadas cosmogonias, conferiam à música um poder mágico e alquímico, e estabeleciam correspondências entre as sete vogais, os sete planetas e as sete notas de suas escalas musicais, chamadas *kentroi* (centros). Utilizavam para finalidades mágicas ou rituais cantos sobre séries de vogais sem sentido, que provavelmente inspiraram as fórmulas de entoação bizantinas do tipo *Aneanes*, *Neeanes* etc.

Ao que parece, as especulações gnósticas foram incorporadas na gramática e na música bizantina. Um tratado musical conserva-

---

36. Apud Wellesz, op. cit., p. 291. Infelizmente, Wellesz não fornece o texto original dessa importantíssima passagem. Eis a tradução inglesa: "*For the* oligon *is like another self in relation to the* ison *and one does not command oneself*".

do num manuscrito do século XIV, conhecido como *Hagiopolita* (da cidade sagrada, ou seja, de Jerusalém), ironiza essas simbologias:

> Seria delírio querermos copiar os gramáticos e macaquear seus trabalhos. Os gramáticos dizem que as 24 letras do alfabeto correspondem às 24 horas do dia e da noite; e alguns afirmam a mesma coisa para as 24 tonalidades! Os gramáticos dizem que as sete vogais representam os sete planetas, e alguns [músicos] dizem o mesmo para suas sete vogais [ou seja: as notas], e há outros exemplos.[37]

De fato, a música bizantina marca uma dissolução do corpo sonoro, assim como os gregos o entendiam, a favor de algo que poderiam definir como estética do intervalo. O intervalo bizantino, no entanto, não é preenchido por um movimento subjetivo da alma, mas é visto como algo estático, uma espécie de corpo sonoro de segundo grau. Dessa forma, a cosmologia física que fundamentava a música grega não é substituída por uma psicologia, e sim por uma cosmologia metafísica.

Segundo a maioria dos pesquisadores, a notação neumática ocidental também derivaria das *prosodiai* helenísticas: *virga*, *punctum* e *clivis* seriam formas modificadas dos acentos agudo, grave e circunflexo, respectivamente. Os outros signos seriam combinações desses neumas fundamentais. O ponto fraco dessa hipótese é o *punctum*, que não se assemelha ao acento grave nem na forma nem no nome. Para contornar essa dificuldade, imaginou-se que o acento grave teria se transformado num traço horizontal, mais tarde reduzido a um ponto. Mas não há evidências dessa evolução

---

37. Apud Carsten Höeg, "La Théorie de la musique byzantine". *Revue de Études Grecques*, XXXV, p. 333, 1922.

nos manuscritos. No artigo já citado, Treitler propõe outra solução: os signos fundamentais derivariam dos signos utilizados para a *distinctio*, correspondentes aos signos de pontuação atuais. A *virga* seria, literalmente, uma vírgula; o *punctum*, um ponto. O fim de um inciso, marcado por uma vírgula, costumava ser declamado num tom elevado; o fim de uma frase, marcado por um ponto, num tom rebaixado. Por extensão, vírgula e ponto passariam a simbolizar uma nota aguda ou baixa. Todos os outros signos, inclusive o *clivis*, seriam gerados por combinações.

Gostaríamos de acreditar nessa tese porque ela sugere que a notação cristã ocidental se baseou desde o início no movimento geral da frase, para pormenorizá-lo em seguida em movimentos sempre mais detalhados. No entanto, é necessário admitir que a proposta de Treitler é tão hipotética quanto a outra. Sua vantagem é dispensar qualquer modificação na forma dos signos e em seus nomes. Em compensação, pressupõe uma evolução igualmente não demonstrada em seus significados.[38]

Já falamos das características da escrita gregoriana em sua fase madura. Será útil agora abordar outro método de notação, marginal porém significativo, que se encontra em tratados teóricos ocidentais do século IX. Essa notação é baseada em um único

---

38. A tese tradicional pode se apoiar em afirmações de teóricos antigos, ainda que muito esporádicas. Um tratado *De arte musica* do século X ou XI, por exemplo, afirma: "*de accentibus toni oritur nota quae dicitur neuma*" (da altura dos acentos surgem os signos chamados neumas; apud Suñol, op. cit., p. 25, 3n). Aureliano de Réomé (século IX) também observa que os neumas derivam dos acentos. Treitler (op. cit., p. 267) replica que, no texto de Aureliano, a palavra "neuma" indica as fórmulas melódicas, e não seus signos. O mesmo poderia ser dito para o primeiro texto, que não fala em figuras de acentos, mas em suas alturas.

signo, a *daseia*, que na notação alexandrina indicava aspiração, e por isso é chamada notação daseiana. Originalmente, a *daseia* tinha a forma de um *h* cortado ao meio:

A notação modifica de várias maneiras esse signo e o utiliza em orientações diferentes, para dar conta de uma gama inteira de alturas:[39]

FIGURA 8

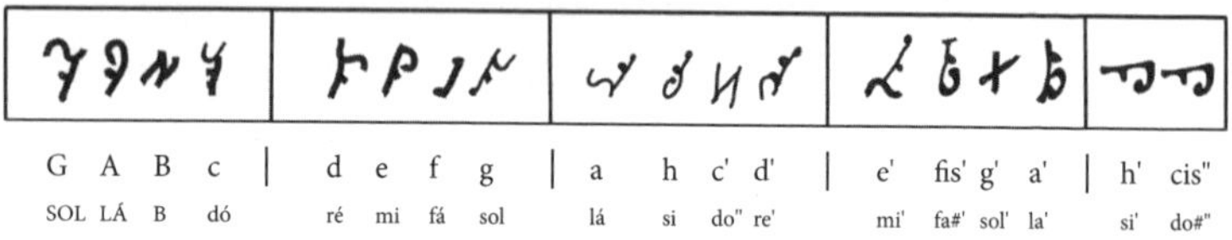

G A B c	d e f g	a h c' d'	e' fis' g' a'	h' cis"
SOL LÁ B dó	ré mi fá sol	lá si do" re'	mi' fa#' sol' la'	si' do#"

Na prática, os signos derivados da *daseia* são apenas quatro e correspondem aos quatro graus de um tetracorde dórico (primeiro modo eclesiástico). Virando esses quatro signos em todas as direções, o mesmo tetracorde é repetido em alturas diferentes. Para respeitar a sequência dórica de tons e semitons, é necessário recorrer a notas alteradas sempre que o tetracorde não iniciar com um Ré ou com um Lá: Si bemol no tetracorde grave, Fá# no mais agudo, e até um Dó# no fragmento de tetracorde que fecha a escala. Tais características tornam a série bastante incômoda quando se trata de representar um arco melódico contínuo, mas muito útil para transpor linhas melódicas restritas em alturas diferentes. Essa de fato será sua utilização, como veremos.

Em si, essa notação é simbólica e não apresenta novidades relevantes em relação à notação grega, a não ser na escolha de um

---

39. Tabela extraída de Willi Apel, *La notazione della musica polifonica*. Florença: Sansoni, 1984. p. 220 (título original: *Die Notation der polyphonen Musik. 900--1600*, 1957).

signo mais imaterial do que as costumeiras vogais e consoantes, e na maneira engenhosa com que é aproveitado. Guido de Arezzo atribui sua invenção ao abade Oddo de Cluny (século IX), mas ela se inspira evidentemente na notação bizantina, como aliás confirmam os títulos em grego dos tratados em que aparece pela primeira vez: *Musica Enchiriadis* e *Scholia Enchiriadis* (Manual de música; Manual em comentários).

O aspecto mais interessante, no entanto, é a disposição desses signos no papel. Em vez de serem escritos acima do texto, eles são dispostos em coluna à esquerda, enquanto as sílabas do texto são escritas na altura da nota correspondente. É assim que os autores da *Musica* e da *Scholia Enchiriadis* registram os primeiros exemplos conhecidos de *organum* paralelo. Por exemplo:

FIGURA 9

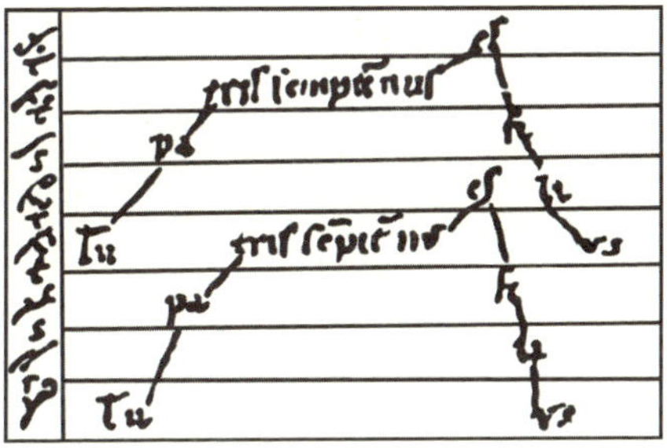

Transcrição:

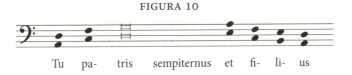

FIGURA 10

O exemplo mais impressionante de notação daseiana é a partitura anexa a uma cópia comentada do *Musica Enchiriadis*, conhecida como Tratado parisiense *De organo*. Transcrevo a primeira linha:

FIGURA 11

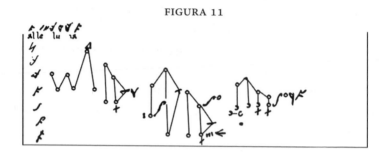

Transcrição:

FIGURA 12

Al-le- lu- ia

Essa partitura, de aspecto tão moderno, é a mais antiga composição polifônica conhecida: uma elaboração a duas vozes da sequência *Benedicta sit*. A disposição gráfica, com o *incipit* monofônico sobre a palavra *Alleluia* notado separadamente, lembra as partituras bizantinas. Com efeito, entre os séculos VIII e IX houve uma aproximação entre Oriente e Ocidente, em parte devido ao movimento iconoclasta (destruição das imagens, 726-87), que levou muitos monges orientais a fugir para o Ocidente trazendo seus manuscritos, em parte à política exterior dos reis francos. Por duas vezes, em 752 e em 812, o imperador do Oriente enviou um órgão como dom ao rei dos francos (Pepino e Carlos Magno, respectivamente). Os presentes despertaram enorme interesse, e é possível que a prática do *organum* paralelo tenha se desenvolvido a partir do estudo dos registros de *ripieno* de instrumentos desse tipo, ou da maneira de utilizá-los no acompanhamento.[40] É possível também que a prática dos *tropos*, interpolações musicais e/ou textuais nos cantos litúrgicos, que tiveram extraordinária difusão entre os séculos IX e XI, derivasse dos *troparia*, hinos de uma única estrofe, introduzidos oficialmente na liturgia bizantina logo depois da revolta iconoclasta.

Tudo isso explica o campo de interesses do *Musica Enchiriadis* e do *De organo* de Paris, mas não lhe retira a originalidade. Esses tratados se aproveitam da precisão simbólica da notação oriental, mas a organizam numa disposição que torna intuitivamente visível o movimento sonoro. A relação entre texto e notação musical se inverte: já não é a linha do texto que carrega a música como um seu atributo, mas é o espaço da página, análogo e isomorfo ao espaço sonoro, que inclui texto e música como movimentos possíveis em sua superfície. Sendo esse espaço, justamente, uma superfície, não é difícil reconhecer que muitas linhas podem percorrê-la simultaneamente. Com efeito, o *Musica Enchiriadis* é o primeiro tratado a incluir uma teoria do contraponto, ainda que embrionária.[41]

---

40. Veja os verbos *Orgam* (iv.2) e *organum* (1) em *New Grove* XII.
41. Para uma análise da seção do tratado dedicada à polifonia, veja Willi Apel, "The Earliest Polyphonic Composition and its Theoretical Background". *Revue Belge de Musicologie*, pp. 129-37, 1957. Segundo o autor, "quem quer que tenha escrito o *Musica Enchiriadis*, erigiu para si um monumento de maior significado que o de um mero nome. Não apenas legou à posteridade as mais antigas informações sobre a música polifônica, como também tratou o assunto com mais clareza e convicção íntima do que nos dois séculos subsequentes". Outros aspectos do tratado são abordados em F. Alberto Gallo, *Il Medioevo II* [1977], v. 2 de *Storia della Musica, da Societá Italiana di Musicologia*. Turim: EDT, 1983, pp. 3-4. Sobre os exemplos musicais da notação daseiana, veja também Apel, *La notazione della musica polifonica*, op. cit., pp. 220-4.

De outro ponto de vista, a notação do *Musica Enchiriadis* é extraordinariamente pobre: nela, há apenas pontos no espaço, sem intensidade, duração ou outros caracteres específicos. Não há sons, mas apenas posições. Em outras palavras: ela é a primeira a reproduzir a estrutura de um evento sonoro mediante uma metáfora espacial exata e rigorosa, mas a estrutura representada é vazia, porque seus elementos não possuem qualidades. Num certo sentido, a solução do *Musica Enchiriadis* é oposta e complementar à solução greco-bizantina. Esta descrevia pormenorizadamente o corpo sonoro (corpo físico, na Grécia clássica, corpo simbólico, em Bizâncio), abstraindo porém de sua posição dentro de um movimento sonoro contínuo; a notação daseiana, ao contrário, representa a posição em si, separada do corpo que a encarna. Por outro lado, o que ela ressalta, afinal, não é o ponto, mas a linha; não a nota, mas a quantidade do intervalo. Nisso, ela paga sua dívida à cultura bizantina.

Sem dúvida, a notação ocidental moderna está mais próxima do *Musica Enchiriadis* que do *Papadike*. No entanto, sua origem não está na notação daseiana, mas na notação neumática gregoriana, em sua modalidade diastemática. Desta, a notação moderna herda a posição de compromisso entre os registros do símbolo e do ícone. De fato, ao se encaixar nas pautas, os neumas perderam grande parte de suas capacidades descritivas: alguns de seus caracteres, como a *virga* e o *punctum*, passaram a ter significação rítmica. De qualquer forma, nossa notação manteve a ambição de representar não apenas (ou não tanto) os sons, mas sobretudo o movimento sonoro total que constitui a forma do evento musical. Por isso, ela se diferencia da maioria das outras notações musicais quanto a sua função e seu estatuto: ela não é apenas um registro da obra, mas um instrumento de sua composição. Num certo sentido, a partitura é a própria obra:

[Kretzschmar] falou da mera aparência visual da música escrita e afirmou que, para o conhecedor, bastava um único olhar à folha pautada para obter-se uma impressão decisiva do espírito e do valor de uma composição. Ocorrera-lhe certa vez que no seu quarto se achasse aberto na estante o trabalho de um diletante, que lho submetera, e um colega que, ao entrar, avistava-o bem de longe, gritou logo:

— Por amor de Deus, que porcaria tens aí?!

Por outro lado, descreveu-nos o prazer exímio que a mera imagem óptica de uma partitura de Mozart propicia aos olhos de peritos, a clareza da disposição, a bela distribuição dos grupos de instrumentos, a espirituosa e variada conduta da linha melódica. Qualquer surdo, exclamou ele, por inexperiente que seja em matéria de sons, deveria alegrar-se em face dessa suave visão.[42]

42. Thomas Mann, *Doutor Fausto*. Trad. de Herbert Caro. São Paulo: Companhia das Letras, 2015 p. 75.

Canticum Novum. Música sem palavras e palavras sem som no pensamento de Santo Agostinho

Nas primeiras páginas do diálogo *De magistro*, antes de iniciar uma análise minuciosa da linguagem, Agostinho exclui de sua área de indagação duas práticas que considera, de certa maneira, casos-limite: o canto e a reza. Os signos linguísticos nascem da impossibilidade de comunicação direta entre as almas humanas, depois da queda no pecado; sua função é ensinar conceitos ou transmitir vontades. Em síntese, a linguagem é um instrumento que permite que as almas ajam uma sobre outra.[1]

Nessa ótica, canto e reza não são propriamente atos linguísticos. Cantar, quando não for uma profissão, é uma atividade que busca apenas o prazer pessoal, não a comunicação de um conteúdo específico. Por outro lado, rezar é dirigir-se a Deus, procurando

---

1. Aurélio Agostinho, *De magistro liber* [doravante *mag.*], edição bilíngue latim-italiano, trad. Cantelli. Milão: Mursia, 1993, cap. I, pp. 1-2; cf. id., *De ordine libri duo* [doravante *or.*], CC, Series Latina, v. XXIX. Turnholt: Brepols, 1970, pp. XII, 35; id., *De musica libri sex* [doravante *mus.*], Patrologia Latina XXXII, col. 1081-194, cap. VI, pp. XIII, 41.

um contato que dispensa a mediação dos signos. A prova de que canto e reza se situam fora da linguagem, pelo menos parcialmente, é, no caso do canto, a possibilidade de cantar sem palavras; no caso da reza, a possibilidade de cumpri-la a sós, em silêncio.[2]

A prática da oração silenciosa tornou-se um hábito para o cristão da Alta Idade Média sobretudo por causa das ordens monásticas.[3] Ela encontra sua justificação em várias passagens dos Evangelhos, dos Salmos e das Epístolas de São Paulo, que exortam a rezar (às vezes cantar) com o coração ou com a mente, e não apenas com a língua. Esses textos são comentados repetidas vezes pelos autores cristãos dos primeiros séculos.[4] No *De magistro*, por

---

2. Id., *mag.*, cap. I, p. 1: "*Sed nonne attendis id quod te delectat in cantu modulationem quandam esse soni; quae quoniam verbis et addi et detrahi potest, aliud est loqui, aliud est cantare?*" [Não percebes que aquilo que te agrada no canto é uma certa forma sonora? As palavras podem ou não ser acrescentadas a ela; portanto, uma coisa é falar, outra cantar]; ibid., cap. I, p. 2: "*Non opus est locutione cum oramus, id est sonantibus verbis, nisi forte, sicut sacerdotes faciunt, significandae mentis suae causa, non ut Deus, sed ut homines audiant*" [Para rezar não é necessário falar, ou seja, emitir palavras sonoras, a não ser que façamos como os sacerdotes, que falam para comunicar seu pensamento, para que não Deus, mas os homens ouçam].

3. Cf. Michel Rouche, "Alta Idade Média Ocidental". In: DUBY, Georges; ARIES, Philippe. *História da vida privada*. São Paulo: Companhia das Letras, 1990. pp. 517-20. v. I: *Do Império Romano ao ano Mil* (título original: *Histoire de la vie privée*, v. I: De l'Empire Romain à l'an Mil, 1985).

4. Cf. por exemplo Atanásio, *Ep. 39 ad Marcellum*, Patrologia Grega XXVII, p. 39: "Quem portanto declamar um salmo sobre uma melodia, não faça isso pelo desejo de uma música suave, mas como signo de harmonia dos pensamentos da alma"; são João Crisóstomo, *in Ps* 41,1, Patrologia Grega LV, p. 156: "O que significa 'em vossos corações'?" (Ef 5,18-19). "Com a inteligência, responde [o Apóstolo]: as palavras não sejam pronunciadas pela boca, mas a própria mente se exteriorize e se expanda em todas as direções; para que se ouça como uma língua da alma"; no século VI, o bispo Niceta de Reims ainda bate na mesma tecla (*De psalmodiae bono*, Patrologia Latina LXVIII, p. 374): "Assim exorta o salmo, dizendo: *Cantem com sabedoria, porque Deus é o rei da terra inteira*" (Ps XLVI, 8),

exemplo, Santo Agostinho cita, a esse propósito, Mateus 6,6 ("Tu, porém, quando orares, entra no teu quarto, e, fechada a porta, ora a teu Pai em segredo")[5] e o Salmo 4,5 ("Falem em seus corações, e mortifiquem-se em seus aposentos").[6]

O quarto fechado é interpretado por Agostinho, metaforicamente, como espaço interior, mental (*penetralia mentis*). Mas qual é a natureza dessa fala interior? Ela ainda é composta de palavras? Se assim for, essas palavras silenciosas ainda estariam submetidas às regras da retórica, da gramática, da métrica? Pensamos por palavras, responde Agostinho, embora, como ele mesmo reconhece, essa tese possa ser discutida ("*etiamsi quisquam contendat*"); no pensamento, as palavras têm a função mnemotécnica de chamar à mente os conteúdos da consciência.

Embora Agostinho não o diga de modo explícito, o texto parece indicar que as palavras pensadas mantêm com os significados uma relação mais forte do que a das palavras pronunciadas.[7] Com efeito, os signos linguísticos possuem, para Agostinho, uma forte opacidade: o significado deles pode ser explicado apenas por outros signos, e na verdade seriam incompreensíveis, se já não conhecêssemos seu sentido de antemão. Com as palavras não se aprende nada mais do que palavras, isto é, sinais sonoros

---

"isto é: com a inteligência, para que cantemos não apenas com o sopro, isto é, com o som da voz, mas também com a mente".

5. Tradução das Edições Paulinas, São Paulo, 1985. Agostinho não cita a passagem por extenso, lembrando apenas que "*nobis praeceptum esse ut in cluasis cubiculus oremus*" [nos foi prescrito que rezemos em quartos fechados]. Essa citação, como a seguinte, está em *mag.*, op. cit., cap. II, p. 2. "*Dicite in cordibus vestris, et in cubiculibus vestris compungimini.*" Ibid.

6. "*Dicite in cordibus vestris, et in cubiculibus vestris compungimini.*" Ibid.

7. Cf. id., *Enarrationes in Psalmos* [doravante *en. in Ps*], Patrologia Latina XXXVI e XXXVII, CC XXXVIII-XXXIX, p. 99: "Podemos pensar algo que talvez não possamos dizer; mas de forma alguma poderíamos dizer algo que não possamos pensar".

que possuem este ou aquele significado já conhecido.[8] Quando, porém, Jesus Cristo ensina aos discípulos uma reza, em Mateus 6,9, não ensina palavras, mas indica as coisas nas quais o fiel deve pensar quando reza.[9] As palavras da oração, portanto, como palavras interiores, são apenas lembretes, indicações para operações do pensamento. Por essa via, a palavra antiga começa a esvanecer como evento sonoro concreto. A palavra mental, símbolo de uma operação da consciência, começa a substituí-la.

A leitura silenciosa, que se difunde justamente nessa época, é outra faceta do mesmo fenômeno. Dessa prática, Agostinho nos proporcionou um dos testemunhos mais antigos e vivos:

> Quando [Ambrósio] lia, os olhos percorriam as páginas e o coração penetrava-lhes o sentido, enquanto a voz e a língua descansavam. Nas muitas vezes em que me achei presente — porque a ninguém era proibida a entrada, nem havia o costume de lhe anunciarem quem vinha —, sempre o via ler em silêncio e nunca de outro modo.
> Sentava-me e permanecia em longo silêncio — quem é que ou-

---

8. Id., *mag.*, op. cit., cap. XI, p. 36: "*Verbis igitur nisi verba non discimus, imo sonitum strepitumque verborum*" [com as palavras não aprendemos nada mais que palavras, ou melhor, o som e o barulho delas]. O contraste entre a intuição imediata das coisas e o *strepitum vocis* é sublinhado também no famoso episódio do êxtase de Óstia, in *Confessionum libri XIII* [doravante *conf.*]. Turim: SEI, 1949, cap. IX, p. X (v. pf. 3. 3. 3).
9. Id., *mag.*, op. cit., cap. I, p. 2: "*non enim verba, sed res ipsas eos verbis docuit, quibus et seipsi commonefacerent, a quo, et quid esset orandum, cum in penetralibus, ut dictum est, mentis orarent*" [não ensinou as palavras, mas as próprias coisas, para que eles próprios lembrassem para que e o que deve ser rezado, quando rezarem, como dissemos, na profundeza de suas mentes]. Em *Confissões*, X, IX, Agostinho afirma que o conteúdo sensível da memória é composto de imagens (*vestigia*) das sensações, mas que as verdades inteligíveis estão nela em si, e não por imagens.

saria interrompê-lo em seu trabalho tão aplicado? —, afastando-me finalmente. Imaginava que, nesse curto espaço de tempo em que, livre do burburinho das questões alheias, entregava-se ao fortalecimento de sua inteligência, não queria se ocupar de mais nada. Lia em silêncio, para se precaver, talvez, contra a eventualidade de lhe ser necessário explicar a qualquer discípulo, ansioso e atento, alguma passagem que parecesse mais obscura no livro que lia, fazendo-o gastar mais tempo neste trabalho e ler menos tratados do que desejaria. Ainda que a razão mais provável de ler em silêncio pudesse ser para descansar a voz, que facilmente enrouquecia. Mas fosse qual fosse a intenção com que o fazia, sendo feita por tal homem, só poderia ser boa.[10]

Jorge Luis Borges comentou essa passagem num ensaio:

Santo Agostinho foi discípulo de santo Ambrósio, o bispo de Milão, até o ano 384; treze anos mais tarde, na Numídia, redigiu suas *Confissões* e ainda o perturbava aquele espetáculo singular: um homem na sua casa, com um livro, lendo sem articular as palavras. Aquele homem passava diretamente do signo da escrita à intuição, omitindo o signo sonoro; a estranha arte que iniciava, a arte de ler em silêncio, conduziria a maravilhosas consequências.[11]

A leitura silenciosa remete à meditação solitária e à oração interior. Uma história dessas práticas encontraria muito material

10. Santo Agostinho, *Confissões*, VI, III [original em latim, p. 269].
11. Jorge Luis Borges, "Del culto de los libros". In: Id. *Prosa completa*. Bruguera: Barcelona, 1980. p. 231. v. II; *or.* in *Otras inquisiciones*, 1952. No que diz respeito à retórica, a passagem de uma produção destinada à declamação para uma destinada à escrita (e portanto da eloquência à literatura, no sentido etimológico dos termos) é sublinhada por Henri Irénée Marrou, *Saint Augustin et la fin de la culture antique* [1938]. Paris: Boccard, 1949. p. 89.

nos escritos de Agostinho. Aqui será suficiente lembrar a meditação noturna no início do *De ordine* e o exórdio dos *Solilóquios*:

> Uma noite, permanecendo desperto como de costume e refletindo silenciosamente comigo mesmo sobre pensamentos que me vinham à mente não sei de onde (pois tornara isso um hábito, por amor da busca da verdade, de maneira que ou no início da noite, se surgissem tais preocupações, ou na segunda parte dela, em todo caso dedicava quase metade da noite a meditar desperto; e não tolerava que meus jovens alunos me distraíssem dessas elucubrações, porque eles se esforçavam tanto durante o dia, que me pareceria excessivo ocupar também uma parte da noite pelo trabalho dos estudos, e tinham sido orientados por mim para que, além de trabalhar com os livros, acostumassem a mente a se concentrar em si mesma).[12]
>
> Há muito tempo me revolvia em mil pensamentos; sim, há muitos dias procurava ardentemente a mim mesmo, buscava meu bem, o mal que deveria evitar, quando de repente ouvi uma voz: era eu mesmo? Era a voz de um estranho? Vinha de dentro ou de fora? Não sei, e é o que mais me esforço para entender.[13]

---

12. Agostinho, *or.*, op. cit., cap. I, pp. III, 6.

13. Id., *Soliloquiorum libri II* [doravante *sol.*], Patrologia Latina XXXII, *c.* 869-904, cap. I, pp. I, 1. A voz é da própria razão, interlocutor ideal num diálogo que é na verdade, como o título indica, um solilóquio. A aparição de uma personagem alegórica, que interrompe as meditações silenciosas, se tornou mais tarde um protótipo literário (acrescentando de costume elementos visuais, ausentes em Agostinho). Veja-se por exemplo o início do *De consolatione philosophiae* de Boécio: "*Haec dum mecum tacitus ipse reputarem querimoniamque lacrimabilem stili officio signarem, astitisse mihi supra verticem visa est mulier* [...]" [Enquanto meditava em mim mesmo silenciosamente, escrevendo uma lamentação lacrimosa, vi uma mulher [a Filosofia] pairando acima da minha cabeça...]. Fechando o círculo, no *Secretum* de Petrarca (1342-58), quem aparece ao poeta é o próprio Agostinho, acompanhado por uma mulher muda, a Verdade.

Pela mediação do silêncio, paradoxalmente, a reza se aproxima ao canto. Rezar implica mergulhar em si mesmo, já que Deus habita as profundezas da alma;[14] de modo análogo, quando cantamos para nosso prazer pessoal, nos dirigimos a nós mesmos, afastando-nos do mundo. Cantar significa abandonar-se aos próprios ritmos vitais, tomando-os não como instrumentos para a satisfação de necessidades ou desejos, mas como valores em si, expressões íntimas de uma beleza universal; rezar significa reconhecer em nós (em Deus, que está em nós) a origem dessa beleza e dialogar com ela. Num tratado juvenil, *De musica*, Agostinho exemplificara a diferença entre beleza em si e adequação a um fim (entre *pulchrum* e *aptum*) mediante a imagem de um oleiro que molda um vaso com gestos ritmados, que se tornariam uma dança, se o artesão esquecesse o objeto que está moldando.[15] Da mesma forma, quem canta ou reza terá uma experiência tanto mais alta e pura quanto mais se afastar das exigências da comunicação e, portanto, da linguagem.

A comunidade paleocristã conheceu uma forma de canto em que o descolamento entre música e texto é programático: o *jubilus*, canto sem palavras, a mais primitiva das formas melismáticas que constituirão, mais tarde, a glória e o luxo da monodia cristã. O *jubilus* parece ser uma conquista estética do cristianismo. O pensamento clássico desconhece a ideia de um canto que dispense as palavras. O canto melismático também é estranho à tradição

---

14. Em *mag.*, op. cit., cap. I, p. 2, Agostinho cita a esse respeito são Paulo: "Não sabeis que sois o templo de Deus, e que o espírito de Deus mora em vós?" (1Cor 3,16) e "Cristo habita o interior do homem" (Ef 3,16).

15. Id., *mus.*, op. cit., cap. I, pp. II, 3. Lembramos que *De pulchro et apto* é o título do primeiro tratado de Santo Agostinho, escrito ainda sob a influência maniqueia. O tratado, citado nas *Confissões*, está hoje perdido. Para suas possíveis repercussões em textos posteriores, cf. Jean-Michel Fontanier, *Sur le Traité d'Augustin De pulchro et apto: convenance, beauté et adaptation*, RSPT LXXIII, 1989. pp. 413-21.

judaica, sobretudo depois da destruição do segundo Templo em 70 d.C., quando, em sinal de luto, foram abolidos do culto os instrumentos e todas as manifestações musicais mais elaboradas. A partir de então, a música hebraica se destinou exclusivamente à leitura salmódica da Bíblia, e sua dependência do texto tornou-se absoluta.[16]

O termo "jubilus", que no latim da época imperial indica gritos estandardizados de soldados ou de camponeses, foi introduzido nas versões latinas da Bíblia para traduzir o hebraico *terua* (ou *terûcah*), *tremolo* ou staccato produzido pelo *shofar*, trombeta de chifre de carneiro. A gama sonora do *shofar* não ia além dos primeiros harmônicos. Sendo incapaz de escalas melódicas, o instrumento era utilizado apenas para sinais militares ou rituais. Por extensão, *terua* passou a indicar um grito ritmado de guerra, e com esse sentido é citado em muitas passagens do Antigo Testamento.[17] Nos Salmos, indica um grito ou uma fórmula ritual, ligada aos sacrifícios e às procissões. Seja qual for seu sentido originário, a *terua* deixou de ser praticada depois da Diáspora.[18] Ao traduzi-la por *jubilus*, portanto, os autores das versões latinas já não tinham experiência direta dela. Na maioria dos casos, aliás, baseavam-se na tradução grega dos Setenta, já bastante aproxima-

---

16. Veja Enrico Fubini, *La musica nella tradizione ebraica*. Turim: Einaudi, 1994. caps. III-IV.

17. Gianofranco Ravasi (*"Cantate a Dio con arte"*: Il teologico e il musicale nella Bibbia. MB, 1992, p. 87) conta 36 recorrências desse significado do termo no Antigo Testamento. No episódio da conquista de Jericó, o grito de guerra é sempre acompanhado pelo som das trombetas (Js 6, 5,10,16 etc.).

18. Veja Giulio Cattin, *Il Medioevo I* [1979], v. 1-2 de *Storia della Musica*. Società Italiana di Musicologia. Turim: EDT, 1981. pp. 13-4; Abraham Z. Idelsohn, *Storia della musica ebraica*. Florença: Giuntina, 1994. parte I, caps. I-III. (título original: *Jewish Music in its Historical Development*, 1929).

da: *alalagmós*. Em seu *Tractatus in Psalmos*, rico em notações filológicas, Hilário de Poitiers (*c.* 315-67) observa:

> Nos manuscritos latinos se lê: *Jubilate Deo omnis terra*. E, no que diz respeito à nossa fala habitual, chamamos de *jubilus* os gritos de pastores ou agricultores quando estes, em lugares solitários, para chamar ou responder, produzem como sinal um som longo e esforçado. Mas nos livros gregos, que são mais próximos do hebraico, não se utiliza uma palavra do mesmo significado. Ali há o seguinte: *alaláxate to Theó pása e gé*, e com *alalagmós*, que os latinos traduzem *jubilus*, indicam o grito do exército que combate, ou que corre atrás do inimigo em fuga, ou que festeja a vitória conseguida com gritos de aclamação. Aqui, a escolha da tradução enfraquece o sentido, como fica mais claro num outro salmo, que diz: *Omnes gentes, plaudite manibus, jubilate Deo in voce exultationis* [*Ps* XLVI, 2]. Ora, o grito de aclamação [*vox exultationis*] é diferente do *jubilus*; mas na tradução, não encontrando um termo apropriado, foi utilizado *jubilus* para grito de aclamação.[19]

Por *vox exultationis*, Hilário quer dizer aqui, provavelmente, não um grito espontâneo, mas uma aclamação estandardizada. O texto inteiro, aliás, sugere fórmulas melódicas curtas, simples e talvez ritmadas (*plaudite manus*, batam palmas, no segundo

---

19. *Tractatus in Psalmum* LXV, 3 [original em latim, p. 269]. Minha tradução difere em alguns detalhes da inglesa em James Mckinnon (Org.), *Music in Early Christian Literature* (Cambridge: Cambridge University Press, 1989. p. 273), mas o sentido geral é o mesmo. As observações filológicas de Hilário têm a função de justificar sua interpretação dos salmos como instrumentos de luta contra os demônios (ibid., p. 4). Em defesa dos tradutores latinos, lembramos que Amiano Marcelino, historiador contemporâneo de Hilário, usa *jubilatio* no sentido de grito militar (veja Ferruccio Calonghi, *Dizionario Latino-Italiano*. Turim: Bona, 1967).

exemplo). Nisso, a descrição de Hilário coincide com as outras testemunhas antigas: o *jubilus* primitivo parece ter sido algo parecido a um curto refrão, em ritmo claro e marcado, que a assembleia inteira pudesse cantar com o sacerdote — bastante diferente, portanto, dos aleluias e outras formas melismáticas do gregoriano, com que o *jubilus* costuma ser confundido. É importante manter presente esse dado, ao abordar as *Enarrationes in psalmos 32* e *99* de Santo Agostinho, que descrevem e comentam essa prática.

As *Enarrationes* (comentários) são os textos, taquigrafados e depois passados a limpo, das leituras públicas dos salmos que o bispo ministrava em Hipona e outras cidades africanas. Abrangem um período bastante amplo (de 393 a 418)[20] e, diferentemente do *Tractatus* de Hilário, que é um trabalho erudito, são escritos num tom simples e didático. As passagens das *Enarrationes* relativas ao *jubilus* são citadas com frequência nas histórias da música, por duas razões: 1) o paralelo entre o *jubilus* cristão e o canto de lavoura nos fornece informações preciosas tanto sobre os hábitos litúrgicos quanto sobre o canto popular na Antiguidade tardia; 2) o elogio explícito ao canto melismático representa uma novidade na estética musical antiga.

Esses elementos, de fato, se não são totalmente novos, são explorados por Agostinho com uma sutileza e uma profundidade que não encontram respaldo em seus predecessores. No entanto, o traço marcante desse texto, a nosso ver, é a maneira como Agostinho articula a justificação espiritual do *jubilus* num contexto mais amplo, transformando-a em fulcro de uma teoria estética radicalmente inovadora:

---

20. Segundo a tabela cronológica do Corpus Christianorum (v. xxxviii), os dois comentários em questão foram pronunciados em 403 (*in Ps* 32) e 412 (*in Ps* 99).

Cantem para ele um novo canto. Deixem os velhos hábitos: aprendam um novo canto. Novo homem, novo Testamento, canto novo. O novo canto não pertence aos velhos homens; apenas os homens novos o aprendem, eles que, pela Graça, foram rejuvenescidos da velhice, e já pertencem ao novo Testamento, que é o reino dos céus. Todo o nosso amor anseia por ele, e canta um novo canto. Cantem um novo canto, não com a língua, mas com a vida. *Cantem para ele um novo canto: cantem bem para ele.* Alguém perguntará como cantar para Deus. Cante para Ele, mas não cante mal. Não queira ofender os ouvidos dele. Cante bem, irmão. Se alguém lhe pedir para cantar, para o prazer de um bom ouvinte de música, e se você for desprovido de toda instrução na arte musical, ficará com receio de desagradar esse especialista; de fato, ele censurará falhas que você, por ignorância, nem percebe. Quem, portanto, se sentirá à altura de cantar bem para Deus, para tamanho juiz, tamanho examinador de todas as coisas, tamanho ouvinte? Quem poderá alcançar uma arte tão refinada no canto, que não desagrade em nada ouvidos tão perfeitos?

Eis que Ele lhe dá, por assim dizer, o tom da melodia a ser cantada; não procure as palavras, como se pudesse expressar algo que agrade a Deus. Cante no *jubilus.* Cantar com arte para Deus consiste justamente nisto: cantar no *jubilus.* O que significa cantar no *jubilus?* Compreender e não saber explicar com palavras o que se canta com o coração. Os que cantam durante a colheita ou durante a vindima, ou num outro trabalho intenso, primeiro começam a exultar com as palavras do canto, mas em seguida, preenchidos de uma alegria que não podem mais expressar com palavras, afastam-se das sílabas das palavras e entregam-se ao som do *jubilus.* O som do *jubilus* significa que o coração dá à luz algo que não pode ser dito. E quem merece essa jubilação, senão Deus inefável? Inefável, de fato, é aquilo que não pode ser dito; e, se você não pode falar, e no entanto não deve se calar, o que resta senão jubilar, por que o coração regozije sem palavras, e a imensidão do regozijo não encontre limite nas sílabas? *Cantem bem para Ele, no jubilus.*[21]

Feliz o povo que compreende [*intellegit*] *a jubilação*. Acorremos, então, para essa felicidade, compreendamos a jubilação, para que não seja pronunciada sem compreensão [*sine intellectu*]. Para que serviria jubilar e obedecer ao salmo que reza: *A terra inteira jubile para Deus*, se não compreendermos a jubilação, de forma que regozije apenas nossa voz, e não o coração? De fato é o som do coração o que se compreende com a inteligência.

Direi coisas já conhecidas: quem jubila não diz palavras, o canto é uma alegria sem palavras; a melodia, de fato, é a alegria de uma alma que se expande, o mais que puder, para expressar sentimentos, não para compreender o sentido. O homem que experimenta sua exultância passa de palavras que não consegue dizer ou entender para um canto de exultação sem palavras, de forma que por meio daquela melodia parece regozijar por algo, mas, como se fosse preenchido de uma felicidade excessiva, não pode explicar por que ele está exultando. Observem isso até naqueles que cantam coisas indecentes. Certamente, nosso *jubilus* não será igual ao deles, porque nós devemos jubilar na justiça, eles jubilam na injustiça; nós na confissão, eles na confusão. Todavia, para que entendam o que estou dizendo, remontando a coisas conhecidas: jubilam sobretudo aqueles que trabalham no campo. Os ceifeiros, os vindimadores, aqueles que recolhem qualquer tipo de fruto, contentes pela abundância da colheita e alegres pela fecundidade e fertilidade da terra, cantam de alegria; e, entre cantos que enunciam palavras, inserem melodias sem palavras para elevar o espírito exultante, e isso é chamado *jubilatio*.

[...]

---

21. *In Ps* 32, ii, sermão i, 8 [original em latim, p. 270].

Quando jubilamos? Quando louvamos algo que não pode ser dito. [...]

Refletindo sobre todas as criaturas, que podemos nomear e enumerar, a alma se pergunta: quem fez tudo isso? Quem o criou? Quem, junto com tudo isso, criou a própria alma? O que são essas coisas sobre as quais reflito? Quem é esse eu que reflete? Quem fez os objetos e o sujeito da reflexão? Quem é ele? Diga-o; e, para dizê-lo, pense-o. Com efeito, podemos pensar algo que talvez não possamos dizer; mas de forma alguma poderíamos dizer algo que não podemos pensar. Pense-o, portanto, antes de nomeá-lo; e, para pensá-lo, aproxime-se dele. De fato, se quisermos olhar bem algo sobre o qual precisamos falar, aproximamo-nos dele e o observamos com atenção, para não errar olhando de longe. Mas, como observamos os corpos com os olhos, assim nós o observamos com a mente, procurando-o e vendo-o com o coração.

[...]

E quando, tornando-te semelhante a Deus, começarás a senti-lo profundamente, enquanto a caridade crescerá em ti — porque a caridade também é Deus —, sentirás aquilo que dizias, e não dizias. Com efeito, antes de sentir, acreditavas falar de Deus; agora que começas a sentir, percebes que o que sentes não pode ser dito. E então, tendo apreendido que o que sentes não pode ser dito, te calarás, e não louvarás? Ficarás mudo de louvores a Deus, e não agradecerás Aquele que quis que o conhecesses? Louvaste-o, quando o procuravas; e agora, tendo-o encontrado, te calarás? Não, em absoluto; serias ingrato. [...] Como, perguntas, louvá-lo-ei? O pouco que posso sentir, parcialmente, em enigma, como reflexo num espelho, isso já não posso explicá-lo. Mas escute o salmo: *A terra inteira jubile para Deus*. Se cantares o *jubilus* a Deus, terás compreendido a jubilação da terra inteira. Jubile para Deus; não queiras repartir sua jubilação em coisas diferentes. As outras coisas podem ser nomeadas mais tarde, de uma forma ou de outra. Mas só ele é inefável, aquele que, nomeando-as, fez todas as coisas. Ele falou, e fomos criados; mas nós não podemos nomeá-lo. A Palavra pela qual somos nomeados é o Filho; para que pudéssemos nomeá-lo em nossa fraqueza, tornou-se fraco. Podemos encontrar uma palavra para a jubilação, mas não para a própria Palavra. Portanto: *A terra inteira jubile para Deus.*[22]

O primeiro trecho começa com a exortação a um *canticum novum*. O novo canto é, aqui, a nova lei, a vida nova dos cristãos. Mas é também, concretamente, uma forma de expressão nunca ouvida antes, ou melhor: algo que sempre existiu, mas que agora se reveste de novos significados. O exemplo do canto de lavoura já se encontra, entre outros, no comentário ao salmo 41 de são João Crisóstomo. O tom, porém, é diferente:

Em primeiro lugar é necessário dizer a razão pela qual o canto foi introduzido na nossa vida, e sobretudo por que essa profecia é pronunciada cantando. Escute, portanto, a razão pela qual ela é pronunciada cantando. Deus, observando que muitos homens eram preguiçosos, não se aproximavam de boa vontade das leituras espirituais e não toleravam o esforço necessário para isso, querendo tornar esse esforço mais agradável e querendo eliminar a sensação de cansaço, misturou à profecia uma melodia, para que todos, aliciados pela modulação do canto, entoassem hinos sacros com ânimo entusiasta. Com efeito, nada eleva a alma, e, por assim dizer, lhe dá asas, e a levanta da terra, e a liberta dos vínculos corporais, aproximando-a da sabedoria graças ao amor, e torna risonho tudo o que diz respeito a essa vida, quanto um canto melodioso e um poema divino, composto em proporções rítmicas. Sem dúvida, tanto aprazem à nossa natureza os cantos e os poemas, que até as

22. *In Ps* 99, 3-6 [original em latim, pp. 270-2].

crianças de peito, quando choram e se desesperam, acalmam-se por causa deles. As amas de leite as balançam no berço, para a frente e para trás, e cantam-lhes alguma melodia infantil, e dessa forma fecham-lhes os olhos. Com frequência os lavradores cantam no meio-dia conduzindo os animais no jugo, e consolam-se do tédio do caminho com essas canções. E não cantam apenas os lavradores, mas também, com frequência, os camponeses que pisam os cachos de uva na tina, os vindimadores, e aqueles que cuidam da vinha, e todos que fizerem algum outro trabalho. Os marinheiros fazem o mesmo, quando remam. As mulheres que tecem, dividindo os fios entrelaçados na roca, também cantam melodias, ou sozinhas, ou todas juntas. Assim agem mulheres, lavradores, camponeses e marujos, que em suas atividades querem aliviar o esforço com o canto, de maneira que a alma suporte mais facilmente os incômodos e as dificuldades, ouvindo poemas e cantos. Portanto, esse gênero de prazer sendo inato em nossa alma, para que os demônios não introduzissem cantos lascivos e pecaminosos, Deus opôs a eles os Salmos, que numa única composição juntassem prazer e utilidade.[23]

À parte semelhanças superficiais, esse texto indica uma postura oposta à de Agostinho. Para João Crisóstomo, a inclinação ao canto é uma fraqueza humana, e com ela é necessário aceitar um compromisso, para garantir a divulgação dos textos sagrados. O valor autêntico do salmo está sempre no texto. A música é apenas uma ornamentação, cuja função é tornar as palavras agradáveis para as mentes mais preguiçosas. Nesse contexto, o canto de trabalho é citado como demonstração de um instinto natural, sem

---

23. São João Crisóstomo, *in Ps 41*, Patrologia Grega LV, p. 156. É possível que Agostinho conhecesse a obra de João Crisóstomo em tradução latina; cf. comunicação de M. Chirat, *Revue d'Études Latines* XXXIII, pp. 76-7, 1955.

nenhum conteúdo espiritual próprio. Agostinho, ao contrário, considera a linguagem um instrumento tanto mais limitado quanto mais o conteúdo a ser expresso é de natureza espiritual. Há conteúdos grandes demais para caber na linguagem humana. Nesse caso, é necessário recorrer ao *jubilus*, não porque este expresse aqueles conteúdos, mas porque o canto sem palavras é símbolo de nossa incapacidade para nomear Deus e, ao mesmo tempo, testemunho de que somos permeados pela palavra divina, junto com a Criação inteira. Compreender o *jubilus* da terra inteira significa deixar-se falar pela Palavra da Criação, renunciando a nomeá-la.

Não por acaso, o abandono do texto é descrito não apenas como renúncia a um sentido referencial, mas também como afastamento das sílabas, dos fonemas em que a fala se articula — num plano, portanto, que é puramente sonoro. Se a palavra, na leitura silenciosa e na meditação, dispensa o som ritmado e articulado e se torna pensamento puro, o som ritmado, por sua vez, acompanhando tanto o movimento corporal do trabalho quanto a experiência espiritual do êxtase, se posiciona num plano que é ao mesmo tempo pré e pós-linguístico. Em outras palavras, o abandono a um ritmo instintivo, fisiológico, se reveste de uma dupla significação: no canto indecente é queda na concupiscência, rendição ao homem corporal, que está abaixo do *logos*, da razão; no *jubilus*, ao contrário, é submissão ao ritmo da Criação, renúncia à ilusão de domínio linguístico daquilo que é indizível. O aspecto corporal da *modulatio*, que no *De musica* Agostinho afastara da ciência musical, expulsando a habilidade técnica de instrumentistas e dançarinos, é recuperado num nível mais elementar e, no entanto, mais elevado.

Talvez seja possível, sem forçar muito o pensamento de Santo Agostinho, estabelecer uma hierarquia entre as formas de expressão analisadas até aqui: no vértice dos estilos literários está uma forma de sublime cristão que desarticula as construções sintáticas do latim clássico e aposta tudo na intensidade emotiva das palavras, enfileiradas na parataxe extremada que o autor do tratado *O sublime*[24] classificava como assíndeto. Desse sublime, de quem procura exemplos nas Sagradas Escrituras, na verdade é ele próprio, Agostinho — o Agostinho das *Confissões* —, o maior representante. No entanto, acima do estilo sublime, há algo ainda mais alto, a expressão que, em nome da Palavra absoluta, dispensa qualquer palavra. É típico da *forma mentis* de Agostinho o fato de que esse ponto culminante da expressão humana coincida com seu nível mais baixo e corporal. A identificação do homem com o Ser absoluto passa necessariamente pelo reconhecimento de seu não ser, da natureza corporal que se expressa no fluxo temporal, no estar no tempo. O estilo sublime agostiniano se constrói a partir do *sermo humilis* das Sagradas Escrituras, como Auerbach[25] demonstrou. Da mesma forma, a sublimidade do *jubilus* não é senão transfiguração do canto espontâneo, em suas manifestações mais simples e incultas.

Há duas passagens das *Confissões* bastante significativas, nesse sentido. A primeira narra um episódio acontecido em Milão, onde Agostinho era professor de retórica:

> Como era miserável! E Tu fizeste com que eu sentisse minha desgraça no mesmo dia em que estava me preparando para pronunciar um elogio ao imperador, em que iria dizer muitas mentiras, com a aprovação de um público consciente de que estava mentindo; e meu coração era tomado por essas preocupações e fervia pela febre de pensamentos que me consumiam. Passando por uma rua de Milão, vi um pobre mendigo, já bêbado, acredito, brincando e regozijando-se.

24. Longino (atr.), *Do sublime*. São Paulo: Martins Fontes, 1996.
25. Erich Auerbach, "*Sermo Humilis*". In: *Ensaios de literatura ocidental*. São Paulo: Duas Cidades; Ed. 34, 2007. pp. 29-76.

Suspirei, e falei com os amigos que estavam comigo dos muitos sofrimentos gerados por nossas loucuras; porque com todos os nossos esforços, como aqueles que me torturavam, carregando-me do peso de minha infelicidade pelo estímulo da ambição — peso que se tornava maior à medida que o carregava — não desejamos outra coisa senão alcançar aquela felicidade tranquila, na qual este mendigo nos precedeu. E talvez nunca a conseguiremos! Porque, com poucas moedas de esmola, ele conseguiu aquilo que eu buscava por antros de sofrimentos e caminhos tortuosos, isto é, a alegria de uma felicidade temporal. Com efeito, ele não possuía uma felicidade verdadeira, mas eu, com todas as minhas ambições, procurava algo muito mais falso. E, sem dúvida, ele se regozijava, eu estava angustiado; ele era tranquilo, eu tremia.[26]

No ápice de sua carreira oratória, Agostinho se depara com uma figura que sintetiza a felicidade terrena: um mendigo bêbado que canta, ignorante quanto ao amanhã, mas satisfeito de seu estado presente. Evidentemente, tanto Agostinho quanto o bêbado estão, na época do encontro, no caminho errado, o caminho da concupiscência. Mas Agostinho está preparando com grande esforço seu panegírico, enquanto o bêbado se abandona a um ritmo natural, a uma felicidade animal. Ele canta para si mesmo, não para um fim instrumental. Por isso, seu canto está, paradoxalmente, mais próximo da reza — mais próximo do *jubilus* — do que o discurso a ser pronunciado na frente do imperador.[27]

O segundo trecho, o episódio da morte de santa Mônica, é

---

26. Agostinho, *Confissões*, VI, VI, 1-2 [original em latim, p. 272].
27. A imagem do canto do bêbado será retomada, como vimos, no comentário ao salmo 99. A fonte desse *topos* é provavelmente são Paulo, Ef 5,18-19: "E não vos embriagueis com vinho, mas enchei-vos do Espírito Santo, falando entre vós com salmos e hinos e canções espirituais, cantando e salmodiando ao Senhor em vossos corações".

mais extenso. Logo depois da morte da mãe, Agostinho não chora. Recém-batizado, isso lhe pareceria um apego excessivo à vida terrena. Reprime as lágrimas do filho Adeodato. Canta um salmo com Evódio, entretém discussões filosóficas. À noite toma banho, porque ouviu dizer que os banhos acalmam as inquietações do espírito. Vai dormir. Na manhã seguinte, sua dor parece aliviada. Ainda deitado na cama, relembra o hino ambrosiano:

> *Deus criador de tudo*
> *Que reges o céu, que vestes*
> *O dia de bela luz*
> *A noite da dádiva do sono*
>
> *Para que o repouso reconstrua*
> *Os membros amolecidos pelo cansaço,*
> *Alivie as mentes prostradas,*
> *Dissolva os lutos tormentosos...*[28]

Aos poucos, voltam-lhe à mente lembranças da mãe. Começa a chorar:

> E senti prazer em chorar antes na Vossa presença por causa dela e por ela, e também por causa de mim e por mim. E deixei correr à vontade as lágrimas que reprimia, e sobre elas deitei meu coração; e este descansou nelas, porque ali estavam Vossos ouvidos, e não aqueles de um homem que interpretaria orgulhosamente meu choro.[29]

---

28. "*Deus creator omnium/ Polique rector vestiens/ Diem decoro lumine/ Noctem soporis gratia// Artus solutus ut quies/ Reddat laboris usui/ Mentes fessas allevet/ Luctusque solvat anxios.*"
29. Agostinho, *Confissões*, IX, XII: "*Et libuit flere in cospectu tuo de illa et pro illa,*

Esse episódio desempenha um papel central na estrutura das *Confissões*. É com ele, em prática, que a autobiografia se interrompe: os livros seguintes serão de caráter especulativo e teológico. Mas o canto silencioso do hino não é apenas um divisor de águas. Ele parece conter a razão seminal da obra inteira: é o momento em que Agostinho descobre que não pode escapar do tempo por um esforço de abstração racional, como pregava a filosofia antiga, e que portanto a única profissão de fé possível é uma narrativa do próprio estar no tempo — uma confissão, uma autobiografia.

---

de me et pro me. Et dimisi lacrymas quas continebam, ut effluerent quantum vellent, substernens eas cordi meo, et requievi in eis: quoniam ibi erant aures tuae, non cujusquam hominis superbe interpretantis ploratum meum".

Melodias automáticas

"O pulsar" é um poema de Augusto de Campos, escrito em 1975, que utiliza um recurso gráfico bastante simples: todos os "O" do texto são substituídos por pontos, todos os "E" por estrelas. As estrelas vão diminuindo de tamanho linha após linha, e os pontos, aumentando, segundo uma progressão cruzada. O fundo escuro cria um clima noturno, e as mudanças proporcionam a impressão de ritmo crescente e decrescente, como a pulsação do corpo celeste a que o título do poema se refere. Na última linha, há uma paronomásia (eco/oco) em que o ponto e a estrela são sobrepostos.

Em 1979, o poema foi publicado na antologia de Augusto de Campos, *Viva vaia: Poesia 1949-1979*,[1] acompanhada por um disco contendo uma gravação de Caetano Veloso baseada nesse texto. Caetano se limita a desdobrar o procedimento proposto pelo poeta: na gravação, não apenas os "O" e os "E", mas todas as vo-

---

1. *Viva vaia: Poesia 1949-1979*. São Paulo: Duas Cidades, 1979.

gais do texto possuem uma altura específica: partindo do "O" no baixo, os "U", "A" e "E" se colocam na 4ª, 5ª e 8ª ascendentes, respectivamente. Dessa forma, a melodia (se de melodia se pode falar nesse caso) é totalmente determinada pela sucessão das vogais do texto. Na música, são deixadas de lado as progressões crescente e decrescente (que poderiam ser realizadas facilmente pela dinâmica) e isso com certeza a empobrece em relação ao poema. Em contrapartida, a relação entre vogais e notas ganha maior destaque, e a peça adquire uma transparência cristalina.

Procedimentos deste tipo — as notas associadas ao texto segundo relações fixas, de maneira que a linha melódica se produza automaticamente — não são raros na história da música ocidental, embora nunca tenham saído de uma aplicação restrita ou meramente experimental. Citarei dois casos, bastante afastados no tempo.

Em 1732, o alemão Conrad Beissel fundou em Ephrata, na Pensilvânia, uma comunidade protestante para a qual escreveu um hinário que é considerado o primeiro corpus de composições norte-americanas originais. Beissel elaborou um método de composição que permitia que os membros da comunidade escrevessem música sem possuir um preparo técnico específico. Não usava barra de compasso nem recorria à linha de baixo nas harmonizações. A métrica era estabelecida pelo texto: as sílabas tônicas correspondiam a valores longos, as átonas, a valores breves. Da mesma forma, uma vez estabelecida a tonalidade da peça, todas as sílabas tônicas, denominadas "amos", deviam cair numa das notas da tríade fundamental, enquanto as restantes, chamadas "servos", utilizariam as outras notas da escala. Não sei nada da harmonia, a não ser uma informação do *New Grove Dictionary*, segundo a qual o desinteresse pela condução do baixo gerava muitas inversões e progressões incorretas. Os corais que executavam esses hinos eram submetidos a práticas ascéticas e a uma dieta rígida, para que a sonoridade se tornasse mais espiritual. Os hinos eram copiados em caligrafias elaboradas, reproduzidas também nas paredes, como decoração das casas.

É difícil falar de uma produção musical apenas por informações indiretas. Mas suponho que a recorrência das notas "amos" da tríade fundamental em todas as sílabas acentuadas gerasse uma marcada fixidez harmônica. Beissel é um contemporâneo de Bach e de Rameau; ainda que não conhecesse esses grandes autores (como é provável), vivia numa época em que o cromatismo e a modulação entre tonalidades começavam a se firmar como procedimentos-padrão da prática musical. É possível que o sucesso efêmero de que os hinários de Beissel gozaram, não apenas na colônia, mas também na Europa, fosse devido em parte a uma reação contra a sensação de inquietação e descontrole provocada pela perda de um centro tonal fixo e de um limite claro do material melódico.

Em todo caso, o sistema de Beissel caiu no esquecimento logo depois da morte de seu inventor, em 1768. Hoje, é conhecido sobretudo pela descrição que Thomas Mann fez dele, no *Doutor Fausto*. No romance, o protagonista, Adrian Leverkühn, ouve falar de Beissel ainda adolescente, por ocasião de uma palestra de seu mestre Kretzschmar. Logo depois, discute sobre ele com o amigo Serenus, tomando sua defesa, ainda que com uma boa dose de ironia. Para Leverkühn, uma lei rigorosa, por arbitrária que seja, é necessária à música para contrabalançar seu excesso de sensualidade, seu "calor de estábulo" (capítulo VIII). Adrian volta a falar de Beissel no capítulo XXII, quando expõe ao amigo sua teoria musical, que é um decalque, como se sabe, da técnica dodecafônica de Schoenberg.

Talvez Thomas Mann procurasse, em Beissel, um correspondente protestante da mística da Cabala, que teve um peso inegável na formação estética de Schoenberg. Em todo caso, a dialética entre ascese rigorosa da razão e "calor de estábulo", o controle absoluto que se converte em absoluto descontrole, a renúncia à subjetividade criadora que leva a um ego sobre-humano, enfim, a busca de Deus que se resolve em pacto com o Diabo — são questões centrais não apenas dessa passagem, mas do romance como um todo. A relação Beissel-Leverkhün (na realidade, Beissel-Schoenberg) é uma espécie de figuração do destino grandioso e terrível de toda a cultura alemã.

É um paradoxo tipicamente musical: se a música, em nossa cultura, é expressão de uma interioridade, quanto mais um sistema se pretende objetivo, tanto mais soa arbitrário; a renúncia à subjetividade, que à primeira vista pode parecer humilde, acaba gerando um ego expandido, que violenta a natureza e pretende tomar o lugar dela. Um ego fáustico, justamente. Por outro lado, uma música que se pretenda simplesmente "natural" é, na maioria das vezes, baseada em convenções sociais, figuras de linguagem que envelhecem com rapidez e emanam um calor demasiado familiar. Para fugir dele, uma interioridade que queira se expressar de maneira realmente livre deverá se impor regras, que serão necessariamente arbitrárias e antinaturais.

Esse círculo vicioso talvez seja específico de nossa civilização, a partir da Idade Média. Na idade clássica, a linguagem oferecia à música uma base convencional e, ao mesmo tempo, natural (se considerarmos a linguagem como uma segunda natureza): os acentos do latim e do grego são melódicos, e as sílabas já têm um valor métrico de longa e breve. As composições, então, não passavam de variações construídas sobre uma trama de alturas e durações já estabelecidas pela língua. Muitas vezes, a notação antiga de uma melodia marca, acima do texto, apenas algumas notas, aquelas que representam uma quebra nas alturas normais da frase: um salto, uma modulação. O resto já está implícito nas palavras.

A perda dessa relação privilegiada se dá a partir do século II, quando o acento, de melódico, se torna intensivo, e as sílabas perdem a duração preestabelecida da métrica clássica. Desde logo, tenta-se aplicar modelos lógico-matemáticos para devolver à fala e à música o fundamento natural perdido. Santo Agostinho, em seu tratado *De musica*, escrito no fim do século IV, se esforça em deduzir todas as formas tradicionais de versificação de um sistema métrico puramente lógico, que nada deva às convenções dos gramáticos. Tenta demonstrar, por exemplo, que o hexâmetro heroico, o mais prestigioso dos versos clássicos, tem a mesma estrutura proporcional de um triângulo retângulo. Todavia, não será esse o caminho a ser trilhado pela música da Alta Idade Média: o gregoriano, repertório príncipe do primeiro milênio do cristianismo, é a música das inflexões imperceptíveis da linguagem oral, contra os valores claramente determinados pela gramática. No gregoriano, o foco é deslocado do objeto sonoro para o sujeito falante, ainda que seja um sujeito coletivo. É o triunfo da *parole* sobre a *langue*.

O segundo exemplo que gostaria de utilizar refere-se ao momento em que essa estética da *parole* começa a se enrijecer numa nova gramática, e é extraído do *Micrologus* de Guido Monaco, um tratado que marca uma nova época na teoria musical ocidental. A Guido é atribuída a invenção da pauta musical. Não é verdade, mas sem dúvida sua atividade marca a passagem de uma tradição essencialmente oral a uma tradição escrita. Ele próprio se gaba de que, graças a seus tratados, qualquer um pode aprender o repertório musical sem precisar da presença viva de um mestre.

O que nos interessa aqui é o capítulo XVII, que encerra a parte do tratado dedicada à análise do cantochão (os últimos capítulos tratam das primeiras formas de polifonia). Aqui, Guido apresenta uma proposta "que parece utilíssima, embora inaudita até então" ("*Argumentum utillimum visu, licet hactenus inauditum*"). Sua regra é igual à de Augusto de Campos e Caetano, só que invertida: partindo da escala-padrão da teoria antiga (do Sol baixo até o Lá duas oitavas acima), associa-se uma vogal a cada altura:

Γ A B C D E F G a b c d e f g aa
a e i o u a e i o u a e i o u a

Já que as notas dessa escala são dezesseis e as vogais apenas cinco, cada vogal corresponde a três notas (o *a*, a quatro), em intervalos de sexta (o *a*, por exemplo, é associado a Sol, Mi, Dó e Lá). Todavia, considerando que uma melodia gregoriana tende a evitar saltos grandes e raramente supera uma oitava, na prática as possibilidades seriam limitadas a uma ou duas opções por vogal.

A justificativa que Guido apresenta para seu sistema é que a poesia possui uma música própria (*quasi symphonia*), que é dada pela alternância e correspondência das vogais. O prazer do verso, portanto, não estaria na sonoridade em si, mas na ordem, ou *estrutura* (esse termo naturalmente não é medieval), que tal sonoridade expressa. Ao transferir a mesma ordem para uma melodia, portanto, não importa que a relação entre vogais e alturas seja casual e arbitrária porque o que conta é a relação entre os sons (a ordem em que eles se apresentam).

Contudo, é necessário que as melodias criadas por essa via respeitem as regras e a estética dos modos eclesiásticos, que nunca são postas em discussão no *Micrologus*. Ou seja: é preciso que a regra estabeleça um compromisso com a convenção. Desse ponto de vista, Guido reconhece que, a partir de uma regra tão rígida, é difícil construir melodias satisfatórias. Propõe, então, uma ampliação: escrever abaixo da escala não uma, mas duas linhas de vogais, a segunda com ordem alterada (*ouaei* em vez de *aeiou*):

G A B C D E F G a b c d e f g aa
a e i o u a e i o u a e i o u a
o u a e i o u a e i o u a e i o

Dessa forma, cada vogal corresponde a seis notas diferentes, por intervalos de terça (o *a* corresponde a sete). A melodia já não é tão automática assim: a liberdade de escolha torna-se um fator relevante. Guido propõe um exemplo:

G   G Fa G   a   a a a b Gac b   cd   ed   cdc   caG a
Linguam refrenans temperet ne litis horror insonet, visum fovendo contegat ne

c   bG a   *F   GG*
vanitates   hauriat.

Repare-se que, na última palavra, o *a* carrega um Fá, possibilidade que não é contemplada pela tabela. Guido justifica: "Abandonamos nossa regra apenas na parte final, para manter a melodia no âmbito do modo *tetrardus*" (correspondente ao atual mixolídio). Mas por que, então, escolher um caso irregular para exemplificar seu sistema? A estratégia se revela no trecho que segue imediatamente:

De fato, se algumas proposições produzem um canto satisfatório apenas pela ordem de suas vogais, não há dúvida de que esta seria muito mais adequada se, experimentando muitas melodias, escolhesses apenas as melhores e o que é mais adequado por suas relações, preenchendo o que é espaçado, dilatando o que é angusto, contraindo o que é prolixo, estendendo o que é sintético, para que tudo seja gerado por um trabalho acurado. Isto também quero que saibas, que, como a prata pura, todo canto que é muito usado escurece, e dessa forma desagrada, mas, se for polido de novo como por uma lima, é louvado universalmente. Aliás, devido à diversidade dos povos e das mentes, aquilo que desagrada a um é aceito por outro. Um procura a homogeneidade do som, outro prefere a diversidade. Este deseja linhas melódicas contínuas e arredondadas, secundando a leviandade de sua mente, enquanto aquele é comovido por cantos graves e sóbrios. Outro, como insensato, refocila-se em agitações complexas e tortuosas. E cada um considera mais musical o canto que prefere, devido à qualidade intrínseca de sua mente.[2]

É uma conclusão bastante inesperada para um capítulo que começara com a proposta de um método objetivo de dedução da melodia do texto. Mas está aqui, a meu ver, o sentido mais profundo desse jogo musical. Guido é um pedagogo, e sua regra tem uma função propedêutica: partindo de uma combinação mecânica, treina gradualmente o leitor para a necessidade da escolha, levando-o aos poucos até o campo aberto do gosto subjetivo, da "qualidade intrínseca de cada mente".

Por ser um monge do século xi, Guido entretém com o Demônio vínculos mais familiares do que Thomas Mann, que é um protestante do século xx. Sabe que, embora a música seja irmã da linguagem, a relação entre as duas é demasiado complexa para que possa ser reduzida a um esquema. Nela está envolvida uma rede de conotações emotivas extremamente cambiante, instável. Não é possível lidar com ela sem recorrer a certa dose de intuição. Mas essa intuição precisa ser liberada aos poucos, a partir de um procedimento racional, ou pretensamente racional. No fundo, o sistema de Guido é um método para domesticar o "calor de estábu-

---

2. Guidoni Aretini, *Micrologus*. Org. de J. Smits van Waesberghe. American Institute of Musicology, 1955. pp. 193-5.

lo" da música, gerando um distanciamento suficiente mediante um simulacro de racionalidade.

Gostaria de concluir com a música que está no lado B do disco de Caetano, cujo lado A ouvimos no início. É baseada no poema "Dias, dias, dias", também de Augusto de Campos, que mistura diferentes elementos de linguagem, de meras aliterações sonoras até fragmentos de frases. De maneira um tanto críptica, todas essas partículas esparsas têm a ver com o tema da separação e da nostalgia. No disco, o cantor, diferenciando sua emissão, salienta os diferentes registros da fala de que esses fragmentos são extraídos. Surge, finalmente, uma canção popular muito famosa, que soa como uma espécie de chave revelada do enigma do texto. Aqui não se trabalha mais sobre a forma de superfície do texto, mas sobre o texto como rede potencialmente infinita de conotações. A meu ver, essa música está para a outra como o início do capítulo XVII do *Micrologus* está para sua conclusão.

Sobre os textos

"Dorival Caymmi". In: NESTROVSKI, Arthur (Org.). *Música popular brasileira hoje*. São Paulo: Publifolha, 2002. pp. 73-4. (Coleção Folha Explica).

"João Gilberto e o projeto utópico da bossa nova". *Novos Estudos Cebrap*, n. 34, pp. 63-70, nov. 1992.

"No mesmo lugar, muito à frente". *Folha de S.Paulo*, Ilustríssima, 10 jul. 2011.

"Prefácio ao *Cancioneiro Jobim*". Rio de Janeiro: Jobim Music/ Casa da Palavra, 2000. pp. 13-9. (Também em *Folha de S.Paulo*, Mais! 10 dez. 2000.)

"Canção do exílio". In: MAMMÌ, Lorenzo; NESTROVSKI, Arthur; TATIT, Luiz. *Três canções de Tom Jobim*. São Paulo: Cosac Naify, 2004.

"Prefácio ao *Cancioneiro Chico Buarque*". Rio de Janeiro: Jobim Music/ Casa da Palavra, 2008.

"Os sonhos dos outros". In: NESTROVSKI, Arthur (Org.). *Lendo música*. São Paulo: Publifolha, 2007.

"A era do disco". *piauí*, n. 89, fev. 2014.

"Uma gramática do caos — notas sobre Villa-Lobos". *Novos Estudos Cebrap*, n. 19, pp. 103-12, dez. 1987.

"Cenários de música radical". *Folha de S.Paulo*, Folhetim, pp. B10-11, 6 maio 1988.

"O demônio da analogia: algumas melodias juvenis de Debussy". *Análise Musical*, n. 3, pp. 52-61, 1988.

"Um novo Wagner". *Novos Estudos Cebrap*, n. 30, pp. 242-5, jul. 1991.

"Introdução a Glenn Gould". *Novos Estudos Cebrap*, n. 30, p. 215, jul. 1991.

"Mozart, último horizonte". *Guia das Artes*, n. 27, pp. 15-6, 1992.

"Deus cantor". In: NOVAES, Adauto (Org.). *Artepensamento*. São Paulo: Companhia das Letras, 1994. pp. 43-58.

"Prefácio a *Vida de Rossini*". São Paulo: Companhia das Letras, 1995.

Verbetes, escritos a pedido de J. J. de Moraes para uma série não publicada no *Jornal da Tarde* (1995-6). Inéditos.

"O declínio de dom Juan". In: NOVAES, Adauto (Org.). *Libertinos libertários*. São Paulo: Companhia das Letras, 1996. pp. 269-81.

"A pequena frase de Vinteuil", 1996. Inédito.

"A notação gregoriana: gênese e significado". *Revista Música*, n. 9-10, pp. 21-50, 1998-9.

"*Canticum Novum*. Música sem palavras e palavras sem som no pensamento de Santo Agostinho". *Estudos Avançados*, n. 14, v. 38, pp. 347-66, 2000.

"Melodias automáticas". In: MATOS, Claudia N.; TRAVASSOS, Elizabeth; MEDEIROS, Fernanda T. (Orgs.). *Ao encontro da palavra cantada*: *poesia, música e voz*. Rio de Janeiro: 7Letras, 2001. pp. 217-22.

Índice onomástico

Números de páginas em *itálico* referem-se a ilustrações.

À sombra das raparigas em flor (Proust), 282

Abertura 1812 (Tchaikóvski), 7

Acossado (filme de Godard), 37

Adeodato, 340

Adorno, Theodor, 144, 163-4, 180

Africana, A (Meyerbeer), 248

Agostinho, Santo, 106, 193-7, 200-8, 210-5, 293*n*, 322, 324-8, 331, 336-41, 346

"Águas de março" (Jobim), 31, 62

Aida (Verdi), 246

Alf, Johnny, 32

Almanaque (LP de Chico Buarque), 76

Ambrósio, santo, 106, 212, 325-6

Amériques (Varèse), 131, 136

Amiano Marcelino, 330*n*

Amor, o sorriso e a flor, O (LP de João Gilberto), 24

Amoroso (LP de João Gilberto), 24

Andrade, Mário de, 21, 88, 134, 139

Anel dos nibelungos, O (Wagner), 178, 250, 252

Antheil, George, 131-2

Antunes, Arnaldo, 101

"Aos pés da cruz" (Pinto & Gonçalves), 33-4

Apparition (Debussy), 155, *156*, 164

"Après-midi d'un faune" (Mallarmé), 152

Arcana (Varèse), 135

Ariettes (Debussy), 160

Ariosto, Ludovico, 267

Aristides Quintiliano, 198*n*

Aristófanes de Bizâncio, 301

Aristóteles, 199, 232, 292-3

Aristoxenos, 290, 292
Arkhé (Blemmides), 309
Armstrong, Louis, 113-4
"Arrastão" (Lobo & Moraes), 68
Aschar, Francisco, 60
Assis, Machado de, 100
Assumpção, Itamar, 87
Auerbach, Erich, 338
Augusto, Sérgio, 62
Aureliano de Réomé, 315n
Aus den Sieben Tagen (Stockhausen), 147

Bach, Johann Sebastian, 19, 140, 344
Bachianas brasileiras, série (Villa--Lobos), 20, 42, 52, 141
Bachianas n. 5 (Villa-Lobos), 10, 42, 141
Baile das ingratas, O (Monteverdi), 263
Baker, Chet, 25, 30-1, 33
Ballet mécanique (Antheil), 131
"Bancarrota blues" (Chico Buarque), 78
Barbeiro de Sevilha, O (Rossini), 220-1, 223, 244
Barbosa, Adoniran, 87-8
Barnabé, Arrigo, 88
Barroso, Ary, 32, 48, 78
Bartók, Béla, 244, 251
Basie, Count, 18
"Bat macumba" (Gil & Veloso), 34
Bathilde (filha da condessa Curiel), 224
"Baticum" (Chico Buarque), 78
Baudelaire, Charles, 10, 168, 176-85, 222, 254
Beatles, 64, 88, 118-9, 121-2
Beaufils, Marcel, 133, 135

Beethoven, Ludwig van, 108, 117, 151, 188-9, 237-40, 248, 250, 270
"Being for the Benefit of Mr. Kite!" (Beatles), 119
Beissel, Conrad, 343-5
Belgioioso, princesa, 224
Bellini, Vincenzo, 224, 227, 245-6, 250
Benjamin, Walter, 177, 179, 218
Bent, Ian, 289n
Berg, Alban, 144
Berio, Luciano, 144
Berlin, Irving, 116
Berton, Henri-Montan, 218
"Bim bom" (João Gilberto), 21
"Biscate" (Chico Buarque), 67
Bitches Brew (LP de Miles Davis), 36
Bizet, Georges, 249
Blackwood's Edinburgh Magazine, The, 217
Blemmides, Michael, 309, 313
Bodas de Fígaro, As (Mozart), 113, 268-9
Boécio, 193, 205, 327n
Bohème, La (Puccini), 247
Boito, Arrigo, 246
"Bolero blues" (Buarque & Helder), 81
Bonaparte, Napoleão, 219-1, 223, 239, 248
Bonheur, Raimond, 160n
"Bonita" (Tom Jobim), 39
Borges, Jorge Luis, 106, 212, 326
Boris Godunov (Mussórgski), 160, 161, 167, 251
Borodin, Aleksandr, 155, 157, 172
Boulez, Pierre, 127-8, 132, 139, 144, 187
Braguinha, 100
Brahms, Johannes, 242

Brecht, Bertolt, 265
Brel, Jacques, 73
Bruckner, Anton, 253
Buarque, Chico, 24, 52-6, 59-64, 66-7, 69, 71-3, 75-8, 81-3, 101, 114
Burckhardt, Jacob, 257
Burlador de Sevilha, O (Tirso de Molina), 255
Busenello, Giovanni Francesco, 263, 265
"Bye bye Brasil" (Chico Buarque), 67

Cage, John, 27, 112, 129, 131, 145-7
Calisto (Cavalli), 262
Callas, Maria, 118
Caminho de Guermantes, O (Proust), 274-5
Campos, Augusto de, 342, 347, 350
"Canção bonita" (Tatit), 89-90, 92, 95, 97-9
"Canção do exílio" (Gonçalves Dias), 48, 53, 56-8, 60
Cancioneiro Chico Buarque (livro), 63
Cancioneiro Jobim (livro), 38, 60, 62
Cancionista, O (Tatit), 92
Canções praieiras (LP de Caymmi), 116
Canenda, O (Philippe de Vitry), 236
Canova, Antonio, 226-7
"Capitu" (Tatit), 99-100
Cardine, Eugène, 300
Cardoso, Elizete, 40
Cardoso, Fernando Henrique, 77
Carioca (LP de Chico Buarque), 82
Carlinhos Brown, 101
Carlos Magno, 231, 318
Carlos x, rei da França, 219
Carmen (Bizet), 249
Carta amorosa (Monteverdi), 263

Cartas persas (Montesquieu), 266-7
Carter, Ron, 59
Cartola, 86
Cartuxa de Parma, A (Stendhal), 220
Caruso, Enrico, 114
Carvana, Hugo, 75
Caso Wagner, O (Nietzsche), 177, 183
Cassiodoro, 193
Cassirer, Ernst, 195
Castro, Ruy, 40
Cavalli, Francesco, 262
Caymmi, Dorival, 12, 15-6, 32, 65, 116
César, Chico, 101
Chambers, Paul, 35
Charles Baudelaire (Benjamin), 179
Chega de saudade (livro de Ruy Castro), 40
Chega de saudade (LP de João Gilberto), 24, 33-5
"Chega de saudade" (Jobim & Moraes), 18, 24, 39-40, 42, 51, 54, 70, 73
Cherubini, Luigi, 248
Chico ou o país da delicadeza perdida (documentário de Salles & Motta), 77
"Chiquita Bacana" (Braguinha), 100
Chopin, Frédéric François, 19, 42-3, 224, 238, 245, 286
Choros VI (Villa-Lobos), 135
Choros VIII (Villa-Lobos), 133, 135-8
Choros X (Villa-Lobos), 135
"Chovendo na roseira" (Tom Jobim), 39
Ciata, Dona, 88
Cícero, Marco Túlio, 200
Cimarosa, Domenico, 219, 222, 224
Cinderela (Rossini), 221, 245

Cinemas (Villa-Lobos), 131, 141

Cinq Poèmes de Baudelaire (Debussy), 168, 185

Cipriano, São, 200

Clash, The, 118

Claude Debussy et son temps (Vallas), 155*n*

Cledônio, 214

Cleônides, 198*n*

Colbran, Isabella, 228

Coltrane, John, 35, 116

Comentários aos salmos (Santo Agostinho), 212, 331-5

Concerto para piano preparado e orquestra (Cage), 146

Conde Ory (Rossini), 229

Confissões (Santo Agostinho), 200*n*, 208, 211-2, 214-5, 325*n*, 326, 328*n*, 338, 341

Construção (LP de Chico Buarque), 72

"Construção" (Chico Buarque), 69, 73-4

"Coração materno" (Vicente Celestino), 34

"Correspondances" (Baudelaire), 183

Cosí fan tutte (Mozart), 269

Costa, Alayde, 40

Costa, Lúcio, 65

"Cotidiano" (Chico Buarque), 69, 71

"Coup de dés, Un" (Mallarmé), 152

Cowell, Henry, 131-2

Cravo bem temperado, O (Bach), 186

Cristo *ver* Jesus Cristo

Crônicas italianas (Stendhal), 218

Cru et le cuit, Le (Lévi-Strauss), 176

Cruzeiro, O (revista), 40

Cunningham, Merce, 146

Curiel, condessa, 224

Cynara e Cybele, 53, 62

d'Agoult, Marie, 224

Da Ponte, Lorenzo, 269, 271, 273

Dante Alighieri, 266

Davis, Miles, 29, 35-7, 116

"Day in the Life, A" (Beatles), 119

De arte musica (tratado do séc. x ou xi), 315*n*

De Chirico, Giorgio, 94

De Civitate Dei (Santo Agostinho), 206*n*

De consolatione philosophiae (Boécio), 327*n*

De Falla, Manuel, 244

De libero arbitrio (Santo Agostinho), 205-6, 208, 210

De magistro liber (Santo Agostinho), 322-3

De musica (Santo Agostinho), 199-200*n*, 206-7, 209, 328, 337, 346

De ordine (Santo Agostinho), 201-2, 204-6, 327

De organo (tratado parisiense anônimo), 318-9

De pulchro et apto (Santo Agostinho), 328*n*

"Dear Prudence" (Beatles), 123

Debussy et le mystère de l'instant (Jankélévitch), 153*n*

Debussy, Claude, 11, 23-4, 89, 132, 150-2, 154-5, 158, 160-1, 163-4, 168-70, 173-5, 185, 244, 247, 251, 254

Delacroix, Eugène, 181, 184

"Démon de l'analogie, Le" (Mallarmé), 154

Deodato, Eumir, 59

"Desafinado" (Jobim & Mendonça), 34, 40

"Desalento" (Buarque & Moraes), 72

"Dias, dias, dias" (Augusto de Campos), 350
Dias, Gonçalves, 53, 56-60
Didone (Busenello), 263
Diegues, Cacá, 74
Dionisio de Halicarnasso, 302n
"Do culto dos livros" (Borges), 106, 326
Dom Casmurro (Machado de Assis), 100
Dom Quixote (Cervantes), 225
Don Carlos (Verdi), 113, 246
Don Giovanni (Mozart), 113, 118, 191, 237, 261, 265, 268-70, 272-3
Don Juan (Molière), 267
Don Pasquale (Donizetti), 245
Don Sébastien (Donizetti), 245
Donizetti, Gaetano, 245-6
Dostoiévski, Fiódor, 242
Doutor Fausto (Mann), 321, 344
Drummond de Andrade, Carlos, 75-6, 88
Dukas, Paul, 160n
Duncan, Zélia, 101
Dvořák, Antonín, 242
Dylan, Bob, 64

Elixir de amor (Donizetti), 245
Eller, Cássia, 101
Ellington, Duke, 18
Em busca do tempo perdido (Proust), 274, 282
Enarrationes in psalmos ver *Comentários aos salmos* (Santo Agostinho)
Encyclopédie (Diderot & d'Alembert), 189
Eneida (Virgílio), 207
Ernani (Verdi), 246
Essai sur l'histoire de la musique en

Italie de 1800 à 1823 (Stendhal), 217
"Estação derradeira" (Chico Buarque), 79
Estorvo (Chico Buarque), 77
Estudo, op. 10, n. 6 (Chopin), 42
"Eu sambo mesmo" (Janet de Almeida), 25
"Eu sei que vou te amar" (Jobim & Moraes), 70
Eugene Onegin (Tchaikóvski), 251
Evans, Gil, 35
Evódio, 340
Exile on Main St. (LP dos Rolling Stones), 122

Fadas, As (Weber), 250
Falstaff (Verdi), 246
Farney, Dick, 32
"Fascination" (Marchetti & Féraudy), 7
Fauré, Gabriel, 163, 175
Fausto (Goethe), 189
Felicidade (CD de Tatit), 94-5
"Felicidade, A" (Jobim & Moraes), 38-9, 41, 51, 69-70
Ferdinando IV, rei de Nápoles, 219, 228
Fernando Cortez (Spontini), 248
Fidelio (Beethoven), 248, 250
Fitzgerald, Ella, 116, 118
"Fixing a Hole" (Beatles), 119
Flauta mágica, A (Mozart), 191, 237, 249
"Flor da idade" (Chico Buarque), 75-6, 78-80
Flores do mal, As (Baudelaire), 78, 168, 179, 185
Folha de S.Paulo, 63
Força do destino, A (Verdi), 246

"Fotografia" (Jobim), 23, 70

Francis Albert Sinatra & Antonio Carlos Jobim (álbum), 48

Francisco (LP de Chico Buarque), 76, 82

Freischutz (Weber), 250

"Frère Jacques" (cantiga francesa), 234

"Futuros amantes" (Chico Buarque), 81

Galignani's Monthly Review, The, 217

Garland, Red, 35

"Garota de Ipanema" (Jobim & Moraes), 49, 79

Garrit gallus (Philippe de Vitry), 236

"Gávea" (Tom Jobim), 52-3

Gazetta di Milano, 217

Gershwin, George, 64

Gil, Gilberto, 92

Gillespie, Dizzy, 36

Gimbel, Norman, 49

Giorgione, 85

Glass, Philip, 111

Glinka, Mikhail, 243

Gloria in excelsis (canto gregoriano), 304n

Gluck, Christoph Willibald, 229, 249

Gnattali, Radamés, 44-5

Godard, Jean-Luc, 37

Godet, Robert, 160n

Godoy, Maria Lúcia, 52

Goethe, Johann Wolfgang von, 60, 191

Gomes, Carlos, 246

Gonçalves, Zé, 33

Gota d'água (Buarque & Pontes), 75

Gould, Glenn, 186-7

Gounod, Charles, 247

Gradual Triplex (canto gregoriano), 294n

Gregório Magno, papa, 230-1

Greimas, Algirdas Julius, 92

Grétry, André-Ernest-Modeste, 229

Grieg, Edvard, 242

Grupo dos Cinco (compositores russos), 160

Guido de Arezzo (Guido Monaco), 317, 346-9

Guilherme Tell (Rossini), 229, 245

Gutenberg, Johannes, 233

Guys, Constantin, 222

Hagiopolita (manuscrito), 314

"Haicai" (Tatit), 95-8

Halbreich, Harry, 155n

Händel, Georg Friedrich, 188

Harmonie du soir (Baudelaire/Debussy), 168

Haydn, Joseph, 188, 190, 222, 237-9, 244

Hegel, Georg Wilhelm Friedrich, 85, 237

Helder, Jorge, 81

Hendrix, Jimi, 147-9

Herder, Johann Gottfried von, 240

Hermannus (monge), 231

Hilário de Poitiers, 330-1

"Hô-ba-lá-lá" (João Gilberto), 21, 24

Hucke, Helmut, 307

Huguenotes, Os (Meyerbeer), 248

Hymnen (Stockhausen), 148-9

"I'm Looking Over a Four Leaf Clover" (Dixon & Woods), 33

Ilíada (Homero), 207

"Imagina" (Tom Jobim), 42

Incoronazione di Poppea, L' (Monteverdi), 263, 265, 266, 269

"Insensatez" (Jobim & Moraes), 40, 42, 54

Italiana em Argel, A (Rossini), 223, 245

Ives, Charles, 132, 140

Jackson, Michael, 122, 124

"Janaína" (Chico Buarque), 80

Jankélévitch, Vladimir, 153n

Jarocinsky, Stefan, 152

Jerônimo, São, 212n

Jesus Cristo, 257, 303, 325, 328n

Jeux (Debussy), 152

João (LP de João Gilberto), 25

João Crisóstomo, São, 212n, 323n, 335, 336

João Damasceno (hinógrafo), 307n

João Gilberto, 9-11, 17-8, 21-7, 29-36, 40, 61, 65, 86, 116

Jobim, Tom, 15, 18-20, 23-4, 30-3, 38-40, 42-57, 59-62, 64, 69, 76, 81-2, 85-6

Jones, Philly Joe, 35

Jones, Quincy, 122

Joplin, Janis, 118

Journal de Paris, 216

"Juca" (Chico Buarque), 76, 78

Kagel, Mauricio, 144

Kant, Immanuel, 194

Kean, Edmund, 227

Kenton, Stan, 17

Kierkegaard, Søren, 118, 272

Kind of Blue (LP de Miles Davis), 35-6, 116

Kosmas de Jerusalém, 307n

Kubitschek, Juscelino, 32

Kurzwellen (Stockhausen), 147

Lacretelle, Jacques de, 280

Lasse! Comme oubliray (Machaut), 236

Leão, Nara, 59, 62, 86

Lennon, John, 64, 89, 120

Leonardo da Vinci, 85, 94

Leoncavallo, Ruggero, 247

Leonore (Paer), 248

Lespinasse, Mlle. de, 218, 229

Lévi-Strauss, Claude, 176, 185

Levy, Kenneth, 289n, 306

Lieder (Schubert), 114, 239-40

Ligeti, György, 120

Lispector, Clarice, 44

Liszt, Franz, 182, 224, 238

Living Room Music (Cage), 27

Lobo, Edu, 68, 80

Lockspeiser, Edward, 155n

Lohengrin (Wagner), 176, 179, 182-3, 250

Lombardos, Os (Verdi), 246

Love Supreme, A (LP de Coltrane), 116

Lucia de Lammermoor (Donizetti), 245

Luís XIV, rei da França, 111, 266-8, 273

Luiz Melodia, 87

Lully, Jean-Baptiste, 268

Lyra, Carlos, 23, 32, 86

Machaut, Guillaume, 236

Maderna, Bruno, 144

Madonna, 124

Magritte, René, 89

Mahler, Gustav, 253-4

Malibran, Maria, 224

Mallarmé, Stéphane, 152-3, 155, 173, 175, 185

Mancini, Marie, 267

"Maninha" (Chico Buarque), 67
Mann, Thomas, 321, 344, 349
Maquiavel, Nicolau, 255-6
Mareste, Adolphe de, 218
Marrou, Henri-Irénée, 203*n*, 326*n*
Martin, George, 119, 122
Marx, Burle, 44, 46
Marx, Karl, 119
Mascagni, Pietro, 247
Massenet, Jules, 247, 249
Massimino, Federico, 224
Matita Perê (LP de Tom Jobim), 51
McCartney, Paul, 114
Memoirs of Rossini (Stendhal), 217-8
Menescal, Roberto, 32, 59
"Menina, Uma" (Chico Buarque), 78
Mer, La (Debussy), 164
Mérilde, 216, 224
Merrie Melodies (cartoons da Warner Bros.), 33, 37
Messiaen, Olivier, 145
Mestres cantores de Nuremberg, Os (Wagner), 250, 252-4
Metastásio, Pietro, 227
Metternich, barão de, 219
Metzger, Heinz-Klaus, 143, 145
Meyerbeer, Jacob, 248-50
Micrologus (Guido Monaco), 346-8, 350
Miguez, Leopoldo, 242
Miles Ahead (LP de Miles Davis), 36
Miller, Marcus, 36
Miranda, Carmen, 48
Misit Dominus (gradual gregoriano), 293, 296
Moisés (patriarca hebreu), 105
Moisés (Rossini), 229
Molière, 267
Mônica, Santa, 211, 339-40
Monroe, Marilyn, 119

Montesquieu, 266
Monteverdi, Claudio, 263-4, 266, 269
Moraes, Vinicius de, 18, 31, 38, 43, 46, 49, 54-6, 72-3
Morrison, Jim, 64
"Morro Dois Irmãos" (Chico Buarque), 71, 79
Motta, Nelson, 77
Mozart, Wolfgang Amadeus, 19, 113, 118, 188-91, 219-20, 222, 226, 237-9, 244, 249-50, 261, 265, 268-73, 321
Murolo, Roberto, 26
Music of Latin America (Slominski), 141
"Música do porvir" (Wagner), 176
Musica Enchiriadis (tratado anônimo), 317-20
Musik fur ein Haus (Stockhausen), 147
Musil, Robert, 225
Mussórgski, Modest, 160, 243, 251
Mutantes, 88

Nabucco (Verdi), 246
Napoleão III, 176
Navio fantasma (Wagner), 250
Nazareth, Ernesto, 43, 101
Nelson Cavaquinho, 86
Nepomuceno, Alberto, 242
Nestrovski, Arthur, 31
New Grove Dictionary, 343
Niceta de Reims, 323*n*
Niemeyer, Oscar, 44, 47
Nietzsche, Friedrich, 177, 183
"Night and Day" (Porter), 20
"Noiva da cidade, A" (Chico Buarque), 80
Nona sinfonia (Beethoven), 108
Noneto (Villa-Lobos), 132, 141

Nono, Luigi, 144
Norma (Bellini), 227, 245
Notker (monge), 231

"O que será" (Chico Buarque), 80
Oberon (Weber), 250
Oddo de Cluny, 317
"Ode aos ratos" (Chico Buarque), 69, 78-9
Offenbach, Jacques, 223, 245, 249
Oiticica, Hélio, 44
"Olê, olá" (Chico Buarque), 70-2, 79
Ombre des arbres, L' (Debussy), 160, 162, 164, 167
Ópera e drama (Wagner), 177
"Opinião" (Zé Keti), 68
Orfeo, L' (Monteverdi), 263
Orfeo, L' (Sartorio), 257, 260, 262, 265
Orfeu (Gluck), 249
Orfeu da Conceição (Moraes), 50-1
Orfeu no inferno (Offenbach), 249
Orlando furioso (Ariosto), 267
Otelo (Rossini), 218, 223
Otelo (Verdi), 246
"Outra vez" (Jobim), 24
Outras inquisições (Borges), 106
Ovídio, 236
Ozetti, Ná, 90

"Palavra, Uma" (Chico Buarque), 74, 80
Palestrina, Giovanni Pierluigi da, 285-6
Pantomime (Debussy), 161, *162*
Papadike (tratado bizantino anônimo), 309, 320
"Para não dizer que não falei das flores" (Vandré), 53, 60
Paris Monthly Review, The, 217, 225

Parker, Charlie, 36, 89
Parsifal (Wagner), 250, 252-4
"Partido alto" (Chico Buarque), 67, 78-9
Pasta, Giuditta, 216, 227-8
"Pastorinhas" (Noel Rosa), 100
Paulinho da Viola, 26, 66, 84-7, 94
Paulo, São, 105, 323n, 328n
"Pedro pedreiro" (Chico Buarque), 68-9, 71, 77
Peladan, Sâr, 175
"Pelas tabelas" (Chico Buarque), 69, 76-7, 79
Pelé, 46
Pepino, rei dos francos, 318
Pequena história da música (Mário de Andrade), 134-5
Pereira, Geraldo, 32, 65, 78
Peri, Jacopo, 258
Perracchi, Leo, 44
Petrarca, Francesco, 327n
"Piano na Mangueira" (Jobim & Buarque), 85
Pierce, Charles, 288
Pinto, Marino, 33
"Pivete" (Chico Buarque), 69, 78
Platão, 204n, 232
Plotino, 204n
Plutarco, 312n
"Pois é" (Jobim & Buarque), 54-6, 61
Ponchielli, Amilcare, 246
Porter, Cole, 20, 25, 64, 116
Pousseur, Henri, 144
Powell, Baden, 31
Prélude à l'après-midi d'un faune (Debussy), 23, 152, 164, 185
Prelúdio em Mi menor (Chopin), 42
Presley, Elvis, 118
Prieberg, Fred K., 135
"Primavera" (Lyra & Moraes), 23

Princesse endormie, La (Borodin), 155, *159*, 163, 172
Proibição de amar, A (Bellini), 250
"Promenade" (Mussórgski), 243
Promontorium malae spei impiis periculose navigantibus propositum (Zehetner), 255
Prosperidade infeliz de Júlio César ditador, A (Busenello), 263
Proust, Marcel, 10, 28, 225, 274-6, 278-80, 282
Prunières, Henri, 217-8, 220
Psalmus contra parte Donati (Santo Agostinho), 213
Puccini, Giacomo, 247, 249
"Pulsar, O" (Augusto de Campos), 342

"Quadrilha" (Drummond de Andrade), 75
Quadros de uma exposição (Mussórgski), 243
Quando o Carnaval chegar (filme de Cacá Diegues), 74
"Quase" (Tatit), 93-4
"Quem te viu quem te vê" (Chico Buarque), 67
"Quero ser alegre" (Villa-Lobos), 132

Rameau, Jean-Philippe, 344
Ramos, Nuno, 84-5
Rapto do serralho, O (Mozart), 249
Ravasi, Gianofranco, 329*n*
Reger, Max, 253
Reich, Steve, 111
Reichler, Claude, 266
Reis, Mário, 17, 22
Relevos espaciais (Oiticica), 44
"Retrato em branco e preto" (Jobim & Buarque), 24, 42, 54, 61

"Revolution 9" (Beatles), 123
Revue Musicale, La, 155*n*, 160*n*
Revue Wagnérienne, 175
Richard Wagner e "Tannhäuser" em Paris (Baudelaire), 176, 179, 184
Ricœur, Paul, 195
Riddle, Nelson, 49
Rienzi (Meyerbeer), 250
Rienzi (Wagner), 250
Righetti-Giorgi, Geltrude, 217, 225
Rigoletto (Verdi), 246
Riley, Terry, 111
Roberto Carlos, 102
Rodrigues, Nelson, 76
Rolling Stones, 122
Rosa, Guimarães, 44, 68
Rosa, Noel, 18, 32, 78, 86, 88-9, 100
Rossini, Gioachino, 217-29, 244-5, 247, 286
Rousseau, Jean-Jacques, 185, 239
Rudepoema (Villa-Lobos), 135
Rumo (grupo), 88-92, 96

"Sabiá" (Jobim & Buarque), 40, 48, 50, 52-4, 56, 58, 60-2
Sachs, Curt, 290
Salles, Walter, 77
Salvum fac (gradual gregoriano), 295, 296
"Samba de uma nota só" (Jobim & Mendonça), 20
Sand, George, 224
Sartorio, Antonio, 257-8, 260, 262, 265
Satie, Erik, 88, 129, 151, 163
Schmitt, Florent, 133, 136
Schoenberg, Arnold, 110, 140, 144, 166, 173*n*, 247, 251-4, 344-5
Scholia Enchiriadis (tratado anônimo), 317

Schubert, Franz, 114, 237-40
Schumann, Clara, 224
Schumann, Robert, 114, 238
Scott, Walter, 226-7
"Se todos fossem iguais a você" (Jobim & Moraes), 40, 43
Secretum (Petrarca), 327n
Século da canção, O (Tatit), 63
Semiramis (Rossini), 229
Sergio, tio, 7, 12
"Sertaneja" (Villa-Lobos), 132
Sgt. Pepper's Lonely Hearts Club Band (LP dos Beatles), 9, 118, 120, 122
Shakespeare, William, 246
Sibelius, Jean, 242
Signor Bruschino (Rossini), 221
Silva, Luiz Inácio Lula da, 77
Silva, Orlando, 24
Sinatra, Frank, 17, 30, 49, 62, 118
"Sinfonia da Alvorada" (Jobim & Moraes), 50
Sinfonia de câmara (Schoenberg), 251
"Sinfonia do Rio de Janeiro" (Jobim & Blanco), 50
Sinhô, 17
Sketches of Spain (LP de Miles Davis), 116
Slominski, Nicolas, 141
Smetana, Bedřich, 242
Smithson, Robert, 101
"So What" (Miles Davis), 35
Solilóquios (Santo Agostinho), 327
"Sonata ao luar" (Beethoven), 270
"Soneto da separação" (Jobim & Moraes), 55
"Soneto" (Chico Buarque), 74, 80
"Sonhei" (Tatit), 84, 92, 95, 99, 101, 103

Spiral (Stockhausen), 147
Spontini, Gaspare, 248
Stendhal, 10, 216-21, 223-9
Stimmung (Stockhausen), 112, 147
Stockhausen, Karlheinz, 112, 120, 142-4, 146-9
"Stone Flower" (Tom Jobim), 59
Stradella, Alessandro, 218
Strauss, Richard, 253
Stravinski, Ígor, 127-8, 132, 137, 151, 244, 247
Sublime, O (atr. Longino), 338
Suíte para canto e violino (Villa-Lobos), 132, 141

Talma, François-Joseph, 227
Tancredi (Rossini), 225-7, 244
Tannhäuser (Wagner), 113, 176-9, 182, 250
Tannhäuser e Lohengrin de Richard Wagner (Liszt), 182
Tatit, Luiz, 63, 84, 89-90, 92-103, 114
Tchaikóvski, Piotr Ilitch, 7, 251
Telles, Sylvia, 22-3
Thibaut, Jean-Baptiste, 304
Thriller (LP de Michael Jackson), 122
Ticiano, 85
Tirso de Molina, 255
Tolstói, Liev, 242
Toquinho, 31
Torelli, Giacomo, 259-60
Toscanini, Arturo, 114
Tractatus in Psalmos (Hilário de Poitiers), 330-1
Traviata, La (Verdi), 246
Treitler, Leo, 287, 289n, 294n, 299, 315
"Trevo de quatro folhas" *ver* "I'm Looking Over a Four Leaf Clover" (Dixon & Woods)

Tristão e Isolda (Wagner), 165, *166*, 168, 170, *171*, 250-3
Tropicália (LP de Caetano Veloso et al.), 34
Trovatore, Il (Verdi), 246
Turandot (Puccini), 247
Turco na Itália, O (Rossini), 220
Tutu (LP de Miles Davis), 36
Tzetzes, Ioánnis, 302*n*

Universe Simphony (Ives), 140
Urubu (LP de Tom Jobim), 51

"Vai passar" (Chico Buarque), 79
Vai trabalhar, vagabundo (filme de Hugo Carvana), 75
Vallas, Léon, 155*n*
"Valsa brasileira" (Buarque & Lobo), 80
"Valsinha" (Chico Buarque), 80
Vandré, Geraldo, 53, 60
Varèse, Edgard, 131-2, 135-6, 145
Velluti, Giovanni Battista, 217
Veloso, Caetano, 31, 47, 54, 64, 82, 101, 342, 347, 350
Verdi, Giuseppe, 44, 113, 246-7
Verlaine, Paul, 161
Vermelho e o negro, O (Stendhal), 219
Vestal, A (Spontini), 248
Viagem a Reims (Rossini), 227-8
Victorino, Mário, 200
Vida (LP de Chico Buarque), 76
Vida de Rossini (Stendhal), 216-9, 223, 225, 227

"Vida" (Chico Buarque), 67, 71
Vie de Henry Brulard (Stendhal), 220
Vie parisienne, La (Offenbach), 249
Villa-Lobos, Heitor, 10, 20, 42, 44, 51-2, 127, 131-7, 139-41, 244
Virgílio, 200
"Vitrines, As" (Chico Buarque), 80
Vitry, Philippe de, 236
Viva Vaia: Poesia 1949-1979 (Augusto de Campos), 342
Voltaire, 227
"Voyage à Cythère, Un" (Baudelaire), 179

Wagner, Richard, 113, 163-5, 167-8, 175-85, 238, 242, 246-7, 250-4
"Wave" (Tom Jobim), 56
Weber, Carl Maria von, 250
Webern, Anton, 11, 112, 144
Wellesz, Egon, 306-7, 309, 311, 313*n*
Weltz, Mlle., 224
Wendt, Amadeus, 237-8
"When I'm Sixty-Four" (Beatles), 119
Wilhelm Meisters Lehrjahre (Goethe), 60
Wisnik, José Miguel, 88, 101

"You do something to me" (Porter), 25
Young, La Monte, 111

Zé Keti, 68
Zehetner, Paul, 255-6
Zingarelli, Niccolò Antonio, 227

ESTA OBRA FOI COMPOSTA EM MINION PELO ESTÚDIO O.L.M. / FLAVIO PERALTA
E IMPRESSA EM OFSETE PELA GRÁFICA BARTIRA SOBRE PAPEL PÓLEN SOFT DA
SUZANO PAPEL E CELULOSE PARA A EDITORA SCHWARCZ EM JULHO DE 2017

A marca FSC® é a garantia de que a madeira utilizada na fabricação do papel deste livro provém de florestas que foram gerenciadas de maneira ambientalmente correta, socialmente justa e economicamente viável, além de outras fontes de origem controlada.